O discurso e a cidade

Antonio Candido

O discurso e a cidade

todavia

Para Ana Luisa, Laura e Marina

Prefácio 9

I. O discurso e a cidade

Dialética da malandragem 19
Degradação do espaço 55
O mundo-provérbio 95
De cortiço a cortiço 123

II. Quatro esperas

Primeira: na cidade 155
Segunda: na muralha 163
Terceira: na fortaleza 169
Quarta: na marinha 187

III. Fora do esquadro

Carta marítima 203
A poesia pantagruélica 225
Pomo do mal 245
O poeta itinerante 259

Apêndices

1. Carta 285
2. Louvação da tarde 317

Nota sobre os ensaios 323

Prefácio

Tendono alla chiarità le cose oscure.
Montale

Os ensaios da primeira parte deste livro tentam analisar alguns casos do que chamei *redução estrutural*, isto é, o processo por cujo intermédio a realidade do mundo e do ser se torna, na narrativa ficcional, componente de uma estrutura literária, permitindo que esta seja estudada em si mesma, como algo autônomo. O meu propósito é fazer uma crítica integradora, capaz de *mostrar* (não apenas enunciar teoricamente, como é hábito) de que maneira a narrativa se constitui a partir de materiais não literários, manipulados a fim de se tornarem aspectos de uma organização estética regida pelas suas próprias leis, não as da natureza, da sociedade ou do ser. No entanto, natureza, sociedade e ser parecem presentes em cada página, tanto assim que o leitor tem a impressão de estar em contato com realidades vitais, de estar aprendendo, participando, aceitando ou negando, como se estivesse envolvido nos problemas que eles suscitam. Esta dimensão é com certeza a mais importante da literatura do ponto de vista do leitor, sendo o resultado mais tangível do trabalho de escrever. O crítico deve tê-la constantemente em vista, embora lhe caiba sobretudo averiguar quais foram os recursos utilizados para criar a impressão de verdade. De fato, uma das ambições do crítico é mostrar como o recado do escritor se constrói a partir do mundo, mas gera um mundo novo, cujas leis fazem sentir melhor a realidade originária. Se conseguir realizar esta ambição, ele poderá superar o valo entre *social* e *estético*, ou entre *psicológico* e *estético*, mediante um esforço mais fundo de compreensão do processo que gera a singularidade do texto.

Frequentemente os críticos que levam em conta a sociedade, a personalidade ou a história acabam por interessar-se mais pelo ponto de partida (isto é, a vida e o mundo) do que pelo ponto de chegada (o texto). O meu interesse é diferente, porque se concentra no resultado, não no estímulo ou no condicionamento. Tanto assim que nos ensaios da primeira parte não há dados sobre a pessoa do escritor e quase nada sobre a sociedade e as circunstâncias históricas, que ficam na filigrana da exposição. O alvo é analisar o comportamento ou o modo de ser que se manifestam dentro do texto, porque foram criados nele a partir dos dados da realidade exterior.

Os textos que abordo nesta primeira parte (*Memórias de um sargento de milícias*, *L'Assommoir*, *I Malavoglia*, *O cortiço*) são em grau maior ou menor tributários de uma concepção realista, de vez que procuram *reproduzir* a realidade. Com este fim inventam enredos inseridos em sociedades existentes, reconhecíveis por indícios que o leitor é capaz de conferir com os da realidade historicamente comprovada. Por isso eles seriam mais verdadeiros que os da segunda parte (o poema "Esperando os bárbaros", a narrativa "A construção da muralha da China", os romances *O deserto dos tártaros* e *O litoral das Sirtes*), que desejam transfigurar a realidade, descrevendo comportamentos envoltos num certo halo irreal, em paragens indefinidas.

Mas se evitarmos o ponto de vista classificatório dos manuais observaremos algumas aparentes contradições, sinais de que o problema é mais complexo. Primeiro, veremos que os romances naturalistas podem deslizar para as imagens transfiguradoras e o símbolo, apesar das intenções de programa, como procuro mostrar sobretudo nos ensaios sobre Zola e

Aluísio Azevedo. Procuro mostrar em seguida que os textos da segunda parte são capazes, tanto quanto os outros, de transmitir um profundo sentimento da vida; e que até se poderia arriscar um juízo de aparente incoerência, dizendo que penetram bem no real justamente por não terem compromisso documentário, mas obedecerem sobretudo à fantasia, paradoxo inerente à literatura. Conclui-se que a capacidade que os textos possuem de convencer depende mais da sua organização própria que da referência ao mundo exterior, pois este só ganha vida na obra literária se for devidamente reordenado pela fatura. Os textos analisados aqui, tanto os realistas quanto os não realistas, suscitam no leitor uma impressão de verdade porque antes de serem ou não verossímeis são articulados de maneira coerente.

Os da primeira parte são portanto histórica e socialmente ancorados; os da segunda parte têm com o real as conexões indispensáveis para construir a inteligibilidade, mas boiam livremente. De fato, as obras de Manuel Antônio de Almeida, Émile Zola, Giovanni Verga e Aluísio Azevedo descrevem situações e acontecimentos fictícios localizados respectivamente no Rio de Janeiro do tempo de d. João VI e d. Pedro I; num bairro operário de Paris em meados do século XIX; numa aldeia da Sicília mais ou menos pela mesma época; no bairro carioca de Botafogo pouco depois. O de Manuel Antônio de Almeida fica meio à parte, mas os outros três se vinculam por diversos traços, pois são filiados à estética naturalista, descrevem a vida do trabalhador pobre e têm um fermento de crítica social. Além do mais, Zola serviu de estímulo para Verga e Aluísio, de modo que a análise dos três livros forma um trio comparativo, na medida em que deseja também averiguar como os princípios do Naturalismo, aplicados a temas homólogos, atuam de maneira diferente conforme o meio social que o autor descreve.

A segunda parte é na verdade um ensaio único em quatro capítulos, abordando textos do século XX que igualmente possuem afinidades. De fato, eles não têm qualquer toque de *consciência social* e figuram situações regidas por um sentimento que em nosso tempo se tornou frequente, às vezes obsessivo: a expectativa de perigos iminentes, quase sempre com suspeita de catástrofe. Alimentados por premonições, não observações, esses textos se desligam da realidade documentária e a dissolvem por meio de uma fantasia livre, criando mundos arbitrários, sem localização histórica nem geográfica precisa, nos quais se infiltram entretanto dramas e angústias de civilizações que conhecemos, no passado e no presente.

Na literatura ocidental há narrativas que descrevem sociedades imaginadas para servirem de negação, desdobramento ou correção das que existem. É o caso das obras de Swift, Butler, Wells, Huxley, Orwell. Mas os textos analisados na segunda parte deste livro, devidos a Kaváfis, Kafka, Buzzati, Gracq, criam mundos simbólicos onde o ser e a política se regem por leis que não negam nem corrigem as de nosso mundo, pois se situam fora dele. Não são críticas nem propostas. São alternativas, voltadas para o sentimento de vazio que corrói os grupos e os seres, projetando-os em outras dimensões. Mas, repito, tanto os textos assentados no documento eventual quanto os que o transfiguram para criar contextos inexistentes são capazes de comunicar o sentimento da vida e da verdade, porque são literariamente eficazes.

O trabalho crítico é diferente nas duas partes e corresponde a dois tipos possíveis de análise. Na primeira, o objetivo foi localizar princípios estruturais, que regem a formação do texto a partir das suas camadas mais fundas e devem ser trazidos à luz clara da razão crítica. Como às vezes apresentamos esses princípios de modo esquemático, o risco é simplificar muito, dissolvendo o que é mais significativo, isto é, o específico, numa categoria genérica. Foi o que pretendi evitar, procurando mostrar como, pelo contrário, a particularidade se torna mais sensível ao leitor pela indicação das fórmulas que a regem.

Na segunda parte fiz o que se pode chamar de descrições críticas, concentrando a atenção nos enunciados e mostrando o seu encadeamento. Este modo de proceder se baseia na camada aparente da obra, ou seja, naquilo que ela tem de imediatamente apreensível pelo leitor e pode ser apresentado pelo crítico sem recurso aos elementos germinais ocultos. Aqui o risco é inverso ao anterior: o ensaio fica mais atraente e acessível, mas pode não ir além das impressões de leitura, pois não chega a mostrar a gênese da construção. Tentei evitar este perigo simétrico, organizando com preocupação estruturante as observações relativas ao andamento da narrativa. A primeira maneira dá maior destaque ao código e a segunda à mensagem; mas o que pretendi mesmo, em ambos os casos, foi misturar as duas coisas em proporções diferentes, a fim de tentar uma análise integradora ajustável à natureza da obra, porque é sempre bom fazer uma crítica de vertentes, seguindo o pendor natural do objeto.

A variação de procedimento corresponde portanto ao intuito de destacar os dois níveis principais que definem a estrutura de um texto narrativo, sempre percorrido, como qualquer outro texto literário, pelas tensões de significado que estabelecem o seu equilíbrio instável.

Essas tensões derivam da relação dinâmica entre a camada ostensiva, organizada segundo a arte da escrita, e o subsolo do discurso, cuja investigação obseda diversas modalidades da crítica de nossa era. Tal investigação pode levar ao mais deslavado arbítrio ou às simulações de profundidade, mas corresponde a uma constante do espírito moderno: o desejo de explicar o aparente por meio do oculto. Ela pressupõe concepções como a que Marcel Proust exprime num ensaio fulgurante, quando diz: "Mas se considerarmos como fazendo parte do Estilo essa grande ossatura inconsciente recoberta pelo arranjo intencional das ideias [...]".

Embora menos acentuado, esse interesse aparece também nos ensaios da terceira parte, que são desligados um do outro, ao contrário dos anteriores. Em comum têm apenas um traço: falam de obras que remam contra a maré, ou estão fora do esquadro, isto é, afastam-se em grau maior ou menor das diretrizes predominantes no seu tempo.

A esse respeito, lembremos que o ritmo do nosso faz com que as mudanças se sucedam com rapidez, de modo que em arte e literatura estamos acostumados a inovações sucessivas e inevitáveis. Isso leva por vezes a imaginar que no passado as coisas eram mais duráveis e estabilizadas do que na verdade eram; e que os padrões tinham mais generalidade e soberania do que tinham realmente. Mas o fato é que a literatura sempre viveu de correntes e contracorrentes, normas e transgressões, regras e exceções, embora a história canônica preserve e registre sobretudo os primeiros termos desses pares. Do seu lado, os inovadores retomam frequentemente a tradição, seja para reconstruí-la a seu modo, seja para encontrar nela justificativas que parecem dar-lhes maior segurança. Os ensaios da terceira parte focalizam exemplos de contracorrente no passado, remoto e imediato.

O primeiro apresenta um curioso escrito composto em 1790 por Sousa Caldas, sobre o qual já tenho chamado a atenção e é aberrante em relação ao que se fazia na época em Portugal e no Brasil. Não apenas pela forma rara, pois mistura prosa e verso, mas pela livre atitude mental e as perspectivas de futuro.

O ensaio seguinte trata da poesia do absurdo, como foi praticada na Faculdade de Direito de São Paulo na quadra romântica, manifestando um desvio pitoresco em relação aos preceitos. Ainda fora destes se situa a mensagem da composição analisada no terceiro ensaio, soneto devido a Fontoura Xavier, poeta muito ruim que tinha os seus lampejos de vez em quando. É o caso deste poema, que brota no ano de 1876 como expressão do mais rasgado sadismo explícito e intencional, levando muito longe uma tendência que na poesia brasileira do tempo era mais discreta e quase nunca chegava ao nível consciente dos autores, exceto alguns praticantes de modalidades marginais ou proscritas, geralmente burlescas, como as mencionadas no ensaio anterior.

O ensaio final mostra de que maneira a certa altura do Modernismo um de seus papas e maior teorizador, Mário de Andrade, marcou o amadurecimento das conquistas pelo recurso quase paródico a um tipo de poema romântico, escrito em versos regulares no meio da embriagada aventura do verso livre. Portanto, igualmente fora do esquadro.

Antonio Candido de Mello e Souza
São Paulo, 1992

I.
O discurso e a cidade

Ninguém sabe melhor do que tu, sábio Kublai,
que nunca se deve confundir a cidade
com o discurso que a descreve. No entanto,
há uma relação entre ambos.

Italo Calvino, *Le città invisibili*

Dialética da malandragem

Em 1894 José Veríssimo definiu as *Memórias de um sargento de milícias* como romance de costumes que, pelo fato de descrever lugares e cenas do Rio de Janeiro no tempo de d. João VI, se caracterizaria por uma espécie de Realismo antecipado; em consequência, falava bem dele, como homem de um momento dominado pela estética do Naturalismo.

Praticamente nada se disse de novo até 1941, quando Mário de Andrade reorientou a crítica, negando que fosse um precursor. Seria antes um continuador atrasado, um romance de tipo marginal, afastado da corrente média das literaturas, como os de Apuleio e Petrônio, na Antiguidade, ou o *Lazarillo de Tormes*, do Renascimento, todos com personagens anti-heroicos que são modalidades de pícaros.

Uma terceira etapa foi aberta em 1956 por Darcy Damasceno, que abordou a análise estilística, tendo como pano de fundo uma excelente rejeição de posições anteriores:

> Não há que considerar-se picaresco um livro pelo fato de nele haver um pícaro mais adjetival que substantival, mormente se a este livro faltam as marcas peculiares do gênero picaresco; nem histórico seria ele, ainda que certa dose de veracidade haja servido à criação de tipos ou à evocação de época; menos ainda realista, quando a leitura mais atenta nos torna flagrante o predomínio do imaginoso e do improvisado sobre a retratação ou a reconstituição histórica.

E depois de mostrar com pertinência como são reduzidas as indicações documentárias, prefere o designativo de romance de costumes.[1]

Concordo com estas opiniões oportunas e penetrantes (infelizmente muito breves), que podem servir de ponto de partida para o presente ensaio. A única dúvida seria referente ao Realismo, e talvez nem esta, se Darcy Damasceno estiver se referindo especificamente ao conceito usual das classificações literárias, que assim designam o que ocorreu na segunda metade do século XIX, enquanto o meu intuito é caracterizar uma modalidade bastante peculiar, que se manifesta no livro de Manuel Antônio de Almeida.

1. Romance picaresco?

O ponto de vista segundo o qual ele é um romance picaresco, muito difundido a partir de Mário de Andrade (que todavia não diz bem isto), recebeu um cunho de aparente rigor da parte de Josué Montello, que pensa ter encontrado as suas matrizes em obras como *La vida de Lazarillo de Tormes* (1554) e *Vida y hechos de Estebanillo González* (1645).[2]

Se fosse exato, estaria resolvido o problema da filiação e, com ele, grande parte da caracterização crítica. Mas na verdade Josué Montello fundou-se numa petição de princípio, tomando como provado o que restava provar, isto é, que as *Memórias* são

---

[1] José Veríssimo, "Um velho romance brasileiro", *Estudos brasileiros*, 2ª série. Rio de Janeiro: Laemmert, 1895, pp. 107-24; Mário de Andrade, "Introdução", Manuel Antônio de Almeida, *Memórias de um sargento de milícias*. Biblioteca de Literatura Brasileira, I. São Paulo: Martins, 1941, pp. 5-19; Darcy Damasceno, "A afetividade linguística nas *Memórias de um sargento de milícias*", *Revista Brasileira de Filologia*, v. 2, t. II, dez. 1956, pp. 155-77, especialmente pp. 156-8 (a citação é da p. 156).   [2] Josué Montello, "Um precursor: Manuel Antônio de Almeida", *A literatura no Brasil*. Dir. de Afrânio Coutinho, v. 2. Rio de Janeiro: Editorial Sul-Americana, 1955, pp. 37-45.

um romance picaresco. A partir daí, supervalorizou algumas analogias fugazes e achou o que tencionava achar, mas não o que um cotejo objetivo teria mostrado. De fato, a análise da picaresca espanhola faz ver que aqueles dois livros nada motivaram de significativo no de Manuel Antônio de Almeida, embora seja possível que este haja recebido sugestões marginais de algum outro romance espanhol ou feito à maneira dos espanhóis, como ocorreu por toda a Europa no século XVII e parte do XVIII. O que se pode fazer de mais garantido é comparar as características do "nosso memorando" (como diz o romancista do seu personagem) com as do típico herói ou anti-herói picaresco, minuciosamente levantadas por Chandler na sua obra sobre o assunto.[3]

Em geral, o próprio pícaro narra as suas aventuras, o que fecha a visão da realidade em torno do seu ângulo restrito; e esta voz na primeira pessoa é um dos encantos para o leitor, transmitindo uma falsa candura que o autor cria habilmente e já é recurso psicológico de caracterização. Ora, o livro de Manuel Antônio é contado na terceira pessoa por um narrador (ângulo primário) que não se identifica e varia com desenvoltura o ângulo secundário, trazendo-o de Leonardo Pai a Leonardo Filho, deste ao Compadre ou à Comadre, depois à Cigana e assim por diante, de maneira a estabelecer uma visão dinâmica da matéria narrada. Sob este aspecto o herói é um personagem como os outros, apesar de preferencial; e não o instituidor ou a ocasião para instituir o mundo fictício, como

---

[3] Frank Wadleigh Chandler, *La novela picaresca en España*. Trad. do inglês de P. A. Martín Robles. Madri: La España Moderna, [s.d.]. Trata-se de apenas uma parte da obra original de Chandler, *The Literature of Roguery*, 3 v. Nova York: Houghton Mifflin, 1907. Ver também Ángel Valbuena Prat, "Estudio preliminar", em *La novela picaresca española*. 4. ed. Madri: Aguilar, 1942, pp. 11-79, edição dos principais romances picarescos espanhóis utilizada neste ensaio.

o Lazarillo, Estebanillo, Guzman de Alfarache, a Pícara Justina ou Gil Braz de Santilhana.

Em compensação, Leonardo Filho tem com os narradores picarescos algumas afinidades: como eles, é de origem humilde e, como alguns deles, irregular, "filho de uma pisadela e um beliscão". Ainda como eles é largado no mundo, mas não abandonado, como foram Lazarillo ou o Buscón, de Quevedo; pelo contrário, mal os pais o deixam o destino lhe dá um pai muito melhor na pessoa do Compadre, o bom barbeiro que toma conta dele para o resto da vida e o abriga da adversidade material. Tanto assim que lhe falta um traço básico do pícaro: o choque áspero com a realidade que leva à mentira, à dissimulação, ao roubo, e constitui a maior desculpa das "picardias". Na origem o pícaro é ingênuo; a brutalidade da vida é que aos poucos o vai tornando esperto e sem escrúpulos, quase como defesa; mas Leonardo, bem abrigado pelo Padrinho, nasce malandro feito, como se se tratasse de uma qualidade essencial, não um atributo adquirido por força das circunstâncias.

Mais ainda: a humildade da origem e o desamparo da sorte se traduzem necessariamente, para o protagonista dos romances espanhóis e os que os seguiram de perto, na condição servil. Em algum momento da sua carreira ele é criado, de tal modo que já se supôs erradamente que a sua designação proviesse daí —, o termo "pícaro" significando um tipo inferior de servo, sobretudo ajudante de cozinha, sujo e esfarrapado. E é do fato de ser criado que decorre um princípio importante na estruturação do romance, pois passando de amo a amo o pícaro vai-se movendo, mudando de ambiente, variando a experiência e vendo a sociedade no conjunto. Mas o nosso Leonardo fica tão longe da condição servil, que o Padrinho se ofende quando a Madrinha sugere que lhe mande ensinar um ofício manual; o excelente homem quer vê-lo padre ou formado em direito, e nesse sentido procura encaminhá-lo, livrando-o de qualquer necessidade de ganhar a vida. Por isso, nunca aparece seriamente o problema da subsistência, mesmo quando Leonardo passa de raspão e quase como jogo pelo serviço das cozinhas reais, o que o aproximaria vagamente da condição de pícaro no sentido acima referido.

Semelhante a vários pícaros, ele é amável e risonho, espontâneo nos atos e estreitamente aderente aos fatos, que o vão rolando pela vida. Isto o submete, como a eles, a uma espécie de causalidade externa, de motivação que vem das circunstâncias e torna o personagem um títere, esvaziado de lastro psicológico e caracterizado apenas pelos solavancos do enredo. O sentimento de um destino que motiva a conduta é vivo nas *Memórias*, onde a Comadre se refere à *sina* que acompanha o afilhado, acumulando contratempos e desmanchando a cada instante as combinações favoráveis.

Como os pícaros, ele vive um pouco ao sabor da sorte, sem plano ou reflexão; mas ao contrário deles nada aprende com a experiência. De fato, um elemento importante da picaresca é essa espécie de aprendizagem que amadurece e faz o protagonista recapitular a vida à luz de uma filosofia desencantada. Mais coerente com a vocação de fantoche, Leonardo nada conclui, nada aprende; e o fato de ser o livro narrado na terceira pessoa facilita esta inconsciência, pois cabe ao narrador fazer as poucas reflexões morais, no geral levemente cínicas e em todo caso otimistas, ao contrário do que ocorre com o sarcasmo ácido e o relativo pessimismo dos romances picarescos. O malandro espanhol termina sempre, ou numa resignada mediocridade, aceita como abrigo depois de tanta agitação, ou mais miserável do que nunca, no universo do desengano e da desilusão, que marca fortemente a literatura espanhola do Século de Ouro.

Curtido pela vida, acuado e batido, ele não tem sentimentos, mas apenas reflexos de ataque e defesa. Traindo os amigos, enganando os patrões, não tem linha de conduta, não ama e, se vier a casar, casará por interesse, disposto inclusive às acomodações mais foscas, como o pobre Lazarillo. O nosso Leonardo, embora desprovido de paixão, tem sentimentos mais sinceros neste terreno, e em parte o livro é a história do seu amor cheio de obstáculos pela sonsa Luisinha, com quem termina casado, depois de promovido, reformado e dono de cinco heranças que lhe vieram cair nas mãos sem que movesse uma palha. Não sendo nenhum modelo de virtude, é leal e chega a comprometer-se seriamente para não lesar o malandro Teotônio. Um antipícaro, portanto, nestas e outras circunstâncias, como a de não procurar e não agradar os *superiores*, que constituem a meta suprema do malandro espanhol.

Se o protagonista for assim, é de esperar que o livro, tomado no conjunto, apresente a mesma oscilação de algumas analogias e muitas diferenças em relação aos romances picarescos.

Estes são dominados pelo senso do espaço físico e social, pois o pícaro anda por diversos lugares e entra em contato com vários grupos e camadas, não sendo raros os destinos internacionais, como o do "galego-romano" Estebanillo. O fato de ser um aventureiro desclassificado se traduz pela mudança de condição, cujo tipo elementar, estabelecido no primeiro em data, o *Lazarillo de Tormes*, é a mudança de patrões. Criado de mendigo, criado de escudeiro pobre, criado de padre, o pequeno vagabundo percorre a sociedade, cujos tipos vão surgindo e se completando, de maneira a tornar o livro uma sondagem dos grupos sociais e seus costumes —, coisa que prosseguiu na tradição do romance picaresco, fazendo dele um dos modelos da ficção realista moderna.

Embora deformado pelo ângulo satírico, o seu ponto de vista descobre a sociedade na variação dos lugares, dos grupos, das classes —, estas, vistas frequentemente das inferiores para as superiores, em obediência ao sentido da eventual ascensão do pícaro. Nessa lenta panorâmica, um moralismo corriqueiro para terminar, mas pouca ou nenhuma intenção realmente moral, apesar dos protestos constantes com que o narrador procura dar um cunho exemplar às suas malandragens. E em relação às mulheres, acentuada misoginia. Embora não sejam licenciosos, como também não são sentimentais, os romances picarescos são frequentemente obscenos e usam à vontade o palavrão, em correspondência com os meios descritos.

O livro de Manuel Antônio é de vocabulário *limpo*, não tem qualquer baixeza de expressão e, quando entra pela zona da licenciosidade, é discreto, ou de tal modo caricatural que o elemento irregular se desfaz em bom humor —, como é notadamente o caso da sequência que narra o infortúnio do padre surpreendido em trajes menores no quarto da Cigana. Mas vimos que tem uma certa tintura de sentimento amoroso, apesar de descrito com ironia oportuna; e a sátira, visível por todo ele, nunca abrange o conjunto da sociedade, pois ao contrário da picaresca o seu campo é restrito.

2. Romance malandro

Digamos então que Leonardo não é um pícaro, saído da tradição espanhola; mas o primeiro grande malandro que entra na novelística brasileira, vindo de uma tradição quase folclórica e correspondendo, mais do que se costuma dizer, a certa atmosfera cômica e popularesca de seu tempo, no Brasil. Malandro que seria elevado à categoria de símbolo por Mário de Andrade em *Macunaíma*[4] e que Manuel Antônio com certeza plasmou espontaneamente, ao aderir com a inteligência e a afetividade ao tom popular das histórias que, segundo a tradição, ouviu de um companheiro de jornal, antigo sargento comandado pelo major Vidigal de verdade.

O malandro, como o pícaro, é espécie de um gênero mais amplo de aventureiro astucioso, comum a todos os folclores. Já notamos, com efeito, que Leonardo pratica a astúcia pela astúcia (mesmo quando ela tem por finalidade safá-lo de uma enrascada), manifestando um amor pelo jogo-em-si que o afasta do pragmatismo dos pícaros, cuja malandragem visa quase sempre ao proveito ou a um problema concreto, lesando frequentemente terceiros na sua solução. Essa gratuidade aproxima "o nosso memorando" do *trickster* imemorial, até de suas encarnações zoomórficas — macaco, raposa, jabuti —, dele fazendo menos um *anti-herói* do que uma criação que talvez possua traços de heróis populares, como Pedro Malasarte. É admissível que modelos eruditos tenham influído em sua elaboração; mas o que parece predominar no livro é o dinamismo próprio dos astuciosos de história popular. Por isso, Mário de Andrade estava certo ao dizer que nas *Memórias* não há realismo em sentido moderno; o que nelas se acha é algo mais vasto e intemporal, próprio da comicidade popularesca.

[4] "É desse modo que Manuel Antônio de Almeida caracteriza o personagem Leonardo, que resulta num *herói sem nenhum caráter*, ou melhor, que apresenta os traços fundamentais do estereótipo do brasileiro. Manuel Antônio de Almeida é o primeiro a fixar em literatura o caráter nacional brasileiro, tal como terá longa vida em nossas letras [...]. Creio que se pode saudar em Leonardo o ancestral de *Macunaíma*." Walnice Nogueira Galvão, "No tempo do rei", em *Saco de gatos: Ensaios críticos*. São Paulo: Duas Cidades, 1976, p. 32. Este belo ensaio, um dos mais penetrantes sobre o nosso autor, saiu inicialmente com o título "Manuel Antônio de Almeida" no "Suplemento literário" de *O Estado de S. Paulo*, 17 mar. 1962.

Esta costela originariamente folclórica talvez explique certas manifestações de cunho arquetípico, inclusive o começo pela frase padrão dos contos da carochinha: "Era no tempo do rei". Ao mesmo universo pertenceria a constelação de fadas boas (Padrinho e Madrinha) e a espécie de fada agourenta que é a Vizinha, todos cercando o berço do menino e servindo aos desígnios da sorte, a "sina" invocada mais de uma vez no curso da narrativa. Pertenceria também o anonimato de vários personagens, importantes e secundários, designados pela profissão ou a posição no grupo, o que de um lado os dissolve em categorias sociais típicas, mas de outro os aproxima de paradigmas lendários e da indeterminação da fábula, onde há sempre "um rei", "um homem", "um lenhador", "a mulher do soldado" etc. Pertenceria, ainda, o major Vidigal, que por baixo da farda historicamente documentada é uma espécie de bicho-papão, devorador da gente alegre. Pertenceria, finalmente, a curiosa duplicação que estabelece dois protagonistas, Leonardo Pai e Leonardo Filho, não apenas contrastando com a forte unidade estrutural dos anti-heróis picarescos (ao mesmo tempo nascedouros e alvos da narrativa), mas revelando mais um laço com os modelos populares.

Com efeito, pai e filho materializam as duas faces do *trickster*: a tolice, que afinal se revela salvadora, e a esperteza, que muitas vezes redunda em desastre, ao menos provisório. Sob este aspecto, o meirinho meio bobo que acaba com a vida em ordem, e seu filho esperto que por pouco se enrosca, seriam uma espécie de projeção invertida, no plano das aventuras, da família didática de Bertoldo, que Giulio Cesare Della Croce e seguidores popularizaram a partir da Itália desde o século XVI, inspirados em remotas fontes orientais. Não custa dizer que nos catálogos de livraria do tempo de Manuel Antônio aparecem várias edições e arranjos da famosa trempe, como:

Astúcias de Bertoldo; *Simplicidades de Bertoldinho, filho do sublime e astuto Bertoldo, e agudas respostas de Marcolfa, sua mãe*; *Vida de Cacasseno, filho do simples Bertoldinho e neto do astuto Bertoldo*. Nas *Memórias de um sargento de milícias*, livro culto e ligado apenas remotamente a arquétipos folclóricos, simplório é o pai e esperto é o filho, não havendo além disso qualquer vestígio de adivinhação gnômica, própria da série dos Bertoldos e d'*A donzela Teodora*, outra sabe-tudo muito viva em nosso populário.

Como não há motivo para contestar a tradição, segundo a qual a matéria do livro foi dada, ao menos em parte, pelos relatos de um velho sargento de polícia,[5] podemos admitir que o primeiro nível de estilização consistiu, da parte do romancista, em extrair dos fatos e das pessoas um certo elemento de generalidade, que os aproximou dos paradigmas subjacentes às narrativas folclóricas. Assim, por exemplo, um determinado oficial de justiça, chamado ou não Leonardo Pataca, foi desbastado, simplificado, reordenado e submetido a uma cunhagem fictícia, que o afastou da sua carne e do seu osso, para transformá-lo em ocorrência particular do amoroso desastrado e, mais longe, do bobalhão universal das piadas. Noutras palavras, a operação inicial do ficcionista teria consistido em reduzir os fatos e os indivíduos a situações e tipos gerais, provavelmente porque o seu caráter popular permitia lançar uma ponte fácil para o universo do folclore, fazendo a tradição anedótica assumir a solidez das tradições populares.

Poderíamos, então, dizer que a integridade das *Memórias* é feita pela associação íntima entre um plano voluntário (a representação dos costumes e cenas do Rio) e um plano talvez

---

[5] Marques Rebelo, *Vida e obra de Manuel Antônio de Almeida*. 2. ed. São Paulo: Martins, 1963, pp. 38-9 e 42.

na maior parte involuntário (traços semifolclóricos, manifestados sobretudo no teor dos atos e das peripécias). Como ingrediente, um realismo espontâneo e corriqueiro, mas baseado na intuição da dinâmica social do Brasil na primeira metade do século XIX. E nisto reside provavelmente o segredo da sua força e da sua projeção no tempo.

Há também, é claro, eventuais influências eruditas e traços que o aparentam às correntes literárias que, naquele momento, formavam com as tendências peculiares ao Romantismo um desenho mais complicado do que parece a quem ler as classificações esquemáticas. Por este lado é que ele se entronca em linhas de força da literatura brasileira de então, que o esclarecem tanto ou mais do que a invocação de modelos estrangeiros e mesmo de um substrato popularesco.

De fato, para compreender um livro como as *Memórias* convém lembrar a sua afinidade com a produção cômica e satírica da Regência e primeiros anos do Segundo Reinado —, no jornalismo, na poesia, no desenho, no teatro. Escritas de 1852 a 1853, elas seguem uma tendência manifestada desde o decênio de 1830, quando começam a florescer jornaizinhos cômicos e satíricos, como *O Carapuceiro*, do padre Lopes Gama (1832-1834; 1837-1843; 1847) e *O Novo Carapuceiro*, de Gama e Castro (1841-1842). Ambos se ocupavam de análise política e moral por meio da sátira dos costumes e retratos de tipos característicos, dissolvendo a individualidade na categoria, como tende a fazer Manuel Antônio. Esta linha que vem de La Bruyère, mas também do nosso velho poema cômico, sobretudo do exemplo de Nicolau Tolentino, manifestava-se ainda na verdadeira mania do retrato satírico, descrevendo os tipos da vida cotidiana, que, sob o nome de *fisiologia* (por *psicologia*), pululou na imprensa francesa entre 1830 e 1850 e dela passou à nossa. Embora Balzac a tenha cultivado com grande talento, não é preciso recorrer à sua influência, como faz um estudioso recente,[6] para encontrar a fonte eventual de uma moda que era pão cotidiano dos jornais.

Pela mesma altura, surge a caricatura política nos primeiros desenhos de Araújo Porto-Alegre (1837),[7] e de 1838 a 1849 desenvolve-se a atividade de Martins Pena, cuja concepção da vida e da composição literária se aproxima da de Manuel Antônio —, com a mesma leveza de mão, o mesmo sentido penetrante dos traços típicos, a mesma suspensão de juízo moral. O amador de teatro que foi o nosso romancista não poderia ter ficado à margem de uma tendência tão bem representada; e que apareceria ainda, modestamente, na obra novelística e teatral de Joaquim Manuel de Macedo, cheia de infrarrealismo e caricatura.

Os próprios poetas, que hoje consideramos uma série plangente de carpidores, fizeram poesia cômica, obscena e maluca, por vezes com bastante graça, como Laurindo Rabelo e Bernardo Guimarães, cujas produções neste setor chegaram até nós. Álvares de Azevedo foi poeta divertido, e alguns retardatários mantinham a tradição bem-humorada da velha sátira social, como é o caso d'*A festa de Baldo* (1847), de Álvaro Teixeira de Macedo, cuja linguagem enferrujada não abafa inteiramente um discernimento saboroso dos costumes provincianos.

3. Romance documentário?

Dizer que o livro de Manuel Antônio de Almeida é eminentemente documentário, sendo reprodução fiel da sociedade em que a ação se desenvolve, talvez seja formular uma segunda

---

6 Alan Carey Taylor, "Balzac, Manoel Antônio de Almeida et les Débuts du Réalisme au Brésil", resumo de comunicação, *Le Réel dans la Littérature et le Langage*, Actes du Xe Congrès de la Fédération des Langues et Littératures Modernes, publiés par Paul Vernois. Paris: Klincksieck, 1967, pp. 202-3.
7 Herman Lima, *História da caricatura no Brasil*, 4 v. Rio de Janeiro: José Olympio, 1963, v. I, pp. 70-85.

petição de princípio —, pois restaria provar, primeiro, que reflete o Rio joanino; segundo, que a este reflexo deve o livro a sua característica e o seu valor.

O romance de tipo realista, arcaico ou moderno, comunica sempre uma certa visão da sociedade, cujo aspecto e significado procura traduzir em termos de arte. É mais duvidoso que dê uma visão informativa, pois geralmente só podemos avaliar a fidelidade da representação através de comparações com os dados que tomamos a documentos de outro tipo. Isto posto, resta o fato de que o livro de Manuel Antônio sugere a presença viva de uma sociedade que nos parece bastante coerente e existente, e que ligamos à do Rio de Janeiro do começo do século XIX, tendo Astrojildo Pereira chegado a compará-lo às gravuras de Debret, como força representativa.[8]

No entanto, o panorama que ele traça não é amplo. Restrito espacialmente, a sua ação decorre no Rio, sobretudo no que são hoje as áreas centrais e naquele tempo constituíam o grosso da cidade. Nenhum personagem deixa o seu âmbito e apenas uma ou duas vezes o autor nos leva ao subúrbio, no episódio do Caboclo do Mangue e na festa campestre da família de Vidinha.

Também socialmente a ação é circunscrita a um tipo de gente livre modesta, que hoje chamaríamos pequena burguesia. Fora daí, há uma senhora rica, dois padres, um chefe de polícia e, bem de relance, um oficial superior e um fidalgo, através dos quais vislumbramos o mundo do paço. Este mundo novo, despencado recentemente na capital pacata do Vice-Reinado, era então a grande novidade, com a presença do rei e dos ministros, a instalação cheia de episódios entre pitorescos e odiosos de

---

[8] Astrojildo Pereira, "Romancistas da cidade: Macedo, Manuel Antônio e Lima Barreto", *O romance brasileiro (de 1752 a 1930)*. Coord., notas e rev. etc. de Aurélio Buarque de Holanda. Rio de Janeiro: O Cruzeiro, 1952, pp. 36-73. Ver p. 40.

uma nobreza e uma burocracia transportadas nos navios da fuga, entre máquinas e caixotes de livros. Mas dessa nota viva e saliente, nem uma palavra; é como se o Rio continuasse a ser a cidade do vice-rei Luis de Vasconcelos e Sousa.

Havia, porém, um elemento mais antigo e importante para o cotidiano, que formava a maior parte da população e sem o qual não se vivia: os escravos. Ora, como nota Mário de Andrade, não há "gente de cor", no livro, salvo as baianas da procissão dos ourives, mero elemento decorativo, e as crias da casa de Dona Maria, mencionadas de passagem para enquadrar o Mestre de Reza. Tratado como personagem, apenas o *pardo* livre Chico-Juca, representante da franja de desordeiros e marginais que formavam boa parte da sociedade brasileira.

Documentário restrito, pois, que ignora as camadas dirigentes, de um lado, as camadas básicas, de outro. Mas talvez o problema deva ser proposto noutros termos, sem querer ver a ficção como duplicação —, atitude frequente na crítica naturalista que tem inspirado a maior parte dos comentários sobre as *Memórias*, e que tinha do Realismo uma concepção que se qualificaria de mecânica.

Na verdade, o que interessa à análise literária é saber, neste caso, qual a função exercida pela realidade social historicamente localizada para constituir a estrutura da obra, isto é, um fenômeno que se poderia chamar de formalização ou redução estrutural dos dados externos.

Para isso, devemos começar verificando que o romance de Manuel Antônio de Almeida é constituído por alguns veios descontínuos, mas discerníveis, arranjados de maneira cuja eficácia varia: (1) os fatos narrados, envolvendo os personagens; (2) os usos e costumes descritos; (3) as observações judicativas do narrador e de certos personagens. Quando o autor os organiza de modo integrado, o resultado é satisfatório e nós podemos sentir a realidade. Quando a integração é menos feliz, parece-nos ver uma justaposição mais ou menos precária de elementos não suficientemente fundidos, embora interessantes e por vezes encantadores como quadros isolados. Neste último caso é que os usos e costumes aparecem como *documento*, prontos para a ficha dos folcloristas, curiosos e praticantes da *petite histoire*.

É o que ocorre, por exemplo, no capítulo 17 da 1ª parte, "Dona Maria", onde reina a desintegração dos elementos constitutivos. Temos nele uma descrição de costumes (procissão dos ourives); o retrato físico e moral de um novo personagem, que dá nome ao capítulo; e a ação presente, que é o debate sobre o menino Leonardo, com participação de Dona Maria, do Compadre, da Vizinha. Apesar de interessante, tudo nele está desconexo. A procissão descrita previamente como foco autônomo de interesse não é a procissão-fato, isto é, uma determinada procissão, concreta, localizada, pormenorizada e fazendo parte da narrativa. Embora se vincule à ação presente, ela só aparece um instante, no fim; o que domina o capítulo é a procissão-uso, a procissão indeterminada, com o caráter de informe pitoresco, do tipo daqueles que geralmente se consideram como constituindo a força de Manuel Antônio, quando na verdade são o ponto fraco da sua composição.

Mas se recuarmos até o capítulo 15 da mesma parte, veremos coisa diversa. Trata-se da "Estralada", a divertida festa de aniversário da Cigana, que Leonardo Pai atrapalha, pagando o capoeira Chico-Juca para estabelecer a desordem e denunciando tudo previamente ao Vidigal, que intervém e torna público o pecado do Mestre de Cerimônias.

Neste capítulo surge mais de um elemento *documentário*, inclusive a capoeiragem, associada ao retrato físico e moral do capoeira e a uma sequência de fatos. Mas aí o *documento* não existe em si, como no caso anterior: é parte constitutiva da ação, de maneira que nunca parece que o autor esteja informando ou desviando a nossa atenção para um traço da sociedade. Dentro das normas tradicionais de composição, a que obedece Manuel Antônio, o segundo está certo; o primeiro, senão errado, imperfeito, por motivos de natureza estrutural.

A força de convicção do livro depende pois essencialmente de certos pressupostos de fatura, que ordenam a camada superficial dos *dados*. Estes precisam ser encarados como elementos de composição, não como informes proporcionados pelo autor, pois neste caso estaríamos reduzindo o romance a uma série de quadros descritivos dos costumes do tempo.

O livro de Manuel Antônio correu este risco. O critério sugerido acima permite lê-lo de modo esclarecedor, mostrando que talvez se tenha ido consolidando como romance à medida que deixava de ser uma coleção de tipos curiosos e usos pitorescos, que predominam na metade inicial. É possível e mesmo provável que a redação tenha sido feita aos poucos, para atender à publicação seriada;[9] e que o senso da unidade fosse aumentando progressivamente, à medida que a linha mestra do destino do "memorando" se consolidava, emergindo da poeira anedótica. Por isso, a primeira metade tem mais o aspecto de crônica, enquanto a segunda é mais romance, fortalecendo a anterior, preservando o colorido e o pitoresco da vida popular, sem situá-la, todavia, num excessivo primeiro plano.

Esta dualidade de etapas (que são duas ordens narrativas coexistentes) fica esclarecida se notarmos que na primeira metade Leonardo Filho ainda não se desprendeu da nebulosa dos demais personagens e que o romance pode ser considerado como tendo ele e o pai por principais figurantes. Os fatos relativos a um e outro, mais aos personagens que estão

---

[9] Marques Rebelo, op. cit., pp. 40-1.

agregados diretamente a eles, correm como paralelas alternadas, enquanto a partir do capítulo 28 a linha do filho domina absolutamente e a narrativa, superando as descrições estáticas, amaina a inclusão frequente de usos e costumes, dissolvendo-os na dinâmica dos acontecimentos.

Sendo assim, é provável que a impressão de realidade comunicada pelo livro não venha essencialmente dos informes, aliás relativamente limitados, sobre a sociedade carioca do tempo do Rei Velho. Decorre de uma visão mais profunda, embora instintiva, da função, ou *destino* das pessoas nessa sociedade; tanto assim que o real adquire plena força quando é parte integrante do ato e componente das situações. Manuel Antônio, apesar da sua singeleza, tem uma coisa em comum com os grandes realistas: a capacidade de intuir, além dos fragmentos descritos, certos princípios constitutivos da sociedade —, elemento oculto que age como totalizador dos aspectos parciais.

4. Romance representativo

A natureza popular das *Memórias de um sargento de milícias* é um dos fatores do seu alcance geral e, portanto, da eficiência e durabilidade com que atua sobre a imaginação dos leitores. Esta reage quase sempre ao estímulo causado por situações e personagens de cunho arquetípico, dotados da capacidade de despertar ressonância. Mas além deste tipo de generalidade, há outro que o reforça e ao mesmo tempo determina, restringindo o seu sentido e tornando-o mais adequado ao âmbito específico do Brasil. Noutras palavras: há no livro um primeiro estrato universalizador, onde fermentam arquétipos válidos para a imaginação de um amplo ciclo de cultura, que se compraz nos mesmos casos de *tricksters* ou nas mesmas situações nascidas do capricho da *sina*; e há um segundo estrato universalizador de cunho mais restrito, onde se encontram representações da vida capazes de estimular a imaginação de um universo menor dentro deste ciclo: o brasileiro.

Nas *Memórias*, o segundo estrato é constituído pela dialética da ordem e da desordem, que manifesta concretamente as relações humanas no plano do livro, do qual forma o sistema de referência. O seu caráter de princípio estrutural, que gera o esqueleto de sustentação, é devido à formalização estética de circunstâncias de caráter social profundamente significativas como modos de existência; e que por isso contribuem para atingir essencialmente os leitores.

Esta afirmativa só pode ser esclarecida pela descrição do sistema de relações dos personagens, que mostra: (1) a construção, na sociedade descrita pelo livro, de uma ordem comunicando-se com uma desordem que a cerca de todos os lados; (2) a sua correspondência profunda, muito mais que documentária, a certos aspectos assumidos pela relação entre a ordem e a desordem na sociedade brasileira da primeira metade do século XIX.

Veremos então que, embora elementares como concepção de vida e caracterização dos personagens, as *Memórias* são um livro agudo como percepção das relações humanas tomadas em conjunto. Se não teve consciência nítida, é fora de dúvida que o autor teve maestria suficiente para organizar um certo número de personagens segundo intuições adequadas da realidade social.

Tomemos como base o personagem central do livro, Leonardo Filho, imaginando que ocupa no respectivo espaço uma posição também central; à direita está sua mãe, à esquerda seu pai, os três no mesmo plano. Com um mínimo de arbítrio podemos dispor os demais personagens, mesmo alguns vagos figurantes, acima e abaixo desta linha equatorial por eles formada. Acima estão os que vivem segundo as normas estabelecidas, tendo no ápice o grande representante delas, major

Vidigal; abaixo estão os que vivem em oposição ou pelo menos integração duvidosa em relação a elas. Poderíamos dizer que há, deste modo, um hemisfério positivo da ordem e um hemisfério negativo da desordem, funcionando como dois ímãs que atraem Leonardo, depois de terem atraído seus pais. A dinâmica do livro pressupõe uma gangorra dos dois polos, enquanto Leonardo vai crescendo e participando ora de um, ora de outro, até ser finalmente absorvido pelo polo convencionalmente positivo.

Sob este aspecto, pai, mãe e filho são três nódulos de relações, *positivas* (polo da ordem) e *negativas* (polo da desordem), sendo que os dois primeiros constituem uma espécie de prefiguração do destino do terceiro. Leonardo Pataca, o pai, faz parte da ordem, como oficial de justiça; e apesar de ilegítima, sua relação com Maria da Hortaliça é habitual e quase normal segundo os costumes do tempo e da classe. Mas depois de abandonado por ela, entra num mundo suspeito por causa do amor pela Cigana, que o leva às feitiçarias proibidas do Caboclo do Mangue, onde o major Vidigal o surpreende para mantê-lo na cadeia. Ainda por causa da Cigana promove o sarilho em sua festa, contratando o desordeiro Chico-Juca, o que motiva nova intervenção de Vidigal e expõe a vergonha pitoresca de um padre, o Mestre de Cerimônias. Mais tarde a Cigana passa a viver com Leonardo Pataca, até que finalmente, já maduro, ele forme com a filha da Comadre, Chiquinha, um casal estável, embora igualmente desprovido de bênção religiosa, como (repitamos) podia ser quase normal naquele tempo entre as camadas modestas. Assim, Leonardo Pai, representante da ordem, desce a sucessivos círculos da desordem e volta em seguida a uma posição relativamente sancionada, tangido pelas intervenções pachorrentas e brutais do major Vidigal —, personagem que existiu e deve ter sido fundamental numa cidade onde, segundo um observador da época, "há que evitar sair sozinho à noite e ser mais atento à sua segurança do que em qualquer outra parte, porque são frequentes os roubos e crimes, apesar de a polícia ser lá tão encontradiça como areia no mar".[10]

A vida de Leonardo Filho será igualmente uma oscilação entre os dois hemisférios, com maior variedade de situações.

Se analisarmos o sistema de relações em que está envolvido, veremos primeiro a atuação dos que procuram encaminhá-lo para a ordem: seu padrinho, o Compadre; sua madrinha, a Comadre. Através deles, entra em contato com uma senhora bem-posta na vida, Dona Maria, que se liga por sua vez a um próspero intrigante, José Manuel, acolitado pelo cego que ensina doutrina às crianças, o Mestre de Reza; que se liga sobretudo à sobrinha Luisinha, herdeira abastada e futura mulher de Leonardo, depois de um primeiro casamento com o dito José Manuel. Estamos no mundo das alianças, das carreiras, das heranças, da gente de posição definida: em nível modesto, o Padrinho barbeiro e a Vizinha; em nível mais elevado, Dona Maria. Todos estão do lado *positivo* que a polícia respeita e cujas festas o major Vidigal não vai rondar.

Vista deste ângulo, a história de Leonardo Filho é a velha história do herói que passa por diversos riscos até alcançar a felicidade, mas expressa segundo uma constelação social peculiar, que a transforma em história do rapaz que oscila entre a ordem estabelecida e as condutas transgressivas, para finalmente integrar-se na primeira, depois de provido da experiência das outras. O cunho especial do livro consiste numa certa ausência de juízo moral e na aceitação risonha do "homem como ele é", mistura de cinismo e bonomia que mostra

---

10 Theodor von Leithold e Ludwig von Rango, *O Rio de Janeiro visto por dois prussianos em 1819*. Trad. e anotações de Joaquim de Sousa Leão Filho. São Paulo: Editora Nacional, 1966, p. 166.

ao leitor uma relativa equivalência entre o universo da ordem e o da desordem; entre o que se poderia chamar convencionalmente o bem e o mal.

Na construção do enredo esta circunstância é representada objetivamente pelo estado de espírito com que o narrador expõe os momentos de ordem e de desordem, que acabam igualmente nivelados ante um leitor incapaz de julgar, porque o autor retirou qualquer escala necessária para isto. Mas há algo mais profundo, que ampara as camadas superficiais de interpretação: a equivalência da ordem e da desordem na própria economia do livro, como se pode verificar pela descrição das situações e das relações. Tomemos apenas dois exemplos.

Leonardo gosta de Luisinha desde menino, desde o belo episódio do "Fogo no campo", quando vê o seu rostinho acanhado de roceira transfigurado pela emoção dos rojões coloridos. Mas como as circunstâncias (ou, nos termos do livro, a "sina") a afastam dele para o casamento convencional com José Manuel, ele, sem capacidade de sofrer (pois ao contrário do que diz o narrador não tem a fibra amorosa do pai), passa facilmente a outros amores e à encantadora Vidinha. Esta lembra, pela espontaneidade dos costumes, a moreninha *amigada* com o tropeiro, que amenizou a estadia do mercenário alemão Schlichthorst no Rio daquele tempo, cantando modinhas sentada na esteira, junto com a mãe complacente.[11]

Luisinha e Vidinha constituem um par admiravelmente simétrico. A primeira, no plano da ordem, é a mocinha burguesa com quem não há relação viável fora do casamento, pois ela traz consigo herança, parentela, posição e deveres. Vidinha, no plano da desordem, é a mulher que se pode apenas

---

11 Carl Schlichthorst, *O Rio de Janeiro como é: 1824-1826* (*Huma vez e nunca mais*) etc. Trad. de Emy Dodt e Gustavo Barroso. Rio de Janeiro: Getúlio Costa, [s.d.], pp. 77-80.

amar, sem casamento nem deveres, porque nada conduz além da sua graça e da sua curiosa família sem obrigação nem sanção, onde todos se arrumam mais ou menos conforme os pendores do instinto e do prazer. É durante a fase dos amores com Vidinha, ou logo após, que Leonardo se mete nas encrencas mais sérias e pitorescas, como que libertado dos projetos respeitáveis que o padrinho e a madrinha tinham traçado para a sua vida.

Ora, quando o *destino* o reaproxima de Luisinha, providencialmente viúva, e ele retoma o namoro que levará direto ao casamento, notamos que a tonalidade do relato não fica mais aprovativa e, pelo contrário, que as sequências de Vidinha têm um encanto mais cálido. Como Leonardo, o narrador parece aproximar-se do casamento com a devida circunspecção, mas sem entusiasmo.

Nessa altura, comparamos a situação com tudo o que sabemos dos seres no universo do livro e não podemos deixar de fazer uma extrapolação. Dada a estrutura daquela sociedade, se Luisinha pode vir a ser uma esposa fiel e caseira, o mais provável é que Leonardo siga a norma dos maridos e, descendo alegremente do hemisfério da ordem, refaça a descida pelos círculos da desordem, onde o espera aquela Vidinha ou outra equivalente, para juntos formarem um casal suplementar, que se desfará em favor de novos arranjos, segundo os costumes da família brasileira tradicional. Ordem e desordem, portanto, extremamente relativas, se comunicam por caminhos inumeráveis, que fazem do oficial de justiça um empreiteiro de arruaças, do professor de religião um agente de intrigas, do pecado do Cadete a mola das bondades do Tenente-Coronel, das uniões ilegítimas situações honradas, dos casamentos corretos negociatas escusas.

"*Tutto nel mondo è burla*", cantam Falstaff e o coro, para resumir as confusões e peripécias no final da ópera de Verdi. "*Tutto nel mondo è burla*", parece dizer o narrador das *Memórias de um sargento de milícias*, romance que tem traços de ópera-bufa. Tanto assim (e chegamos ao segundo exemplo), que a conclusão feliz é preparada por uma atitude surpreendente do major Vidigal, que no livro é a encarnação da ordem, sendo manifestação de uma consciência exterior, única prevista no seu universo. De fato, a ordem convencional a que obedecem os comportamentos, mas a que no fundo permanecem indiferentes as consciências, é aqui mais do que em qualquer outro lugar o policial na esquina, isto é, Vidigal, com a sua sisudez, seus guardas, sua chibata e seu relativo fair play.

Ele é delegado de um mundo apenas entrevisto durante a narrativa, quando a Comadre sai a campo para obter a soltura de Leonardo Pataca. Como todos sabem, vai pedir a proteção do Tenente-Coronel, membro da guarda caricata de velhos oficiais, que cochilam numa sala do Palácio Real. O Tenente-Coronel por sua vez busca o empenho do Fidalgo (que vive com o seu capote e os seus tamancos numa casa fria e mal guarnecida), para que este fale ao Rei. O Rei, que não aparece mas sobrepaira como fonte de tudo, é que falará com Vidigal, instrumento da sua vontade. Mais do que um personagem pitoresco, Vidigal encarna toda a ordem; por isso, na estrutura do livro é um fecho de abóbada e, sob o aspecto dinâmico, a única força reguladora de um mundo solto, pressionando de cima para baixo e atingindo um por um os agentes da desordem. Ele prende Leonardo Pai na casa do Caboclo e o Mestre de Cerimônias na da Cigana. Ele ronda o baile do batizado de Leonardo Filho e intervém muitos anos depois na festa de aniversário de seu irmão, consequência de novos amores do pai. Ele persegue Teotônio, desmancha o piquenique de Vidinha, atropela o Toma-Largura, persegue e depois prende Leonardo Filho, fazendo-o sentar praça na tropa. O seu nome faz tremer e fugir.

Sendo assim, quando a Comadre resolve obter o perdão do afilhado é a Vidigal que pensa recorrer, por meio de uma nova série de mediações muito significativas dessa dialética da ordem e da desordem que se está procurando sugerir. Modesta socialmente, enredeira e complacente, reforça-se procurando a próspera Dona Maria, que seria empenho forte para o representante da lei, sempre acessível aos proprietários bem situados. Mas Dona Maria vira habilmente o leme para outra banda e recorre a uma senhora de costumes que haviam sido fáceis, como se dizia quando eles ainda eram difíceis. E é com a pura ordem de um lado, encarnada em Dona Maria, e de outro a desordem feita ordem aparente, encarnada em sua pitoresca xará Maria Regalada, que a Comadre parte para assaltar a cidadela ríspida, o Tutu geral, o desmancha-prazeres do Major.

A cena é digna de um tempo que produziu Martins Pena. Toda a gente lembra de que modo, para surpresa do leitor, Vidigal é declarado "babão" e se desmancha de gosto entre as saias das três velhotas. Como resistisse, enfronhado na intransigência dos policiais conscienciosos, Maria Regalada o chama de lado e lhe segreda qualquer coisa, com certeza alusiva a alguma relação apetitosa no passado, quem sabe com possibilidades de futuro. A fortaleza da ordem vem abaixo ato contínuo e não apenas solta Leonardo, mas dá-lhe o posto de sargento, que aparecerá no título do romance e com o qual, já reformado na segunda linha, casará triunfalmente com Luisinha, enfeixando cinco heranças para dar maior solidez à sua posição no hemisfério positivo.

Posição de tal modo firme, que poderá, como sugerimos, baixar eventualmente ao mundo agradável da desordem, agora com o exemplo supremo do major Vidigal, que cedeu ao pedido de uma dama galante apoiada por uma dama capitalista, em suave conluio dos dois hemisférios, por iniciativa de uma terceira dama, que circula livremente entre ambos e poderia ser chamada, como Belladona no poema de Eliot, *the lady of situations*. Ordem e desordem se articulam portanto solidamente; o mundo hierarquizado na aparência se revela essencialmente subvertido, quando os extremos se tocam e a labilidade geral dos personagens é justificada pelo escorregão que traz o Major das alturas sancionadas da lei para complacências duvidosas com as camadas que ele reprime sem parar.

Há um traço saboroso que funde no terreno do símbolo essas confusões de hemisférios e esta subversão final de valores. Quando as mulheres chegam à sua casa (Dona Maria na cadeirinha, as outras se esbofando ao lado), o Major aparece de chambre de chita e tamancos, num desmazelo que contradiz o seu aprumo durante o curso da narrativa. Atarantado com a visita, desfeito em risos e arrepios de erotismo senil, corre para dentro e volta envergando a casaca do uniforme, devidamente abotoada e luzindo em seus galões, mas com as calças domésticas e os mesmos tamancos batendo no assoalho. E assim temos o nosso ríspido dragão da ordem, a consciência ética do mundo, reduzido a imagem viva dos dois hemisférios, porque nesse momento em que transgride as suas normas ante a sedução da antiga e talvez de novo amante, está realmente equiparado a qualquer dos malandros que perseguia: aos dois Leonardos, a Teotônio, ao Toma-Largura, ao Mestre de Cerimônias. Como este, que, ao aparecer contraditoriamente de solidéu e ceroulas no quarto da Cigana, misturava em signos burlescos a majestade da Igreja e as doçuras do pecado, ele agora é farda da cintura para cima, roupa caseira da cintura para baixo, encouraçando a razão nas bitolas da lei e desafogando o plexo solar nas indisciplinas amáveis.

Este traço dá o sentido profundo do livro e do seu balanceio caprichoso entre ordem e desordem. Tudo se arregla então num plano mais significativo que o das normas convencionais; e nós lembramos que o bom, o excelente padrinho se "arranjou" na vida perjurando, traindo a palavra dada a um moribundo, roubando aos herdeiros o ouro que o mesmo lhe confiara. Mas este ouro não serviu para ele se tornar um cidadão honesto e, sobretudo, prover Leonardo? *Tutto nel mondo è burla*.

É burla e é sério, porque a sociedade que formiga nas *Memórias* é sugestiva, não tanto por causa das descrições de festejos ou indicações de usos e lugares; mas porque manifesta num plano mais fundo e eficiente o referido jogo dialético da ordem e da desordem, funcionando como correlativo do que se manifestava na sociedade daquele tempo. Ordem dificilmente imposta e mantida, cercada de todos os lados por uma desordem vivaz, que antepunha vinte mancebias a cada casamento e mil uniões fortuitas a cada mancebia. Sociedade na qual uns poucos livres trabalhavam e os outros flauteavam ao deus-dará, colhendo as sobras do parasitismo, dos expedientes, das munificências, da sorte ou do roubo miúdo. Suprimindo o escravo, Manuel Antônio suprimiu quase totalmente o trabalho; suprimindo as classes dirigentes, suprimiu os controles do mando. Ficou o ar de jogo dessa organização bruxuleante fissurada pela anomia, que se traduz na dança dos personagens entre lícito e ilícito, sem que possamos afinal dizer o que é um e o que é o outro, porque todos acabam circulando de um para outro com uma naturalidade que lembra o modo de formação das famílias, dos prestígios, das fortunas, das reputações, no Brasil urbano da primeira metade do século XIX. Romance profundamente social, pois, não por ser documentário, mas por ser construído segundo o ritmo geral da sociedade, vista através de um dos seus setores. E sobretudo porque dissolve o que há de sociologicamente essencial nos meandros da construção literária.

Com efeito, não é a representação dos dados concretos particulares que produz na ficção o senso da realidade; mas sim a sugestão de uma certa generalidade, que olha para os dois lados e dá consistência tanto aos dados particulares do real quanto aos dados particulares do mundo fictício. No esquema a seguir, sejam OD o fenômeno geral da ordem e da desordem, como foi indicado; AB os fatos particulares quaisquer da sociedade joanina do Rio; A'B' os fatos particulares quaisquer da sociedade descrita nas *Memórias*:

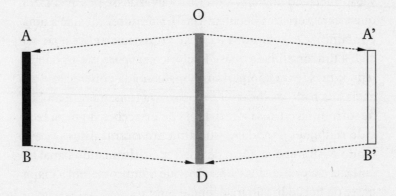

OD, dialética da ordem e da desordem, é um princípio válido de generalização, que organiza em profundidade tanto AB quanto A'B', dando-lhes inteligibilidade, sendo ao mesmo tempo real e fictício —, dimensão comum onde ambos se encontram, e que *explica* tanto um quanto outro. A'B' não vem diretamente de AB, pois o sentimento da realidade na ficção pressupõe o dado real mas não depende dele. Depende de princípios mediadores, geralmente ocultos, que estruturam a obra e graças aos quais se tornam coerentes as duas séries, a real e a fictícia.

Neste ponto, percebemos que a estrutura do livro sofre a tensão das duas linhas que constituem a visão do autor e se traduzem em duas direções narrativas, inter-relacionadas de maneira dinâmica. De um lado, o cunho popular introduz elementos arquetípicos, que trazem a presença do que há de mais universal nas culturas, puxando para a lenda e o irreal, sem discernimento da situação histórica particular. De outro lado, a percepção do ritmo social puxa para a representação de uma sociedade concreta, historicamente delimitada, que ancora o livro e intensifica o seu realismo infuso. Ao realismo incaracterístico e conformista da sabedoria e da irreverência popular, junta-se o realismo da observação social do universo descrito. Talvez fosse possível dizer que a característica peculiar das *Memórias* seja devida a uma contaminação recíproca da série arquetípica e da série social: a universalidade quase folclórica evapora muito do realismo; mas, para compensar, o realismo dá concreção e eficácia aos padrões incaracterísticos. Da tensão entre ambos decorre uma curiosa alternância de erupções do pitoresco e de reduções a modelos socialmente penetrantes —, evitando o caráter acessório de anedota, o desmando banal da fantasia e a pretensiosa afetação, que comprometem a maior parte da ficção brasileira daquele tempo.

5. O mundo sem culpa

Diversamente de quase todos os romances brasileiros do século XIX, mesmo os que formam a pequena minoria dos romances cômicos, as *Memórias de um sargento de milícias* criam um universo que parece liberto do peso do erro e do pecado. Um universo sem culpabilidade e mesmo sem repressão, a não ser a repressão exterior que pesa o tempo todo por meio do Vidigal e cujo desfecho já vimos. O sentimento do homem aparece nele como uma espécie de curiosidade superficial, que põe em movimento o interesse dos personagens uns pelos outros e do autor pelos personagens, formando a trama das relações vividas e descritas. A esta curiosidade corresponde uma visão muito tolerante, quase amena. As pessoas fazem coisas que poderiam ser qualificadas como reprováveis, mas fazem também outras dignas de louvor, que as compensam. E como todos têm defeitos, ninguém merece censura.

A madrinha levanta um falso contra José Manuel, mas para ajudar a causa simpática dos namorados; além disso José Manuel é um patife. A compensação vem com a reação dele por intermédio do Mestre de Reza, dom Basílio de fancaria, que consegue destruir a calúnia. As coisas entram nos eixos, mas nós perguntamos se não teria sido melhor deixar a calúnia de pé...

Como vimos, o Compadre "se arranja" pelo perjúrio. Mas o narrador só conta isto depois que a nossa simpatia já lhe está assegurada pela dedicação que dispensou ao afilhado. Para nós, ele é tão bom que o traço sinistro não pode comprometê-lo. Tanto mais quanto o ouro mal adquirido nada tem de maldito e se torna uma das heranças que vão garantir a prosperidade de Leonardo.

Um dos maiores esforços das sociedades, através da sua organização e das ideologias que a justificam, é estabelecer a existência objetiva e o valor real de pares antitéticos, entre os quais é preciso escolher, e que significam lícito ou ilícito, verdadeiro ou falso, moral ou imoral, justo ou injusto, esquerda ou direita política e assim por diante. Quanto mais rígida a sociedade, mais definido cada termo e mais apertada a opção. Por isso mesmo desenvolvem-se paralelamente as acomodações de tipo casuístico, que fazem da hipocrisia um pilar da civilização. E uma das grandes funções da literatura satírica, do realismo desmistificador e da análise psicológica é o fato de mostrarem, cada um a seu modo, que os referidos pares são reversíveis, não estanques, e que fora da racionalização ideológica as antinomias convivem num curioso lusco-fusco.

Pelo que vimos, o princípio moral das *Memórias* parece ser, exatamente como os fatos narrados, uma espécie de balanceio entre o bem e o mal, compensados a cada instante um pelo outro sem jamais aparecerem em estado de inteireza. Decorre a ideia de simetria ou equivalência, que, numa sociedade meio caótica, restabelece incessantemente a posição por assim dizer normal de cada personagem. Os extremos se anulam e a moral dos fatos é tão equilibrada quanto as relações dos homens.

De tudo se desprende um ar de facilidade, uma visão folgada dos costumes, que pode ou não coincidir com o que ocorria "no tempo do Rei", mas que fundamenta a sociedade instituída nas *Memórias*, como produto de um discernimento coerente do modo de ser dos homens. O remorso não existe, pois a avaliação das ações é feita segundo a sua eficácia. Apenas um personagem de segundo plano, o velho Tenente-Coronel, tem a consciência pesada pelo malfeito de seu filho, o Cadete, em relação à mãe do "memorando"; e esta consciência pesada fica divertida por contraste.

Se assim for, é claro que a repressão moral só pode existir, como ficou dito, fora das consciências. É uma "questão de polícia" e se concentra inteiramente no major Vidigal, cujo deslizamento cômico para as esferas da transgressão acaba, no fim do romance, por baralhar definitivamente a relação dos planos.

Nisto e por tudo isto, as *Memórias de um sargento de milícias* contrastam com a ficção brasileira do tempo. Uma sociedade jovem, que procura disciplinar a irregularidade da sua seiva para se equiparar às velhas sociedades que lhe servem de modelo, desenvolve normalmente certos mecanismos ideais de contensão, que aparecem em todos os setores. No campo jurídico, normas rígidas e impecavelmente formuladas, criando a aparência e a ilusão de uma ordem regular que não existe e que por isso mesmo constitui o alvo ideal. Em literatura, gosto acentuado pelos símbolos repressivos, que parecem domar a eclosão dos impulsos. É o que vemos, por exemplo, no sentimento de conspurcação do amor, tão frequente nos ultrarromânticos. É o que vemos em Peri, que se coíbe até negar as aspirações que poderiam realizá-lo como ser autônomo, numa renúncia que lhe permite construir em compensação um ser alienado, automático, identificado aos padrões ideais da colonização. N'*O guarani*, a força do impulso vital, a naturalidade dos sentimentos, só ocorre como característica dos vilões ou, sublimados, no quadro exuberante da natureza, isto é, as forças que devem ser dobradas pela civilização e a moral do conquistador, das quais d. Antônio de Mariz é um paradigma e o índio romântico um homólogo ou um aliado. (Lembremos o "índio tocheiro. O índio filho de Maria, afilhado de Catarina de Médicis e genro de d. Antônio de Mariz", do "Manifesto Antropófago", de Oswald de Andrade.) Repressão mutiladora da personalidade é ainda o que encontramos noutros romances de Alencar, os chamados urbanos, como *Lucíola* e *Senhora*, onde a mulher opressa da sociedade patriarcal confere ao enredo uma penumbra de forças recalcadas. Em meio de tudo, a liberdade quase feérica do espaço ficcional de Manuel Antônio, livre de culpabilidade e remorso, de repressão e sanção interiores, colore e mobiliza o firmamento do Romantismo, como os rojões do "Fogo no campo" ou as baianas dançando nas procissões.

Graças a isto, se diverge do superego habitual de nossa novelística, efetua uma espécie de desmistificação que o aproxima das formas espontâneas de vida social, articulando-se com elas de modo mais fundo. Façamos um paralelo que talvez ajude.

Na formação histórica dos Estados Unidos houve desde cedo uma presença constritora da lei, religiosa e civil, que plasmou os grupos e os indivíduos, delimitando os comportamentos graças à força punitiva do castigo exterior e do sentimento interior de pecado. Daí uma sociedade *moral*, que encontra no romance expressões como *A letra escarlate*, de Nathaniel Hawthorne, e dá lugar a dramas como o das feiticeiras de Salem.

Esse endurecimento do grupo e do indivíduo confere a ambos grande força de identidade e resistência; mas desumaniza as relações com os outros, sobretudo os indivíduos de outros grupos, que não pertencem à mesma *lei* e, portanto, podem ser manipulados ao bel-prazer. A alienação torna-se ao mesmo tempo marca de reprovação e castigo do réprobo; o duro modelo bíblico do povo eleito, justificando a sua brutalidade com os não eleitos, os *outros*, reaparece nessas comunidades de leitores cotidianos da Bíblia. Ordem e liberdade — isto é, policiamentos internos e externos, direito de arbítrio e de ação violenta sobre o estranho — são formulações desse estado de coisas.

No Brasil, nunca os grupos ou os indivíduos encontraram efetivamente tais formas; nunca tiveram a obsessão da ordem senão como princípio abstrato, nem da liberdade senão como capricho. As formas espontâneas da sociabilidade atuaram com maior desafogo e por isso abrandaram os choques entre a norma e a conduta, tornando menos dramáticos os conflitos de consciência.

As duas situações diversas se ligam ao mecanismo das respectivas sociedades: uma que, sob alegação de enganadora fraternidade, visava a criar e manter um grupo idealmente monorracial e monorreligioso; outra que incorpora de fato o pluralismo racial e depois religioso à sua natureza mais íntima, a despeito de certas ficções ideológicas postularem inicialmente o contrário. Não querendo constituir um grupo homogêneo e, em consequência, não precisando defendê-lo asperamente, a sociedade brasileira se abriu com maior largueza à penetração dos grupos dominados ou estranhos. E ganhou em flexibilidade o que perdeu em inteireza e coerência.

O sentido profundo das *Memórias* está ligado ao fato de não se enquadrarem em nenhuma das racionalizações ideológicas reinantes na literatura brasileira de então: indianismo, nacionalismo, grandeza do sofrimento, redenção pela dor, pompa do estilo etc. Na sua estrutura mais íntima e na sua visão latente das coisas, esse livro exprime a vasta acomodação geral que dissolve os extremos, tira o significado da lei e da ordem, manifesta a penetração recíproca dos grupos, das ideias, das atitudes mais díspares, criando uma espécie de terra de ninguém moral, onde a transgressão é apenas um matiz na gama que vem da norma e vai ao crime. Tudo isso porque, não manifestando estas atitudes ideológicas, o livro de Manuel Antônio é talvez o único em nossa literatura do século XIX que não exprime uma visão de classe dominante.

Este fato é evidenciado pelo seu estilo, que se afasta da linguagem preferida no romance de então, buscando uma tonalidade que se tem chamado de coloquial. Pelo fato de ser um principiante sem compromissos com a literatura estabelecida, além de resguardado pelo anonimato, Manuel Antônio ficou à vontade e aberto para as inspirações do ritmo popular. Esta costela trouxe uma espécie de sabedoria irreverente, que é pré-crítica, mas que, pelo fato de reduzir tudo à amplitude da "natureza humana", se torna afinal mais desmistificadora do que a intenção quase militante de um Alencar, mareada pelo estilo de classe. Sendo neutro, o estilo encantador de Manuel Antônio fica translúcido e mostra o outro lado de cada coisa, exatamente como o balanceio de certos períodos. "Era a comadre uma mulher baixa, excessivamente gorda, bonachona, ingênua ou tola até um certo ponto, e finória até outro." "O velho tenente-coronel, apesar de virtuoso e bom, não deixava de ter na consciência um sofrível par de pecados." Daí a equivalência dos opostos e a anulação do bem e do mal, num discurso desprovido de maneirismo. Mesmo em livro tão voluntariamente crítico e *social* quanto *Senhora*, o estilo de Alencar acaba fechando a porta ao senso da realidade, porque tende à linguagem convencional de um grupo restrito, comprometido com uma certa visão do mundo; e ao fazê-lo, sofre o peso da sua data, fica preso demais às contingências do momento e da camada social, impedindo que os fatos descritos adquiram generalidade bastante para se tornarem convincentes. Já a linguagem de Manuel Antônio, desvinculada da moda, torna amplos, significativos e exemplares os detalhes da realidade presente, porque os mergulha no fluido do populário, que tende a matar lugar e tempo, pondo os objetos que toca além da fronteira dos grupos. É pois no plano do estilo que se entende bem o desvinculamento das *Memórias* em relação à ideologia das classes dominantes do seu tempo —, tão presente na retórica liberal e no estilo florido dos "beletristas". Trata-se de uma libertação, que funciona como se a neutralidade moral correspondesse a uma neutralidade social, misturando as pretensões das ideologias no balaio da irreverência popularesca.

Esta se articula com uma atitude mais ampla de tolerância corrosiva, muito brasileira, que pressupõe uma realidade válida para lá, mas também para cá da norma e da lei, manifestando-se por vezes no plano da literatura sob a forma de piada devastadora, que tem certa nostalgia indeterminada de valores mais lídimos, enquanto agride o que, sendo hirto e cristalizado, ameaça a labilidade, que é uma das dimensões fecundas do nosso universo cultural.

Essa comicidade foge às esferas sancionadas da norma burguesa e vai encontrar a irreverência e a amoralidade de certas expressões populares. Ela se manifesta em Pedro Malasarte no nível folclórico e encontra em Gregório de Matos expressões rutilantes, que reaparecem de modo periódico, até alcançar no Modernismo as suas expressões máximas, com *Macunaíma* e *Serafim Ponte Grande*. Ela amaina as quinas e dá lugar a toda a sorte de acomodações (ou negações), que por vezes nos fazem parecer inferiores ante uma visão estupidamente nutrida de valores puritanos, como a das sociedades capitalistas; mas que facilitará a nossa inserção num mundo eventualmente aberto.

Com muito menos virulência e estilização que os dois livros citados, o de Manuel Antônio pertence a um entroncamento dessa linha, que tem várias modalidades. Nem é de espantar que só depois do Modernismo encontrasse finalmente a glória e o favor dos leitores, com um ritmo de edições que nos últimos 25 anos ultrapassa uma por ano, em contraste com o anterior, de uma a cada oito anos.

Na limpidez transparente do seu universo sem culpa, entrevemos o contorno de uma terra sem males definitivos ou irremediáveis, regida por uma encantadora neutralidade moral. Lá não se trabalha, não se passa necessidade, tudo se remedeia. Na sociedade parasitária e indolente, que era a dos homens livres do Brasil de então, haveria muito disto, graças à brutalidade do trabalho escravo, que o autor elide junto com outras formas de violência. Mas como ele visa ao tipo e ao paradigma, nós vislumbramos através das situações sociais concretas uma espécie de mundo arquetípico da lenda, onde o realismo é contrabalançado por elementos brandamente fabulosos: nascimento aventuroso, numes tutelares, dragões, escamoteação da ordem econômica, inviabilidade da cronologia, ilogicidade das relações. Por isso, tomemos com reserva a ideia de que as *Memórias* são um panorama documentário do Brasil joanino; e depois de ter sugerido que são antes a sua anatomia espectral, muito mais totalizadora, não pensemos nada e deixemo-nos embalar por essa fábula realista composta em tempo de *allegro vivace*.

Degradação do espaço

1. Os excursionistas

Tencionando analisar a correlação dos ambientes, das coisas e do comportamento em *L'Assommoir* (1877), começo por mencionar que este romance é amarrado ao espaço restrito de um bairro operário de Paris, onde decorre toda a ação, presa a algumas ruas e algumas casas, sobretudo o cortiço enorme da rua de La Goutte d'Or. Mas há um instante em que os personagens parecem romper o confinamento e se difundir no espaço da cidade: descem as avenidas, cruzam as praças centrais, percorrem parques e museus, depois voltam para o seu canto, onde ficam até o fim. É o capítulo III, que narra o casamento do folheiro Coupeau com a lavadeira Gervaise (que havia sido abandonada com dois filhos pelo amante, o chapeleiro Lantier), terminando num pátio de restaurante pelo baile popular que parece quadro de Manet ou Renoir.

Estamos, pois, ante uma exceção na economia do romance, uma aparente inclusão que todavia é bastante operativa, na medida em que estabelece o contraste necessário para ressaltar o confinamento do pobre nos lugares menosprezados. A exceção confirma a norma e ajuda a compreendê-la. Não apenas norma social refletida na ficção, mas norma literária que manifesta a estrutura do livro.

O capítulo III traz de fato a descrição sucessiva de ambientes *normais* da civilização urbana, dos quais o pobre é excluído —, não porque o barrem ou expulsem, mas porque o submetem a uma série de restrições, que vão da má vontade e do riso à impossibilidade de adaptação.

No cartório os noivos, padrinhos e convidados têm de esperar que primeiro se façam três casamentos burgueses, lentos e caprichados, para depois receberem como favor de má vontade o que é direito seu. De fato, na vez deles "as formalidades, a leitura do Código, as perguntas, a assinatura dos documentos foram despachados com tamanha desenvoltura, que eles se entreolharam, achando que tinham sido roubados de pelo menos metade da cerimônia".

> Na Igreja o casamento é quase um insulto, no altar lateral, onde um padre de mau humor passava depressa as mãos nas cabeças de Gervaise e Coupeau e parecia uni-los no meio de uma mudança, durante uma ausência de Deus, no intervalo entre duas missas de verdade. Depois de ter assinado novamente num livro, na sacristia, o grupo se achou outra vez ao ar livre, no portal, e ali ficou um instante atordoado, resfolegando por ter sido tangido a galope.

Mas é nas ruas do centro que a marginalidade explode, definida pelo riso com que é recebido o desejo de, pelo menos uma vez na vida, o operário vestir e passear como os burgueses. Nesse espaço ele não cabe, tem um ar de bicho de outro tempo e outro lugar, com as roupas desemparceiradas, misturando diversos momentos da moda num vago carnaval:

> Entre o rumor da multidão, destacando no fundo cinza e molhado do boulevard, a procissão dos casais punha manchas violentas: o vestido azulão de Gervaise, o pano cru estampado de flores

do vestido de Madame Fauconnier, a calça amarelo-canário de Boche; um constrangimento de gente endomingada emprestava certo ar carnavalesco à sobrecasaca lustrosa de Coupeau, às abas quadradas da casaca de Monsieur Madinier; e do seu lado, o vestido de gala de Madame Lorilleux, as franjas de Madame Lerat, a saia rustida de Mademoiselle Remanjou misturavam as modas, exibiam em fileira a roupa comprada em belchior, que é o luxo dos pobres. Mas o maior sucesso eram os chapéus dos homens, velhos chapéus guardados, embaçados pela falta de luz dos armários, de copas engraçadíssimas, altas, alargadas em cima, afuniladas, com abas extraordinárias, reviradas, chatas, muito largas ou muito estreitas.

No meio do riso e da piada dos moleques, o cortejo atravessa as ruas centrais e vai visitar o Museu do Louvre, para encher tempo. Depois das instituições civis, da religião e das zonas privilegiadas, é a vez do mundo da arte e da cultura, onde os operários vagueiam desnorteados, piscando o olho em frente dos nus, procurando em vão a sala das joias reais, divertindo os guardas, os artistas e os visitantes burgueses, completamente perdidos no labirinto, de onde emergem tontos, para encontrarem de novo a tranquilidade embaixo de uma ponte do Sena, que passa vagaroso e engordurado, enquanto eles contemplam felizes os detritos da cidade boiando na superfície.

Dali vão à coluna da praça Vendôme, onde o escritor efetua um alargamento dos hábitos narrativos, reinterpretando do ângulo do pobre uma situação frequente no romance francês do século XIX: o valor simbólico de Paris visto do alto. Em *La Curée* Zola tinha situado o arrivista Aristide Saccard na colina de Montmartre, abraçando a cidade com o olhar de especulador, retalhando bairros com as mãos que traçam o caminho das avenidas e das desapropriações. Em *Une Page d'amour*, os burgueses ricos, instalados na elevação de Passy, olham a planície e seu largo horizonte colorido. Aqui, depois de uma ascensão penosa pelo bojo escuro da coluna, em lugar de se interessarem pelos monumentos esparsos, indicados majestosamente pelo velho Madinier, o que interessa mesmo aos extraviados excursionistas é procurar para o lado do arrabalde popular o restaurante modesto onde vão comer o jantar das bodas e lhes serve de âncora no mar hostil da grande cidade. De fato, o seu lugar não é em cima; é embaixo, no pavimento onde penam e morrem, o *pavé aux vaches*.

Cuspido de outros ambientes, o pobre volta ao seu bairro, de onde saiu apenas por um momento. Daí o papel desta exceção, contraste que salienta a dimensão normal da narrativa, marcando o confinamento social e topográfico onde ela se desenvolve.

2. Na janela

Este momento de fluidez da matéria narrada (o grupo operário escorrendo pelos canais burgueses da cidade para acabar empoçado no espaço feio que lhe cabe) lembra que em *L'Assommoir* há dois elementos metafóricos importantes: fluidez e estagnação. E nos traz de volta ao capítulo I, quando Gervaise, na janela do hotel, depois de passar a noite esperando inutilmente o safadíssimo Lantier (com quem morava antes de desposar Coupeau), constrói com o olhar o espaço simbólico da narrativa, configurado para o leitor através do cruzamento dos quatro pontos cardeais que o limitam: o hotel (Boncoeur), o hospital (Lariboisière), o botequim (do Père Colombe) e o matadouro. Ou, em francês, *l'hôtel, l'hôpital, l'assommoir, l'abattoir*.

Concretamente, na madrugada do dia em que será abandonada pelo amante, Gervaise o espera na janela do hotel e vê os três outros lugares. Antagônicos na aparência, eles têm afinidades profundas reveladas pelas correlações de som e de sentido, de maneira a formar uma estrutura que representa em embrião os fatos e atos decisivos para o destino de Gervaise. Com efeito, *hôtel* e *hôpital* podem significar coisas opostas, pois enquanto o primeiro costuma ser abrigo de quem paga, evocando ideias correlatas de saúde e bem-estar, o segundo indica o abrigo dos que estão doentes e, da perspectiva de Gervaise, isto é, dos pobres, não podem pagar, despertando ideias de desamparo e ruína. Mas aqui um e outro se identificam, inclusive porque etimologicamente são a mesma palavra. No presente contexto, o sórdido *hôtel* (antigamente *hostel*) é um refúgio de desgraça como o *hôpital* (antigamente *hospital*); e entre eles podemos imaginar um elo que reforça a comunidade semântica originária: o provençal *hostal*, mais próximo do dialeto nativo de Gervaise.

De outro lado, o botequim é em princípio um lugar de divertimento e alegria, mas não aqui, onde acaba homólogo da morte, equivalendo ao matadouro. Este (*abattoir*) é o local onde se abatem os bois com a marreta (*assommoir*); e *assommoir*, em sentido figurado, é onde à força de beber os homens são abatidos pelo vício do álcool. Portanto, ainda neste caso temos palavras rigorosamente iguais em correspondência perfeita. Pensando em francês, vemos que *l'abattoir est l'endroit où l'on assomme* (*les boeufs*); e que *l'assommoir est l'endroit où l'on abat* (*les hommes*) — processo de cruzamento de que veremos outras modalidades. Aqui também a homofonia desvenda um liame sutil entre os dois termos, na medida em que o sentido próprio transita para o figurado.

Deste modo, a *situação* de Gervaise, o seu lugar no espaço neste primeiro capítulo, contém e prefigura as ações futuras do entrecho e revela uma espécie de estrutura significativa, que pode ser representada do seguinte modo:

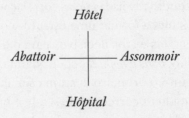

E que podemos ler assim: a suja habitação promíscua (*hôtel*) define um tipo de vida que leva as pessoas a acabarem no *hôpital*; sobretudo se frequentarem o *assommoir*, que é para os homens o que o *abattoir* é para os animais (portanto, reduz os homens à condição de animais). Ou, dando um movimento circular à leitura do esquema: quem vive no *hôtel* e frequenta o *assommoir* acaba no *hôpital*, como os animais no *abattoir*.

O espaço do livro é definido por este sistema topológico, articulado tanto no plano da sonoridade quanto no do significado, que transpõe e organiza espaços reais da cidade, correlacionando-os à vida do pobre. Na sua encruzilhada se situa de maneira virtual o cortiço, a enorme habitação coletiva onde Gervaise vai morar a partir do capítulo v, e que substituirá o *hôtel* como caminho para o *hôpital*, sendo um verdadeiro *abattoir*, povoado de frequentadores do *assommoir*. O cortiço será pois uma espécie de fusão dos demais lugares, um matadouro humano, um fermento de vício, abrigo de bêbados e miseráveis, de doenças e degradações.

Tudo isso fica de certo modo implícito na visão de Gervaise, que marca as fronteiras físicas e morais do mundo operário descrito no livro. Fronteiras negativas, seja dito, evidentes no fim do capítulo I: "[...] ela varejou numa olhada as avenidas suburbanas, à direita e à esquerda, parando nas duas pontas, presa de um pavor surdo, como se doravante a sua vida fosse caber ali, entre um matadouro e um hospital".

É nesse espaço que a vida operária se define simbolicamente para o seu olhar, que funciona quase como correlato da voz narrativa. Da janela do quarto sujo ela olha a rua suja, lamacenta, por onde corre o esgoto e escorre o proletariado, descrito com metáforas de fluidez, como se as ruas fossem corredores de gado e ao mesmo tempo canais, de tal modo que a indicação da gente se transforma imediatamente em líquido:

> Havia ali um tropel de rebanho, uma multidão que, ao parar, *formava poças nas calçadas*, um desfile sem fim de operários indo para o trabalho, com a ferramenta nas costas, o pão debaixo do braço; a turba se engolfava em Paris, onde se *afogava* continuadamente. (grifos meus)

3. As duas máquinas

Este trecho mostra que em *L'Assommoir*, como no resto da obra de Zola, há um trânsito constante entre o próprio e o figurado. Apesar do intuito *científico*, ele comunica o senso da realidade menos pelo discurso referencial do que pela interação deste nível com o metafórico, segundo acabamos de ver.[1] Continuando na mesma linha de reflexão, veremos que as imagens de fluidez preparam a entrada dos fluidos propriamente ditos, álcool e água, que formam esteios da narrativa e dão lugar a interações contínuas com o plano das metáforas.

Ambos se prendem a locais antitéticos, uns destinados ao trabalho e outros ao vício. A lavandaria onde Gervaise trabalha contrasta com o botequim, reduto de vadios e bêbados, e a oposição entre ambos é expressa pelas máquinas próprias de

---

[1] "Ele era um grande lírico servido por um grande arquiteto. Nele, a poesia palpitava sob a coleira de ferro ('*le carcan*') das doutrinas." Armand Lanoux, "Préface", Émile Zola, *Les Rougon-Macquart* etc., v. I. Bibliothèque de la Pléiade. Paris: Gallimard, 1966, p. LVII.

cada lugar, que os incorporam de certo modo à sociedade industrial: a máquina de lavar e o alambique para destilar bebidas. Este par antinômico funciona no plano dos significados como sistema de opções e, portanto, como alternativa dos atos que constituem a narrativa.

A lavandaria não aparecera no espaço percorrido pelo olhar de Gervaise, talvez porque, sendo premonitório, este tenha registrado apenas as balizas negativas do mundo onde vive o operário; e *L'Assommoir* é a história de operários que fogem ao trabalho. Mas tanto a lavandaria quanto outros locais onde se trabalha existem com força plena, aqui e em capítulos seguintes, formando a série de escolhas rejeitadas pelo casal protagonista.

A lavandaria é um galpão enorme, onde se alinham as tinas de aluguel e sobressai a máquina a vapor que ferve e limpa a roupa suja. Água por todo o lado, na descrição intencionalmente excessiva: esguichando das torneiras e servindo de projétil nas brigas, correndo pelo chão, parada nas tinas, com ou sem carbonatos, anilada e natural, fria e quente, reduzida a vapor, a neblina imponderável, a emanação que se confunde com o cheiro. Uma espécie de vasta saturação estilística, que nalguns períodos aparece como modulação dos seus vários estados:

> De certos recantos subia a fumaça, espalhando-se, afogando os fundos com um véu azulado. Chovia uma umidade pesada, carregada de cheiro saponáceo, enjoativo, morno, contínuo; e por instantes, predominavam as emanações mais fortes de água sanitária.*

---

* Neste ensaio e no seguinte, quando o trecho citado for objeto de análise, mesmo sumária, a versão original é incluída no texto ou em nota de rodapé. "*Des fumées montaient de certains coins, s'étalant, noyant les fonds d'un voile bleuâtre. Il pleuvait une humidité lourde, chargée d'une odeur savonneuse, une odeur fade, moite, continue; et par moments, des souffles plus forts d'eau de javelle dominaient.*"

Se focalizarmos as ações verbais, notaremos neste trecho um cruzamento devido à deslocação metafórica de sentido, pois em princípio a fumaça estaria mais ligada à ideia de emanação (*souffle*); e a água, à de afogar, embeber, mergulhar (*noyer*). No texto, porém, temos o contrário, pois a fumaça afoga (mergulha, embebe), enquanto a água produz emanações (sopra, exala). Em torno da hipérbole *a umidade chove* constrói-se uma espécie de interpenetração dos diversos estados da água (até a fumaça-exalação, que de todo a dissolve), por meio da alteração na pertinência do nexo entre sujeito e predicado. O cruzamento, que satura, se manifesta ainda pelo fato de haver uma progressão na sequência dos sujeitos (fumaça → umidade → água) e uma regressão na sequência dos predicados (afoga → chove → emana). Do fato concreto à figuração, o trabalho (lavar) aparece aqui corporizado no elemento que lhe serve de base (água), não apenas pela representação visual da descrição, mas pelas sugestões imanentes na estrutura gramatical.

Esta sequência é dominada pela máquina de escaldar e escorrer roupa, descrita com o habitual toque antropomórfico de Zola:

> De repente, o galpão se encheu de uma névoa branca; a tampa enorme da cuba onde fervia a roupa lavada subiu mecanicamente ao longo de uma haste central de cremalheira, deixando aberto o buraco de cobre que, do fundo do seu suporte de tijolos, exalou turbilhões de vapor, com um gosto açucarado de potassa. Enquanto isso, ao lado, as espremedeiras funcionavam; montes de roupa soltavam água nos cilindros de ferro, a cada virada da máquina, ofegante, fumegante, sacudindo asperamente o lavadouro com o trabalho incessante dos seus braços de aço.

A esta grande máquina barulhenta e extrovertida, bufando num ambiente de trabalho duro, se opõe, no capítulo seguinte, o alambique situado no fundo do botequim, do *assommoir du Père Colombe*, matadouro humano que devora o bairro. Soturno, silencioso, fechado no seu trabalho interior, como "quem faz de dia uma tarefa noturna", sem fumaça nem movimento, ele solta das retortas de vidro um filete claro de bebida:

> Surdamente, sem uma chama, sem uma alegria nos reflexos embaçados das peças de cobre, o alambique prosseguia, deixava escorrer o seu suor de álcool, parecido com uma fonte lenta e teimosa, que aos poucos acabaria por invadir a sala, espalhar-se pelas avenidas do subúrbio, inundar a cavidade imensa de Paris.

Há visivelmente na descrição das duas máquinas, com o seu contraste total, a intenção de forjar uma daquelas grandes antíteses humanitárias do século XIX, num maniqueísmo liberal cujo exemplo mais corrente foi a antítese escola-prisão, expressa na frase de Victor Hugo ("Abrir escolas é fechar prisões"), que Valentim Magalhães desenvolveu com involuntária comicidade no poema "Os dois edifícios".

Como o narrador dissera que os trabalhadores a caminho da faina diária já iam, muitos deles, carregados de bebida, a hipérbole da inundação de Paris pelo álcool faz lembrar a imagem do operariado como um fluxo, inundando igualmente a cidade; e leva a correlacionar intimamente a multidão-fluxo com os dois fluidos antitéticos: a água (que limpa, purifica), o álcool (que enxovalha, degrada). É a hidráulica do *Assommoir* em toda a sua força, manifestando a tensão dos opostos; no fundo, o antagonismo primário entre vida e morte, que Gervaise deve enfrentar.

Esquematizando, teríamos duas sequências a partir dos dois lugares descritos:

1. lavandaria	1. botequim
2. água	2. álcool
3. máquina de lavar	3. máquina de destilar
4. trabalho	4. ócio
5. limpeza (virtude)	5. vício (sujeira)

Elementar, sem dúvida, como o esqueleto da maioria das obras literárias, cujo significado específico provém da maneira peculiar de recobri-lo com nervos e músculos. Poderemos até ir mais longe, se pensarmos na correlação simbólica dos ambientes iniciais do livro: numa ponta, o quarto sujo e promíscuo do Hotel Boncoeur; no meio, a lavandaria; noutra ponta, o botequim do Père Colombe. O significado da correlação estaria na intercalação da limpeza entre a sujeira física e moral, que será justamente a luta de Gervaise, tentando, a partir do capítulo V, manter a sua própria lavandaria (oficina de limpar) no bojo contaminado do cortiço da rua de La Goutte d'Or.

Gervaise, dourada e solar, era lavadeira no rio da cidade natal, Plassans, mas nós a conhecemos já inserida no uso urbano e quase industrializado da água. Uma espécie de náiade presa nas malhas da civilização urbana, suspensa entre *mundus* e *immundus*. Pobre mediadora, ela fará um esforço para se agarrar ao primeiro termo, à sua profissão simbólica de limpar, no meio da sujeira física e moral do subúrbio operário. Mas acabará largando a profissão, o trabalho, para cair na perdição dos ambientes que a princípio evitou. Pensando na hidráulica mencionada há pouco, poder-se-ia dizer que o seu destino consistiu em passar de um líquido a outro, isto é, da água para o álcool e, assim, do trabalho para a vadiagem, da virtude para o vício, da vida para a morte, pois a água (ligada de maneira profunda à ideia de fertilidade) dá vida; e o álcool (água negativa) dá morte.

Assim, os ambientes iniciais do livro exprimem em termos polares as opções que regem os atos dos personagens, vinculando-os aos líquidos, que aparecem nos níveis natural, social, metafórico e simbólico. Pelo menos este último não provém de um desígnio claro de Zola, que odiava os simbolismos e achava que a literatura *experimental* se esgotava na reprodução objetiva do visível. Mas de sua obra, como de qualquer outra com certo teor de imaginação verdadeiramente criadora, se desprende um significado que transfigura objetos e personagens; e que, nada tendo a ver com qualquer noção idealista de transcendência, decorre da própria organização dos elementos manipulados pelo escritor. Aqui, portanto, num paradoxo aparente, o simbolismo provém do intuito naturalista, e a sua análise permite inclusive sentir todo o significado do título do livro, trocadilho macabro que adquire dimensão plena quando o associamos à tensão elementar vida-morte. *Assommer* é matar com pancadas. O *assommoir* surge ao lado do hospital e do matadouro e fica inteligível no contraste com a lavandaria, isto é, o trabalho simbolicamente limpador.

4. Alpinismo no cortiço

Ainda no capítulo II aparece o lugar por excelência deste romance, o cortiço, onde Gervaise e Coupeau acabarão morando a partir do capítulo V. Por enquanto, é apenas uma visita. A descrição inicial do quarto do Hotel Boncoeur havia preparado e prefigurado ambientes como esse casarão enorme da rua de La Goutte d'Or, com seus mil habitantes, seus cinco e seis andares agrupados à roda do pátio, como fôrma descomunal que recebe o fluido da multidão e o distribui nos pequenos compartimentos da miséria, na promiscuidade que faz os vícios se comunicarem através das paredes finas. É uma casa com vida, à maneira das de Balzac e Dickens; mas talvez com maior presença e individualidade. E enquanto, por exemplo, a Pensão Vauquer do *Père Goriot* é um cruzamento de destinos e classes sociais, esta é a concentração maciça dos tipos e níveis de uma só classe, a do trabalhador pobre, amontoado na grande cidade pelo redemoinho da urbanização, que o arrancou do campo e desorganizou a sua vida.

Este será o mundo de Gervaise. Ela o conhece, antes de casar, em duas visitas premonitórias onde o espaço é definido, mais uma vez, pelo seu olhar. Agora, um olhar muito mais descobridor, que inclusive modifica o objeto e puxa atrás de si o corpo da observadora. Olhar que primeiro desvenda o exterior do prédio numa perspectiva de baixo para cima; e depois se desloca num movimento tríplice (vertical ascendente — horizontal — vertical descendente), quando a protagonista descobre a intimidade do seu bojo.

No primeiro momento, vista da fachada, a casa existe como um objeto morto, com os renques de janelas inexpressivas. No pátio, logo a seguir, sua vida explode através dos sinais de atividade e das coisas expostas, que lhe dão o ser de uma "pessoa gigante" (diz o texto): roupas secando, vasos, gaiolas, colchões. Mas aos poucos tudo vai parecendo a Gervaise mudar da existência total de um organismo disforme para o miúdo da existência de cada um. E ela não só imagina, como afaga a ideia de morar ali. A percepção do espaço deu lugar a uma certa maneira de conceber a vida numa chave otimista, simbolizada na cor rosa da água que escorre da tinturaria situada no pátio, e cuja modulação cromática acompanhará as alternativas da sua vida, até acabar no pardo lamacento da desgraça e do vício.

O segundo contato leva Gervaise ao interior, numa visita aos futuros cunhados, o casal Lorilleux, odioso par de artesãos especializados em fazer correntinhas de ouro no fundo de um antro sufocante do último andar, que lembra as oficinas de gnomos metalúrgicos e traz à narrativa um outro elemento simbólico, o fogo, que também se desdobrará, como os líquidos, em propício e impropício, em fator de bem e em fator de mal.

No andar térreo, ao lado de Coupeau (que é então seu noivo) e antes de começar a subida, Gervaise olha para cima e vê a caixa da escada mal alumiada por lâmpadas de dois em dois andares, o alto parecendo um céu preto com a sua estrela vacilante. Cada patamar, que são as escalas da ascensão, mostra as várias formas da pobreza, da sujeira e da promiscuidade, na hora barulhenta do jantar.

Ao longo dos corredores entrevistos, as portas amarelas, manchadas perto do trinco, fecham uma população amontoada, esgotada pelo esforço do trabalho; e nós pensamos quase sem querer que estamos ante uma transposição temática, ligada à mudança dos gêneros literários e ao impacto da vida moderna. Em lugar de subidas nos morros, para meditar e ter a sensação do infinito, esta escalada penosa dos degraus desbeiçados, roçando nas paredes enxovalhadas. Em lugar das trilhas da montanha, ladeadas de cabanas despojadas poeticamente da sua contingência econômica de abrigos da penúria ("A minha choça, do preciso cheia", de Tomás Antônio Gonzaga, por exemplo), os casulos da população empilhada. E isso tudo ao redor de um elemento importante na literatura, a partir da urbanização do século XIX: a escada, que logo passou de traço realista a cenário fantástico e daí a espaço simbólico. Escadas que recebem a sombra hesitante de Raskólnikov; que conectam os modos da hipocrisia burguesa em *Pot-Bouille*, de Zola; que alegorizam a subida espiritual da conversão em *Ash Wednesday*, de T.S. Eliot; que projetam o destino das famílias decadentes na peça *A escada*, de Jorge Andrade; ou recebem o desfile dos personagens-fixações em *8 ½*, de Fellini. As escadas meramente metafóricas (como a de Jacó, no mito bíblico, e a Vermelha, em que Oswald de Andrade a transformou para representar a conversão política) são completadas por este produto de uma transformação radical do espaço urbano: a escada real dos casarões acortiçados, dando lugar a um renovo de figuração, multiplicando as possibilidades de simbolizar.

Em *L'Assommoir*, neste momento preciso que estamos analisando, a escada prefigura a vida de Gervaise: esperança de subir; tentativa de trabalho honesto; descida. O duplo movimento ascendente e descendente, descrito com detalhe neste capítulo, é um dado realista do espaço das habitações coletivas e um dado simbólico da narração.

No sexto andar, depois da caminhada pelas ruas tortas dos corredores, ela chega, bem no fundo, acima de três degraus, à oficina dos Lorilleux, franzinos, suados, avarentos, grosseiros, numa imagem quase negativa do trabalho como ação má, em virtude do que manifestam de desumano a partir do seu artesanato miúdo e parasitário, feito para satisfazer à pequena vaidade dos enfeites. Praticamente enxotada, Gervaise começa a descer. O rumor da vida acabara, a caixa da escada está em silêncio e a escuridão é quebrada apenas, no segundo andar, por uma lâmpada que, vista de cima, parece uma vela perdida no fundo de um poço. A descida é de fato como se ela baixasse numa cisterna de trevas, tornada sinistra pelo jogo da sombra desfigurada que o seu corpo vai fazendo na parede.

Tendo antes parecido um céu duvidoso, a caixa da escada parece agora um abismo, uma descida a círculos infernais, depois que o fogo do mau trabalhador adulterou a imagem do trabalho e deu mais um elemento para essa desmistificação da mansarda, que a imaginação sub-romântica erigira em paraíso modesto, como a imaginação sub-regionalista faria com o ranchinho, encarnação moderna da choupana idealizada dos pastores de écloga. No romance *Cenas da vida boêmia*, de Murger, na ópera que Puccini baseou nele, na fita *Sétimo céu*, de Frank Borzage (para citar três casos num mar de exemplos possíveis), há uma certa miséria radiosa simbolizada pela altitude florida da água-furtada. É por uma imagem deste tipo que Gervaise afina a sua esperança, e por isso apesar de tudo terá confiança no cortiço, em cuja porta verá desta vez, no silêncio da noite, a água do tintureiro correr numa tonalidade azul, onde se espelham como estrelas uns reflexos de lanterna que ela não soube ver como eram sinistros, tanto quanto as estrelas igualmente enganadoras da escada.

5. Roupa suja

Depois de casados Gervaise e Coupeau viveram quatro anos honrados numa casinha limpa, cuja descrição lembra um pouco ingenuamente as visões melhoristas da "felicidade pelo trabalho", tendo como vizinhos o ferreiro Gouget e sua mãe, protótipos, quase símbolos da dignidade proletária. Mas Coupeau quebra a perna num acidente e escorrega para a vadiagem. O casal toma dinheiro emprestado para instalar no andar térreo do cortiço uma lavandaria, que a princípio vai bem, mas desanda, porque só a mulher trabalha e o marido passa da vadiação à embriaguez, empurrado por Lantier, que se insinua na casa da antiga amante e acaba instalado nela, num arranjo de adultério em família. As dívidas crescem, piora a qualidade do trabalho de uma mulher sustentando dois homens, a freguesia foge, a lavandaria acaba. O casal sai do rés do chão e sobe para um aposento do sexto andar, onde culminam a miséria e a degradação. Coupeau morre de delirium tremens; Naná (filha do casal) foge de casa e se prostitui; Gervaise, agora também viciada no absinto, chega à última etapa no bojo do monstro: vai morar e morrer no cubículo embaixo da escada, no fim do corredor do mesmo sexto andar, uma espécie de caixão antecipado onde já morrera de fome o velho Père Bru, operário posto fora como bagaço inútil. Este núcleo forma a espinha das sequências principais do romance e pressupõe um tratamento funcional dos espaços, sobretudo da relação de Gervaise com o cortiço.

A subida e descida na escada, por ocasião da visita aos futuros cunhados, definiram simbolicamente o cortiço como vórtice. O resumo acima mostra que a vida de Gervaise é a história da sua destruição por este vórtice, mas num movimento contraditoriamente cruzado, pois a descida moral e material se exprime pela subida espacial. Instalada a princípio no nível da rua, voltada para a rua, ela não é absorvida desde logo pela voragem do edifício; fica encostada nele, em sua loja clara e limpa. Perdida a loja, é tragada e se perde no labirinto dos andares superiores, até a toca do sexto andar, situada nos pés do antro dos Lorilleux. Mas no começo tudo parecia bem, apesar de algumas apreensões:

> No dia da mudança, quando vieram assinar o contrato, Gervaise sentiu uma espécie de temor ao entrar pelo portão alto. Era então verdade que ia morar nessa casa do tamanho de uma aldeia, estirando e cruzando as ruas intermináveis das suas escadas e corredores. As fachadas cinzentas com janelas cheias de trapos secando ao sol, o pátio sombrio com calçamento gasto de praça pública, o mugido de trabalho que saía pelas paredes lhe davam uma perturbação, uma alegria de estar finalmente prestes a realizar a sua ambição, um medo de não ser capaz e acabar esmagada nessa luta imensa contra a fome, cujo resfolegar escutava. Tinha a impressão de praticar um ato de coragem, de se jogar no meio de uma máquina em funcionamento, enquanto os martelos do serralheiro e as plainas do marceneiro batiam e chiavam, no fundo das oficinas do andar térreo. Nesse dia, escorrendo pela entrada,

as águas da tinturaria eram verde bem claro. Ela passou por cima com um sorriso, vendo bom agouro nesta cor.

No capítulo V, a preocupação do romancista com o ambiente material aparece inclusive no destaque dos objetos que o povoam. Trata-se de uma oficina de lavar e engomar, onde avultam os instrumentos do ofício, as técnicas e sobretudo a roupa suja. A ação se torna quase descrição, na medida em que os atos são manipulações; a narrativa parece uma concatenação de coisas e o enredo se dissolve no ambiente, que vem a primeiro plano através das constelações de objetos e dos atos executados em função deles. Aqui, poderíamos dizer contrariando o famoso ensaio de Lukács que descrever *é* narrar.

Renova-se agora a visão de um ambiente de trabalho, com mais vinculação entre os seus elementos do que fora o caso no galpão de lavar. Vinculação poderosa que articula um ao outro o fogo dos fogareiros, os ferros de passar e frisar, a técnica dos gestos profissionais das empregadas, a opressão do calor, a sufocação, o suor e, sobretudo, a roupa suja dos fregueses, através da qual se estabelece o nexo figurado com a vida do grupo.

A roupa suja desvenda a miséria geral do cortiço e do bairro, bem como as misérias particulares de cada um, decifradas pelo olhar perito das lavadeiras, que mergulham a mão nos trapos imundos, habituadas ao cheiro forte do corpo alheio e à mensagem das manchas, rasgões, dobras enxovalhadas. Ao mesmo tempo, corresponde à degradação, à baixeza dos costumes e sentimentos, constituindo uma primeira referência ao avacalhamento de Gervaise e Coupeau e formando a atmosfera que o favorece. Manifesta-se, pois, um laço palpável entre o ambiente e o ser, articulando numa espécie de sistema o calor, a sensualidade, o mau cheiro, a degradação —, materializados na roupa suja.

O relato condensa esta carga significativa na cena onde Coupeau, levemente embriagado, tenta beijar a mulher diante das operárias coniventes, e de certo modo participantes através de um mecanismo vicário. Ao capitular, ela renuncia simbolicamente às resistências morais que pouco antes apareciam com nitidez (também no plano simbólico), quando fazia o rol mas permanecia limpa, incontaminada, no meio dos panos manchados:

> Entretanto, as pilhas subiam à roda de Gervaise que, sempre sentada na beira do tamborete, ia desaparecendo entre as camisas e as saias. Diante dela havia lençóis, calças, toalhas, uma mixórdia de sujeira; e no meio desse charco montante ficava ela com os braços nus, o pescoço nu, as pontas de cabelo louro grudadas nas fontes, mais rosada e mais lânguida. Com o ar bem-posto, sorrindo como patroa cuidadosa e atenta, esquecendo a roupa suja de Madame Gaudron e nem sentindo mais o seu cheiro, enterrava a mão nas pilhas para ver se não havia algum erro.

Esta espécie de imunidade no meio da porcaria simbólica forma contraste com o que segue, quando, depois de se ter esquivado com bom humor à corte babosa do marido, ela cede afinal, estonteada pelo ambiente:

> Ele a agarrou e não largava mais. Ela ia cedendo, entorpecida pela vertigem ligeira causada pelo monte de roupa suja, sem nojo do hálito avinhado de Coupeau. E o beijo estalado que trocaram na boca, no meio das sujeiras do ofício, era uma espécie de primeira queda, no avacalhamento vagaroso de sua vida.

A frase final, de ritmo flaubertiano descendente (*dans le lent avachissement de leur vie*), extrai por assim dizer as consequências ambientais, pois este capítulo ilustra o vínculo determinante entre meio e personagem, no caso, pela mediação das coisas.

Nos nossos dias este vínculo tem pouca *pregnância*, tanto no pensamento quanto na literatura (salvo a que prolonga as atitudes naturalistas). No romance de Kafka, por exemplo, vemos o homem desvinculado do meio e, portanto, do mundo, onde as coisas se situam de modo fantástico, com grande efeito mas pouca atuação causal. Os arquivos d'*O processo*, "A construção da muralha da China", a atualíssima máquina de tortura d'"A colônia penal" são tão vivos quanto os personagens; mas *significam* na medida em que não condicionam nem possuem ligação coerente com o seu destino, pois definem situações de absurdo, a-causais de certo modo, que alienam e não explicam o homem. As coisas não são também mediadoras em Samuel Beckett, onde começam a ganhar autonomia e a revoltar-se contra o homem, que não pode submetê-las. Mesmo no universo de Robbe-Grillet, onde são mais anódinas, elas povoam o espaço e formam constelações autônomas ao lado do personagem, sem conexão com ele e de certo modo fazendo-lhe concorrência.

Aqui, numa fase áurea do determinismo mecanicista como explicação do mundo e da sociedade, elas não apenas compõem os vários ambientes, mas manifestam a sua interferência no grupo e na personalidade. Bairro — cortiço — lavandaria — roupa suja — degenerescência moral formam uma série causal coerente que o romancista define com nitidez, porque, na sua concepção: bairro (= pobreza) → cortiço (= promiscuidade) → lavandaria (= opção de trabalho) → roupa suja (= símbolo da degradação) → degradação. O mecanicismo filosófico da concepção se traduz por nexos à primeira vista rígidos, mas arejados em parte pela multiplicação de significados do processo simbólico.

6. Metamorfose um

Muito importante para compreender a função do ambiente, tomado ao mesmo tempo como condicionamento e símbolo, são as metamorfoses sofridas pela oficina de Gervaise. Montada com algum requinte nas cores azul e branca, com sua vitrina e sua tabuleta, ela será ocupada sucessivamente (fora da sua destinação) pelo jantar de aniversário (capítulo VII), pela instalação do ex-amante Lantier (capítulo VIII), pela câmara mortuária da mãe de Coupeau (capítulo IX).

No prodigioso jantar de aniversário de Gervaise (um acontecimento na vizinhança, discutido, preparado, estudado e realizado com estrondo) é como se o local de trabalho recapitulasse e fundisse ambientes aos quais esteve ligada a sua vida: a lavandaria do capítulo I, o botequim do capítulo II, o restaurante popular do capítulo III, a oficina de lavar e engomar do capítulo V (mas não, significativamente, a casinha honrada e ordeira do capítulo IV). E o núcleo da metamorfose é o fato de serem utilizados para refeição a sala, a mesa, os fogareiros destinados a limpar roupa suja. Na vida de Gervaise a comida aparece agora como vício (gula), ao mesmo título que o álcool, que a dominará no futuro, rompendo as resistências morais, levando-a a se encalacrar, a admitir a companhia de gente vil, como Lantier, que reaparece justamente no dia do jantar e, graças a este, penetra na intimidade do casal.

Também aqui a narrativa se ordena ao redor das coisas que nesse momento povoam o espaço, transformado em cozinha e sala de banquete; ordena-se sobretudo à volta dos alimentos: sopa, ervilha, toicinho, pato, vitela, doce, vinho —, definindo-se deste modo uma perspectiva que se poderia com algum pedantismo chamar ergológica.

Prenunciando algumas direções do romance contemporâneo na França (apesar da aparência em contrário), esta perspectiva construída a partir das coisas faz que elas se tornem não apenas parte de um ambiente, mas elemento constitutivo da sequência narrada. Mesmo os personagens existem em função delas, pois na cena do jantar os seus gestos e preocupações se ordenam em função da comida, o que permite ver como a composição pode ser significativa na medida em que propõe dados suficientes em si do ponto de vista ficcional, mas homólogos à realidade do mundo, seu limite e nascedouro. Com efeito, o traço que acaba de ser registrado é pertinente em perspectiva social, na medida em que o pobre está mais perto dos níveis elementares de subsistência, onde, como para o primitivo, o consumo festivo é dramaticamente o contraste raro e triunfal com a rotina da privação. Por isso o enredo se torna uma concatenação de coisas (a comida, nos diversos momentos da escolha, preparo, arranjo, consumo), enquanto o tempo se torna, homologamente, tempo da coisa (duração e experiência daqueles atos).

Aí está porque (seja dito mais uma vez) num romance naturalista, materialista por pressuposto, a descrição assume importância fundamental, não a modo de enquadramento ou complemento, mas de instituição da narrativa. É ela, de fato, que estabelece como denominador comum a supressão das marcas de hierarquia entre o ato, o sentimento e as coisas, que povoam o ambiente e representam a realidade perceptível do mundo, a que o Naturalismo tende como parâmetro.

Isto pode ser verificado mais facilmente nas sequências paralelas formadas cada uma pela articulação entre o ambiente, os objetos e o comportamento. Por exemplo, na cena já descrita do beijo indiscreto de Gervaise e Coupeau (A) e na cena da reconciliação entre ela e Lantier, seu ex-amante, na noite do jantar (B):

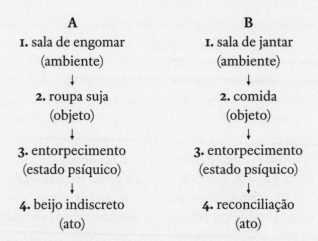

Ambas formam sequências causais (sentido das setas), cujas etapas respectivas ocupam a mesma posição, deixando ver que os elementos materiais representam algo do mesmo nível que os elementos humanos na constituição do relato. Este não se forma apenas pelo encadeamento das ações de determinados agentes, mas também pela sua correlação com as coisas, equiparadas estruturalmente a eles.

(Antes de prosseguir, um parêntese para antecipar o comentário que, se for assim, o romance naturalista terá operado uma redução do elemento humano à esfera das coisas inanimadas. Mas no caso de Zola dá-se o oposto: estas é que são alçadas ao nível do homem pela injeção de simbolismo, resultando humanização, não a reificação usual dos livros pitorescos, de cunho exótico e regionalista, onde o homem é nivelado à coisa e se torna elemento do ambiente. Como diz Gaëtan Picon:

> Os verdadeiros heróis da sua obra não são personagens humanos, mas o pátio do Mercado Central (*Le Ventre de Paris*), a locomotiva (*La Bête humaine*), a grande loja (*Au Bonheur des dames*), o prédio (*Pot-Bouille*), Paris (*Une Page d'amour*), o teatro e a carne (*Nana*), e, em *Germinal*, mais a mina do que os mineiros. O que mobiliza essa

potência sombria é o momento em que um grupo de indivíduos se torna, pela sua reunião, semelhante a uma coisa —, e também o momento em que uma coisa, pela sua ação sobre os homens, adquire uma espécie de realidade humana. É a fronteira turva do humano e do inumano, ou antes (seja alma coletiva ou alma da coisa), a força cega, a alma animal ou material daquilo que não se pode conceber.)[2]

Para voltar ao fio, digamos que na economia do livro a relação "roupa suja-sala funcionando como local de trabalho" tem um significado que corresponde ao da relação "comida-sala transformada em refeitório", porque ambas produzem o estado psíquico-chave de *entorpecimento* (físico-moral) que suscita a capitulação final de Gervaise.

No primeiro caso a apresentação de Coupeau bêbado, e no segundo a de Lantier se insinuando na vida do casal, são feitas em função das relações indicadas. Lá, o cheiro da roupa suja, o calor, a embriaguez de Coupeau produzem em Gervaise o atordoamento que se traduz em volúpia difusa e derruba a sua resistência; aqui, a mesma função é exercida pelo excesso de comida, o seu bom cheiro, a animação, o vinho. Das circunstâncias do ambiente, da mediação de certos objetos, provêm as forças amolecedoras que alteram o sentimento e induzem às ações degradadas.

> Quando seu marido empurrou o antigo amante na sala, ela tinha posto a mão na cabeça, com o mesmo gesto instintivo dos dias de tempestade, a cada ribombo do trovão. Não era possível, as paredes iam cair e esmagar toda a gente. Depois, vendo os dois homens sentados sem que nem as cortinas de musselina mexessem, achou de repente que tudo era natural. Estava um pouco afrontada com o pato; tinha comido demais e isto não a deixava pensar. Uma

---

[2] "Le Romain et la prose lyriquev au XIXe siècle", *Encyclopédie de la Pléiade: Histoire des Littératures*, t. III. Paris: Gallimard, 1958, p. 1092.

preguiça feliz a ia entorpecendo, pregando-a na beira da mesa, e o seu único sentimento era não ser molestada. Meu Deus! para que a gente se apoquentar quando os outros não se apoquentam e as complicações parecem ir tomando jeito sozinhas, para satisfação geral? Levantou-se e foi ver se ainda sobrava café.

Um trecho assim exprime o nível do sentimento e do ato. Mas a integridade da narrativa é feita por todo o mecanismo condicionante que o romancista localizou no ambiente e na coisa, a ponto do trecho parecer afloramento, fase final de uma série constituída por tudo o que aqui entra como acessório e no entanto tem função decisiva: a hora, o lugar, a comida, que são outros tantos fatores de entorpecimento, por sua vez fator constitutivo no nível da ação.

7. Metamorfoses dois e três

O entorpecimento moral faz Gervaise consentir que o antigo amante venha morar na sua própria casa, o que só pode ser feito por meio de uma transformação significativa do espaço e dos objetos. Havia um quarto onde dormia um dos filhos de ambos, Etienne (futuro protagonista de *Germinal*), onde se amontoava a roupa suja. Abriu-se uma porta dele para o pátio, o menino passou a dormir na sala de trabalho num colchão improvisado e a roupa suja se espalhou simbolicamente pela casa, até embaixo da cama do casal, "o que não era agradável nas noites de verão". Ao mesmo tempo a oficina foi tomando um ar suspeito, com Lantier vagabundando o dia inteiro entre as mulheres, provocando histórias equívocas, estimulando uma atmosfera de sensualidade que vai se identificando ao calor, ao suor, aos colos expostos, tudo formando uma conspiração surda para lançar Gervaise de volta aos seus braços.

Enquanto isso Coupeau, atiçado igualmente por Lantier, passa da beberricação à bebedeira rasgada, formando grupo com os piores paus-d'água do bairro, que é visto agora como constelação de botequins centralizados pelo *assommoir* do Père Colombe. E a cena culminante ocorre com o reatamento carnal de Lantier e Gervaise, que cede afinal, revoltada por uma esbórnia furiosa do marido. Este passara três dias fora de casa e, cansada de procurá-lo, a mulher aceita o convite de Lantier para ir ao teatro. Quando voltam, verificam algo espantoso:

— Puxa! murmurou Lantier assim que entraram, o que é que ele fez aqui? É uma verdadeira fedentina.
De fato, fedia a valer. Gervaise, procurando os fósforos, andava no molhado, e quando conseguiu acender a vela, viram um belo espetáculo. Coupeau tinha devolvido bofes e tripas; havia pelo quarto inteiro; a cama estava cheia, o tapete também e até a cômoda estava respingada. Ainda por cima, Coupeau, que devia ter caído da cama onde Poisson de certo o jogara, roncava no meio de sua própria imundície. Estava estendido nela como um porco, com a face lambuzada, soltando o hálito infecto pela boca aberta, varrendo com os cabelos já grisalhos a poça que se alargava em volta da cabeça.

É então que Gervaise vai para a cama de Lantier e Naná, menina precoce de olhos arregalados para o vício, surpreende o pai atolado no vômito e a mãe entrando no quarto do inquilino parasita.
Estamos aqui numa fase adiantada de degradação da oficina. O mar de porcaria, o vômito de Coupeau, é uma espécie de fusão da comida que entontece e da roupa suja que cheira mal. Através dele, todo o vício do bairro desaba na cama e no quarto do casal, conspurcando simbolicamente e marcando a transformação do espaço. De tal modo que Gervaise vai se habituando à vitrina suja, às paredes enxovalhadas, aos instrumentos estragados, à mesa emporcalhada, à poeira que se acumula, como também à saída das empregadas, à perda do

crédito, à deserção dos fregueses, ao uso constante da casa de penhor, que vão tornando impossível a vida, pois por cima de tudo há a opressão dos dois homens vadios e tirânicos. Ela abandona a profissão, isto é, renuncia à função de limpar e trai o elemento que a justifica: a água.

Dá-se então a metamorfose suprema e a sala vira câmara-ardente da velha mãe de Coupeau, que viera morrer na casa deles. A morte conquista o espaço que antes fora de vida, porque o álcool expulsou a água e o fogo, princípios purificadores. Significativamente, quando vem trazer o caixão, o papa-defunto Bazouge pensa que se tratava de Gervaise, pois ambas eram "Madame Coupeau", e se espanta de encontrá-la viva. É a sua segunda aparição de mau agouro: a primeira tinha sido no dia do casamento e para diante há outras, numa recorrência de premonições que faz pensar nos personagens mais ou menos macabros que aparecem sucessivamente na *Morte em Veneza*, de Thomas Mann.

É no dia do funeral que Gervaise enterra o que restava de bom na sua vida, renunciando à lavandaria desbaratada, que passará a outro casal de engazopados por Lantier, agora como confeitaria, enquanto ela, o marido e a filha sobem para um quarto com alcova no sexto andar. De volta do cemitério da rua Marcadet, o sentimento da derrocada perpassa na sua cabeça, numa percepção final do ambiente que faz o personagem parecer mera função, como se pode ver neste trecho (que divido em suas três partes, numerando-as, para melhor entendimento):

(1) De noite, quando se achou de novo em casa, Gervaise ficou atoleimada numa cadeira. Os cômodos lhe pareciam vazios e enormes. Uma verdadeira liquidação.

Os verbos usados para assinalar a decadência de Gervaise tinham sido do tipo *se griser*, *s'abruttir*, que chegam aqui a *s'abêtir*, que traduzi mais ou menos por "atoleimar": *"elle resta abêtie sur une chaise"*. Estonteada, embrutecida e afinal atoleimada-animalizada pela perda da oficina, a que a ausência dos instrumentos, estragados ou perdidos, dá um ar de coisa acabada (*ça faisait un fameux débarras*), ela própria já não é quem foi:

> (2) Mas ela não deixara apenas *maman* Coupeau no fundo do buraco, no jardinzinho da rua Marcadet. Muita coisa fazia falta agora, e o que ela tinha enterrado devia ter sido um pedaço de sua vida, sua oficina, seu orgulho de patroa e mais outros sentimentos.

O falecimento da sogra provoca a entrada da Morte no seu espaço de vida e o começo de sua própria morte. Ela também caiu na cova, confirmando certa dimensão abissal de *L'Assommoir*, manifestada antes na imagem de Paris como um buraco enorme engolindo o fluxo do álcool e dos operários, ou no poço alegórico da escada, engolindo os moradores do cortiço. Aqui, a fossa do cemitério devora a vida, a probidade, a esperança de Gervaise, cuja profissão e brio são enterrados com a sogra, tanto assim que o agente funerário pensou tratar-se dela. O desnudamento material do espaço se casa com o desnudamento moral da alma:

> (3) Sim, as paredes estavam nuas e o seu coração também, era uma mudança completa, um trambolhão na cova. Estava cansada demais; depois, se fosse possível, daria um jeito.*

---

* "*Le soir, quand Gervaise se retrouva chez elle, elle resta abêtie sur une chaise. Il lui semblait que les pièces étaient désertes et immenses. Vrai, ça faisait un fameux débarras. Mais elle n'avait pas bien sûr laissé que maman Coupeau au fond du trou, dans le petit jardin de la rue Marcadet. Il lui manquait trop de choses, ça devait être un morceau de sa vie à elle, et sa boutique, et son orgueil de patronne, et d'autres sentiments encore, qu'elle avait enterrés ce jour-là. Oui, les murs étaient nus, son coeur aussi, c'était un déménagement complet, une dégringolade dans le fossé. Et elle se sentait trop lasse, elle se ramasserait plus tard, si elle pouvait.*"

O reflexo da alma no espaço físico é mostrado pela própria simetria com que o trecho é composto: a primeira parte, de duas linhas e meia, descreve um espaço vazio; a segunda, de quatro linhas, assimila o enterro da velha Coupeau ao enterro das ilusões de Gervaise; a terceira, de duas linhas e meia, equipara a sua alma ao espaço vazio da primeira parte, num espelhamento perfeito.

Assim fica patente o que se poderia chamar de *tema das ilusões perdidas*, comum a Balzac, Stendhal, Flaubert, e de que *L'Assommoir* é a seu modo uma réplica na esfera do operário. Zola reinterpreta em termos humildes a ânsia de autorrealização de Julien Sorel, fugindo de Verrières; de Lucien de Rubempré, fugindo de Angoulême; de Emma Bovary, querendo fugir de Yonville; e todos fracassando. Mas o alvo aqui era pateticamente modesto; apenas o seguinte:

> Meu ideal seria trabalhar sossegada, ter sempre pão e um lugar mais ou menos decente para dormir; sabe, uma cama, uma mesa, duas cadeiras, só isto... Ah! se fosse possível queria também criar os meus filhos e fazer deles gente séria. E tenho mais um ideal, caso fosse viver de novo com alguém: não apanhar; apanhar não queria mesmo... E é só, está vendo, é só isso.

São estas as suas ilusões iniciais, o seu demônio tentador. Como aos outros, elas lhe são dadas por um momento e retiradas em seguida. À esfera da burguesia Zola acrescenta a do operariado, para registrar também nela o hálito que cresta os sonhos, indiscriminadamente.

8. A "orquestra audaz do malho"

No entanto Gervaise teve a possibilidade de outras escolhas, encarnadas na figura do bom operário Gouget, de quem fora vizinha nos primeiros e bons tempos de vida matrimonial, antes do acidente de Coupeau, e que continuou seu amigo. Traduzindo em relações pessoais o que já foi dito quanto aos ambientes e aos fluidos, poderíamos dizer que a sua alternativa foi entre Gouget = polo positivo e Lantier = polo negativo, ambos compactos na sua respectiva natureza de bem absoluto e absoluto mal, puxando para lados opostos a mulher e o marido, fracos e porosos. Lantier é macio, flexível como o feltro, material do seu ofício de chapeleiro, que nunca mais exerceu e só lhe serve de pretexto para bravatas pseudo-obreiristas. Gouget é forte e rígido como o ferro, material do seu ofício de ferreiro, que sempre forneceu as imagens mais sólidas de trabalho redentor.

Na perspectiva dos ambientes e das coisas (que é a do presente ensaio), há no capítulo VI uma descrição significativa da oficina onde Gouget trabalha e onde Gervaise vai visitá-lo. Até então víramos sobretudo profissões de certo modo parasitárias: o artesanato miúdo dos Lorilleux, a atividade quase doméstica de Gervaise. A apresentação de um fazer caracterizadamente proletário, num quadro igualmente caracterizado de oficina e fábrica, completa o horizonte do livro e permite ao narrador apresentar o trabalho com a flama humanitária e a ampliação quase heroica de escala a que o submeteu o romance de tendência *social* no século XIX.

A descrição da oficina transfigurada pela alternância de claro e escuro, a mobilidade fantasmal das sombras, o estrondo das bigornas, as chispas mostram que o fogo, no caso dos Lorilleux, era negativo quando associado ao ouro, porque este vem à primeira plana e suscita conotações de maldição, que o acompanham com frequência. Mas relacionado ao ferro ganha a sua dimensão positiva, transpondo o gesto do operário acima das circunstâncias e desvendando a valorização do labor construtivo, que tinha inspirado a "orquestra da serra e do malho" no hino de Antônio Feliciano de Castilho, ou a "orquestra audaz do malho" no poema visionário de Castro Alves. Por intermédio do espaço e seu equipamento de coisas, o ser transparece no esforço do corpo, simbolicamente depurado pelo fogo.

O vasto galpão da oficina é feio, escuro e sujo. Mas a chama da forja se ergue alta e clara do braseiro avermelhado, revelando o mundo com os seus instrumentos e os seus habitantes: cinco ferreiros, dos quais se destaca o enorme Gouget, louro e escultural com a sua barba ondulada. Parece haver uma reciprocidade entre ele e o fogo, pois este o arranca das trevas e o ilumina, mas em seguida é como se por sua vez ele se tornasse um foco irradiante, alumiando o ambiente e as outras pessoas. "O grande clarão o iluminava violentamente sem uma sombra." Isto, quando está "como um colosso em repouso, tranquilo em sua força". Mas o movimento das tarefas o transfigura de tal maneira que ele passa a fazer luz em torno de si e aparece radioso como um deus solar. A chama atiçada pelo fole sobe das brasas, a claridade se espalha no galpão, as faíscas explodem das barras marteladas, o trabalhador difunde luz. *Jaillir, éclater, flamber, rayonner, éclabousser* (*d'étincelles*) são alguns verbos que exprimem esse movimento geral de irradiação, que passa do fogo ao seu servidor Gouget.

Gouget, apelidado Cara de Ouro (*Gueule d'Or*), é caracterizado em termos solares, que redimem e redefinem a função do próprio ouro, antes contaminado pelos Lorilleux, mas restaurado aqui na sua força de metaforizador positivo. Hercúleo, cabelo e barba dourados, dominando o fogo, Gouget forma com Gervaise uma espécie de par mitológico que reúne de modo expressivo a água e o fogo, purificadores inseridos no mundo do trabalho através dos seus ofícios de ferreiro e lavadeira.

O capítulo VI é também construído como cruzamento, se pensarmos na conduta de Gervaise, que assiste nele à luta simbólica entre o bom Gouget e um colega apelidado Bico-Salgado, *Bec Salé*, ou *Boit-sans-Soif*, que é o seu avesso: seco, moreno, meio demoníaco, estragado pelo álcool, cujo vício aparece na alcunha. A fim de cortejarem a seu modo a mulher que visita a oficina eles se desafiam para uma espécie de duelo proletário, transposição pela qual o romancista naturaliza no mundo da indústria e do trabalho o velho uso cavaleiresco: trata-se de ver quem forja melhor e mais depressa uma cavilha de quatro centímetros de diâmetro com malhos descomunais de dez quilos. É evidente que o alcoólatra produz uma peça lamentável, depois de um esforço descoordenado que o faz tremer e saltar no cabo da ferramenta, com a "sua barba de bode, seus olhos de lobo", enquanto Gouget, ritmado e sereno, demonstra a perfeição do vigor sadio:

> Claro que não era aguardente o que Cara de Ouro tinha nas veias, era sangue, sangue puro, que pulsava poderosamente até no malho e regulava a tarefa. Um sujeito estupendo no trabalho! A chama da forja o alumiava de cheio. Seus cabelos curtos, encrespados na testa baixa, sua linda barba amarela, caindo em anéis, se iluminavam e clareavam todo o rosto com os fios de ouro; um verdadeiro rosto de ouro! Além do mais, um pescoço parecido com uma coluna, branco como um pescoço de menino; um peito vasto, tão largo que uma mulher podia deitar nele atravessada; os ombros e os braços pareciam copiados da estátua de um gigante, num museu. Quando tomava embalo, os músculos estufavam, pareciam montanhas de carne mexendo e endurecendo debaixo da pele; os ombros e o peito inchavam; ele soltava claridade em volta, ficava bonito, todo-poderoso como um deus bom.

Gouget ganha a contenda e portanto, simbolicamente, a mulher, que se sente possuída por essa malhação furiosa: "eles a disputavam a marteladas, eram como dois grandes galos vermelhos bancando os valentes diante de uma galinha branca".

Mas, segundo o processo simbólico de cruzamento, embora ela tenha mentalmente escolhido como paladino o seu bom amigo, no fundo e na verdade é como se tivesse ficado com *Bec Salé*, aliás amigo de Coupeau e parceiro da mesma roda de beberrões. Assim como, parado o fole, a chama se extingue e o galpão cai de novo no escuro, cessada a influência de Gouget, Gervaise retoma o movimento de descida que a fará reatar com o chapeleiro ocioso e afundar no redemoinho do cortiço.

Em vão Gouget procura salvá-la. É no capítulo VIII. Ele vai à sua casa e surpreende Lantier na primeira tentativa de beijá-la à força. No dia seguinte ela o procura para explicar e ele faz a proposta de fugirem; mas ela recusa, porque há o marido, os filhos, a respeitabilidade que ainda espera manter.

É interessante notar que essa aparição tímida do motivo da redenção e da pureza se manifesta num ambiente que representa, até certo ponto, a recuperação simbólica dos espaços naturais, convencionalmente mais puros. Mas é uma recuperação melancólica, ajustada ao ritmo de degradação que este ensaio procura discernir, pois trata-se de um pobre terreno baldio, perdido no meio das fábricas como intercalação atrofiada da natureza no espaço brutal da sociedade industrializada:

> Entre uma serraria mecânica e uma manufatura de botões, era uma nesga de campo que permanecera verde, com trechos amarelos de grama sapecada; amarrada numa estaca, uma cabra girava balindo; no fundo, uma árvore morta se esfarelava debaixo do sol.

É o único momento de idílio entre ambos, nesse prado morto onde há todavia umas flores silvestres que o bom São Cristóvão vai colhendo com os "dedos endurecidos pelo manejo do malho", para jogar na cesta de roupa da lavadeira. Depois disso a queda de Gervaise é vertical, porque estão perdidas as últimas possibilidades de opção.

9. O espaço degradado

A partir do capítulo X a família Coupeau se encontra (para falar com um pouco de grandiloquência) nas garras do cortiço. Antes, na oficina do andar térreo, estava apenas encostada nele, voltada para a rua e a abertura do mundo. Agora é incorporada em definitivo ao espaço da miséria e o vasto pardieiro se torna um personagem central, com a sua vida sórdida e desesperada, numa transformação antropomórfica do espaço que faz ver como é justa a observação de Gaëtan Picon citada mais alto.

Começa então, da parte do narrador, uma série de comparações implicitamente valorativas entre o espaço passado e o espaço presente. O momento culminante deste processo será visto mais tarde; por enquanto, notemos que ele começa aqui, com Gervaise olhando para baixo, da janela do seu novo alojamento, situado no "canto dos piolhosos", entre o papa-defunto Bazouge e o monstruoso Bijard. Ela lembra de quando olhou pela primeira vez em sentido contrário, do pátio para a altura; e notando que a fisionomia externa da casa mudou pouco, nota que ela, ao contrário, treze anos depois é um resto do que fora, embora o mundo vá indo e as águas do tintureiro sejam, neste momento, de um azul tão claro quanto antes.

Este capítulo e os seguintes são de espaços devoradores. Além do cortiço, que tritura o casal, há o botequim, o *assommoir*, que depois de ter tragado Coupeau traga Gervaise; há a rua, que surge para a filha e afinal para ela também como convite à prostituição; há o hospício, forma suprema do hospital, onde Coupeau é internado periodicamente e acaba no delírio alcoólico; há finalmente o cubículo debaixo da escada, ensaio geral do caixão onde Bazouge acaba por metê-la.

Um traço chama desde logo a atenção: o mergulho dos protagonistas na miséria de verdade motiva uma irrupção da natureza, principalmente por ocasião do inverno, que agora se impõe porque não há mais defesa contra ele. E ocorre uma reflexão teórica: mesmo no romance naturalista as circunstâncias ambientais não são dados absolutos, não constituem uma presença automática na composição. Transformadas, como tudo o mais que vem do exterior, em elemento funcional da narrativa, são utilizadas pelo romancista quando necessárias como componente do enredo, e só existem de maneira coerente quando integradas na ação, sob pena de se tornarem mero quadro, boiando sem sentido no curso dos acontecimentos. Para Gervaise e Coupeau, os invernos dos anos decorridos até aqui não existiram como problema e por isso não são mencionados. Mas o frio vem necessariamente ao primeiro plano quando eles se encontram sem dinheiro para o aluguel, sem aquecimento, sem agasalho, sem comida. Através do frio o meio físico original volta a agir diretamente, à medida que se desmancha a resistência da vida civilizada, por falta dos instrumentos culturais, e o homem, cada vez mais despojado, vai revertendo lentamente a certas contingências da condição animal.

> Eram sobretudo os invernos que os rapavam. Nas outras estações ainda comiam pão, mas com a chuva e o frio chegavam de supetão a fome, as danças diante do guarda-comida, os jantares por um óculo na Sibéria estreita da sua pocilga. O safado do mês de dezembro entrava por baixo da porta e trazia tudo quanto era mal, a falta de trabalho nas oficinas, a vadiação entorpecida dos dias de geada, a miséria negra dos dias úmidos. No primeiro inverno ainda acenderam fogo alguma vez, amontoados em volta do fogão, preferindo trocar a comida pelo calor; no segundo inverno o fogão nem desenferrujou, e enregelava o quarto com um ar sinistro de marco de ferro. Mas o que lhes dava mesmo rasteira, o que acabava com eles, era o vencimento do aluguel. Ah! o vencimento de janeiro, quando não havia um rabanete em casa e o zelador apresentava o recibo! No sábado seguinte

chegava Monsieur Marescot [o senhorio], agasalhado num bom capote, com as patas enormes metidas nas luvas de lã; e vinha sempre com a palavra "expulsar" na boca, enquanto a neve caía lá fora, com se estivesse arrumando para eles, na calçada, uma cama de lençóis brancos. Para pagar o aluguel teriam vendido a própria carne, e era o aluguel que esvaziava o guarda-comida e o fogão. Aliás, subia um lamento no prédio inteiro. Havia choro em todos os andares, com uma música de desgraça roncando pela escada e os corredores. Nem uma morte em cada moradia teria produzido orquestração tão atroz. Um verdadeiro juízo final, o cabo de tudo, a vida impossível, o desbarato dos pobres-diabos. A mulher do terceiro andar ia se oferecer durante uma semana na esquina da rua Belhomme. Um operário do quinto andar, pedreiro, tinha roubado o patrão.

Essa passagem de uma situação onde podiam, mesmo pobremente, utilizar os recursos da cultura material, para o domínio dos elementos, onde o Inverno, transformado em personagem fantástico, desaba sobre o cortiço como vendaval, é acompanhado pela queda paralela da linguagem, possível graças à revolução estilística de *L'Assommoir*, que Anatole France caracterizou muito bem quando noticiou o seu aparecimento:

> Os numerosos personagens falam a linguagem do povo. Quando, sem os fazer falar, o autor completa o seu pensamento ou descreve o seu estado de espírito, usa a mesma linguagem. Censuraram-no por causa disso. Pois eu o louvo. É impossível traduzir fielmente o pensamento e as sensações de um ser fora da sua linguagem própria.[3]

---

3 Citado por Henri Mitterand, Notas à edição da Pléiade: Émile Zola, *Les Rougon-Macquart* etc., v. II. Paris: Gallimard, 1964, pp. 1562-3.

Incorporando o ritmo, a sintaxe e o vocabulário do povo para chegar a uma linguagem inovadora, que por isso mesmo modifica a relação tradicional entre narrador e narrativa, Zola, nessa altura do livro, aumenta a taxa de gíria, acentua no discurso indireto a energia coloquial do direto e chega a um momento de suprema degradação do espaço e da vida nele encasulada.

No capítulo XII vemos Gervaise sozinha no aposento vazio e imundo, onde resta um monte de palha que foi do colchão. Deitada nele, sem comer havia um dia e meio, espera em vão que o marido traga algum dinheiro. Num longo trecho, onde personagem e narrador se fundem na subjetividade objetiva do indireto livre, vemos uma espécie de monólogo interior de Gervaise, num tom que discrepa do que era o seu, pois ela cuidava relativamente da fala, como um elemento a mais do esforço de respeitabilidade. Agora, é a gíria agressiva do bairro, que se tornara o dialeto único do marido e acabou por contágio pegando na mulher com o vício da bebida.[4]

Faminta, furiosa, animalizada, separada do mundo, ela o *enfia* metaforicamente no próprio corpo, como se houvesse chegado ao termo do processo analisado neste ensaio. Enfia tudo: o senhorio que quer pagamento, o marido, os parentes, os vizinhos, o bairro, a própria cidade:

> Sim, no traseiro, o porco do seu homem! no traseiro os Lorilleux, os Boche, os Poissons! no traseiro o bairro que a desprezava! Podia entrar Paris inteiro, que ela enterrava com um tapa, num gesto de indiferença suprema, feliz e vingada por enfiá-los ali.

---

[4] "Admire-se como o aviltamento dramático de Gervaise é traduzido por uma degradação progressiva de sua linguagem, que passa do popular provincial ao suburbano, para se afundar na linguagem baixa mais abjeta e avacalhada." Pierre Guiraud, *Essais de stylistique*. Paris: Klincksieck, 1969, p. 85.

Numa espécie de afunilamento metafórico, vigoroso e sórdido, culmina assim o sentimento abissal do livro, indicado a propósito dos orifícios devoradores que vão progressivamente diminuindo e se especificando: a depressão imensa da cidade, o poço da escada, a fossa do cemitério e, agora, isso. O mundo a engoliu; ela engole o mundo de maneira agressivamente figurada.

Nessa altura Gervaise passa em revista os lugares do passado à luz da degradação presente. Depois de assistir à morte dickensiana da pequena mártir Eulalie, sua vizinha, torturada por seu pai Bijard enlouquecido pela bebida; depois de tentar inutilmente arranjar uns tostões com os cunhados e o marido, vem a última decisão: prostituir-se. Põe-se então a andar pela rua, como no dia do casamento, em longa excursão que repassa o bairro, e é recolhida um instante, por caridade e amor, na casa do fiel Gouget, ou seja, a casa onde ela tinha morado parede-meia como vizinha honrada, no momento mais claro da vida.

É significativo que o narrador retome agora a constelação inicial de lugares na craveira da abjeção, pois eles são vistos por uma mulher que se vende. Na noite nevoenta e gelada, Gervaise tenta em vão caçar um homem para matar a fome. A sua caminhada a situa de repente em face do Hotel Boncoeur, abandonado, arruinado; e, mais longe, do matadouro, em demolição; depois, do Hospital Lariboisière, em boa forma, com a "porta dos mortos" que apavora o bairro e ilustra o destino de Coupeau; finalmente do *assommoir* do Père Colombe, próspero, "iluminado como uma catedral para missa solene", uma "máquina de embebedar". E é no espaço delimitado por esses velhos pontos de referência, marcos agourentos da sua vida, vinte anos antes, que tenta a caçada infrutífera, mancando, esfomeada, vendo a sua sombra disforme vacilar à luz dos lampiões de gás.

Neste recuo aos níveis mais ínfimos, parece que a dimensão cultural da cidade é dissolvida num desmesurado ambiente natural, formado pela noite, o frio, a chuva, a lama, a neve, o vento, a escuridão. Cuspida do universo da técnica e do objeto manufaturado, Gervaise retorna a uma situação primitiva, que procura superar usando o próprio corpo como objeto negociável. Ou seja: indo ao cabo do processo alienador, ela se define como coisa, no espaço de um mundo que lhe nega condições para se humanizar. É uma recuperação monstruosa da natureza, pela impossibilidade de participar da cultura industrial. Depois disso, pode morrer.

O mundo-provérbio

1. Lugares fechados

Na França os romances mais típicos do Naturalismo são marcados pela civilização que a burguesia construiu no enquadramento das cidades e trazem na sua estrutura o próprio ritmo da sucessão temporal. Mas em lugares onde pesava o atraso econômico e a cultura das cidades não predominava, como na Itália do sul, a ficção se tingiu de regionalismo e o império da rotina suscitou na organização do enredo uma relativa atemporalidade, pela necessidade de representar costumes e modos de ser indefinidamente estáveis. Assim é em *I Malavoglia* (1881), de Giovanni Verga, onde o tempo flui pastoso e as etapas não se diferenciam, fazendo os homens parecerem os mesmos, uma geração depois da outra, encasulados na fixidez do costume.

A tonalidade dominante é, pois, de fechamento e a composição afina por ela, sugerindo de vários modos o caráter cerrado do grupo e dos indivíduos. Daí uma estrutura circular que se manifesta em vários níveis, indicando a recorrência dos problemas e das soluções, como se cada geração recomeçasse no mesmo ponto, com o imobilismo das organizações sociais estagnadas, onde, para falar como Fernand Braudel, o tempo deixa de ser histórico para ser geográfico, definindo-se pelo retorno das estações e seus trabalhos.

I Malavoglia conta a história de uma família de pescadores de Acci-Trezza (perto de Catania, na costa oriental da Sicília), que vive muito unida em sua casa, conhecida como "da Nespereira" — *la Casa del Nespolo*. O drama se configura quando o velho chefe da família, Padron 'Ntoni, procurando um lucro suplementar fora da ocupação habitual, resolve comprar a crédito do usurário da aldeia uma certa quantidade de tremoços para o filho Bastianazzo ir vender aos tripulantes de um navio ancorado na região. Mas tudo se perde num naufrágio, os Malavoglia ficam sem o membro mais forte e com o peso da dívida, acabando por entregar a casa. A unidade e o equilíbrio doméstico se desfazem, dois netos somem no mundo, outro morre na guerra, o velho e sua nora viúva também morrem, depois de lutarem sem êxito para recuperar a moradia. Mas isto é conseguido mais tarde pelo caçula, que recomeça uma nova etapa da família. Assim, o esquema circular aparece inicialmente no plano mais geral do enredo.

Aparece, ainda, na correlação dos três lugares que constituem o mundo dos Malavoglia, formando um sólido triângulo inscrito: a Casa da Nespereira, a aldeia de que faz parte, o mar a cuja beira se encontra. Quanto a esses locais (singularmente incaracterizados, nunca descritos), os artigos indefinidos introduzem casualmente toques de descrição, como se eles fossem elementos da narrativa. Da casa, por exemplo, o narrador nunca dirá que tem na frente *um* alpendre, ao lado *uma* cancela e por perto *uma* oliveira parda. Mas contará com familiaridade, a certa altura, que Fulano se apoiou *no* alpendre, que Beltrano abriu *a* cancela, ou que *a* oliveira parda estalava como se chovesse. Do mesmo modo, sem qualquer apresentação preliminar, irá dizendo, quanto à aldeia, que tal personagem entrou *no* beco, sentou *nos* degraus da igreja ou se abrigou da chuva *no* galpão do açougueiro. Os pormenores são tratados como se a sua existência nos fosse tão familiar quanto é para o narrador, tendo por isso a realidade óbvia das coisas naturais.

A indeterminação e a parcimônia dos traços descritivos contribuem para dissolver os ambientes no seu significado social. A casa não é uma realidade física marcante e impositiva, como em tantos romances de Zola ou n'*O cortiço*, de Aluísio Azevedo: é expressão da família, transfigurando-se metaforicamente nos ditos reveladores. (*Casa mia, madre mia. La casa ti abbraccia e ti baccia.*) Daí a funcionalidade de certos deslizamentos de sentido que fazem a palavra casa = habitação não separar-se em nosso espírito da casa = grupo familiar, fundindo-se ambas numa metáfora que sugere o gênero de vida (casa = barca): "A casa dos Malavoglia sempre fora uma das primeiras de Trezza; mas agora, com a morte de Bastianazzo, 'Ntoni no serviço militar, Mena precisando casar e todos aqueles esfomeados dando pelos pés, era uma casa que fazia água por todos os lados".

Em consequência, a aldeia não tem realidade topográfica definida: é o correspondente geográfico do grupo, assim como, por sua vez, o mar é local de trabalho e não paisagem ou símbolo. Por isso eles são interdependentes e formam uma continuidade, uma espécie de espaço único multifuncional, cujo princípio de integração é o gênero de vida, isto é, a pesca, função maior do grupo e signo da sua articulação com o meio. Se quisermos voltar à ideia de recorrência, podemos dizer que neste romance a casa de uma família de pescadores, a aldeia de pescadores e o mar onde os pescadores trabalham formam círculos concêntricos, ligados por um substrato que é o gênero de vida. E está claro que o elemento econômico interessa aqui em suas consequências literárias: estilisticamente, como gerador de modos de expressão e tratamento da narrativa; estruturalmente, como coordenador dos diferentes espaços; historicamente, pela modificação que imprime ao tratamento de um espaço privilegiado na literatura — o mar.

N'*Os trabalhadores do mar*, de Victor Hugo, ele é cenário titânico para uma série de atos de titanismo, através dos quais o grande humanitário procura dar outra versão ao famoso "gesto augusto do semeador" que aparece num dos seus poemas, inscrevendo romanticamente o esforço produtivo na categoria da epopeia. Mesmo depois do Romantismo o mar continuou sendo um "ambiente em si", um lugar privilegiado, cheio de conotações alegóricas, tanto na banalidade exótica de um Pierre Lotti quanto em alguns grandes livros de Joseph Conrad. Mas o que aparece em Verga é diferente, caracterizando uma espécie de anti-*Trabalhadores do mar* do Naturalismo, pois nele a faina do homem assume a categoria normal de esforço para sobreviver e a visão hiperbólica é substituída por uma noção quase topográfica. A sua presença como local de trabalho é patética porque os pescadores são homens sem terra, atirados para ele como para um campo de ninguém, sáfaro e perigoso, onde as atividades se fazem com risco de vida. "*Il mare è amaro e il marinaro muore in mare*" — diz um provérbio citado por Padron 'Ntoni.

Desmistificação, portanto, resultando na aludida imanência de uma paragem que é decisiva sem ser descrita nem comentada, embora possa de súbito aparecer poderosamente como elemento adjetivo da ação, pelo menos em um caso: a cena admirável da tempestade que desaba no capítulo X sobre a barca dos Malavoglia. Não espanta, pois, que essa história de pescadores seja sobretudo terrestre, já que o trabalho no mar é a dura obrigação para poder viver na terra. "*La mer, la mer toujours recommencée*", pensamos, lembrando o verso de Valéry em sentido completamente diverso. Recomeçado, sem simbolismo nem metáfora, na monotonia cíclica das tarefas diárias, no eterno retorno igualmente desmistificado que é o das jornadas de pesca. Um retorno eterno rebaixado ao nível da miséria sempre igual a si mesma.

O meio físico é assim o primeiro grande peso que oprime os personagens deste livro, encarnando a pressão da necessidade dum modo elementar que parece o do destino, dobrando os homens no círculo fechado das condições naturais. Mas o meio social da aldeia age de modo parecido, como se uso e costume tivessem o cunho perpétuo, inevitável, do vento e da maré.

Esse encadeamento de opressões acaba gerando uma inversão de perspectivas e tonalidades, que aliás não é rara na ficção naturalista, apesar da sua postulada imparcialidade de "estudo". O destino do pobre, jogado no limite da sobrevivência, adquire certa majestade tenebrosa e traz de volta um pouco do titanismo romântico, que se torna fator ao mesmo tempo de nobreza e enfraquecimento da narrativa. Lawrence, apesar da admiração por Verga (que traduziu para o inglês), dizia com razão que *I Malavoglia* carregava demais na "tragédia dos humildes", "exagerando o aspecto de comiseração".[1] De fato, nessas páginas firmes corre às vezes um estremecimento quase caricato de sentimentalismo.

As pressões nivelam os personagens. É certo que, dentro e fora da família Malavoglia, eles são demarcados e manifestam comportamentos definidos. Mas, acima deles, o que impressiona o leitor é a homogeneidade essencial da sua vida: poucas atividades para quase todos, mesmas recreações, mesmas preocupações, mesmas conversas. De tal modo, que os próprios aproveitadores não se distinguem muito, porque participam da mesma rotina e dependem do gênero de atividade dos explorados.

Sobretudo, não há assuntos privados e todos falam aberta, mas candidamente, da intimidade dos outros, como se o que

---

[1] D. H. Lawrence, "Giovanni Verga", *Selected Essays*. Londres: Penguin, 1950, p. 279.

toca ao indivíduo ou à família devesse necessariamente virar interesse comum, incorporando-se ao tecido da vida coletiva. Quando a irmã do vigário faz um prato, os velhos no largo sabem o que é, pelo cheiro: "— Hoje don Giammaria tem macarrão frito para o jantar — observou Piedipapera fungando para o lado da janela da casa paroquial". E de manhã todos ficam sabendo com quem dormiu naquela noite a vendeira em sua estrebaria. Esse modo de viver dá força atuante à dívida e aos dissabores dos Malavoglia, comentados por todos, dia a dia, esquadrinhados e seguidos nas menores consequências legais e humanas. As normas e as transgressões são sempre iguais, vistas do mesmo modo, com efeitos previsíveis de antemão, porque ninguém imagina a possibilidade de variá-los. Simbolicamente, o principal informante da aldeia não precisa ver: é um cego, Mastro Nunzio, que passa a vida esmolando na porta da venda de sua filha.

No plano da família, projetada materialmente na casa, o peso dos outros círculos parece duro e cada um deve renunciar à própria veleidade para obedecer às normas e interesses do grupo. Aqui o costume é zelo do nome, união, obediência cega aos mais velhos, aceitação da sorte, do papel e do lugar de cada um, como estatui um ditado referido por Padron 'Ntoni: "Os homens são feitos como os dedos da mão: o dedão deve ser dedão e o minguinho deve ser minguinho". Bastianazzo vai com a barca para a tempestade e a morte sem um comentário, porque era ordem do pai. "— Foi porque eu mandei — repetia Padron 'Ntoni —, como o vento leva aquelas folhas de cá para lá, e se eu tivesse dito para se atirar do rochedo com uma pedra no pescoço, teria feito sem dizer nada."

Esta fusão do indivíduo na família, da família no grupo, do grupo no meio físico, fruto da precariedade de um gênero de vida que perpetua a tradição, porque se processa nos níveis elementares da sobrevivência, cria a homogeneidade que, veremos daqui a pouco, é sobretudo efeito de estilo e propriedade específica da estrutura literária. Por agora, vejamos um caso que ajuda a entrar neste nível, por ser invenção metafórica a partir de uma realidade econômica e social: o do dinheiro, submetido aqui a um processo de especificação mediante o qual parece transitar do mundo abstrato do valor para o universo denominado e concreto das coisas naturais.

Nesse livro ele é parco, quase não circulante, como se tivesse ficado pastoso e perdido a sua qualidade por excelência, que é a abstração. A penúria transforma a relação monetária numa sorte de troca em espécie, como se a moeda fosse uma *coisa*, de validade restrita, que não se desprende do gesto ou do objeto que a originou, nem da finalidade imediata, da necessidade definida e limitada que a solicitou. O dinheiro que os Malavoglia obtêm e juntam a duras penas ainda parece sangrar do gesto que o obteve. Só quando escapa das suas mãos, para entrar nas do usurário ou do advogado, do médico ou do burocrata, readquire a sua natureza, dissolvendo-se no mundo plurivalente e inominado da circulação. Antes disto não era verdadeira pecúnia, mas sangue, suor, tensão dos músculos, guardando a marca viva da origem e valendo como instrumento limitado para recuperar a barca destroçada ou a casa perdida.

Quanto à barca, que o mar devolvera desconjuntada depois do naufrágio de Bastianazzo, Compare Zuppido, o calafate, a estava consertando, e cada membro da família trazia a sua contribuição, penosamente obtida:

> Compare Zuppido pegava cada sábado bons vinténs para remendar a *Providência*, e era preciso muito pano tecido, muita pedra da estrada de ferro, muita isca a dez vinténs e muita roupa lavada com água até os joelhos e sol na cabeça, para juntar quarenta onças.

O trecho revela que, além dos salários trazidos pelo velho 'Ntoni e seu neto homônimo, Mena se matava no tear, Luca transportava pedras na construção da ferrovia, o pequeno Alessi catava iscas para os pescadores, enquanto a mãe deles, Maruzza, pegava roupa de fora para lavar. O duro esforço de cada um é tão presente, que em lugar de dinheiro-valor parece-nos ver dinheiro-pano, dinheiro-pedra, dinheiro-minhoca.

Noutro trecho (localizado pouco antes de uma das sucessivas catástrofes que trazem os Malavoglia de volta à estaca zero), Luca já morrera na guerra, Alessi, crescido, trabalhava por sua vez na ferrovia e todos tinham conseguido quase o bastante para a tentativa de reaver a casa perdida por dívidas. O que ganharam fora guardado ou investido em peixe salgado, conservado nuns barriletes, esperando que estes atingissem o número necessário para serem vendidos. Veja-se no texto abaixo a materialização do dinheiro, como se ele se transformasse mediante uma espécie de regressão ao gesto e à coisa que serviram de origem à sua aquisição, nesta sociedade amarrada aos níveis elementares da sobrevivência:

> Agora estavam sossegados. O sogro e a nora contavam de novo o dinheiro na meia, os barriletes enfileirados no pátio, e faziam cálculos para ver quanto ainda faltava para a casa. A Maruzza conhecia aquele dinheiro vintém por vintém: o das laranjas e o dos ovos, o que Alessi tinha trazido da estrada de ferro, o que Mena tinha ganho no tear, e dizia: "Tem de todos".

Em vários planos, portanto, encontramos o mundo parado e fechado, onde as relações sociais viram fatos naturais, onde o vínculo direto com o meio anula a liberdade e ninguém pode praticamente escapar às suas pressões sem se destruir.

2. A ruptura

Mas justamente aí entra a astúcia do escritor, sob a forma de uma certa *experimentação*. O seu romance é também uma história de desvios e rupturas, de pequenas tentativas malogradas para romper os círculos implacáveis e aliviar o peso opressivo. Só assim ele pôde sugerir o fechamento, mostrando como as veleidades de abertura nada mais são do que o arrepio passageiro de uma pedra caindo na água parada e alterando apenas por um momento o liso da superfície.

A *experimentação* consiste em fazer o próprio grão-padre da tradição e da rotina, Padron 'Ntoni, puxar a família fora dos trilhos, ao tentar uma atividade marginal para melhorar a vida. Como diz o autor no prefácio.

> Esta história é um estudo sincero e desapaixonado sobre a maneira por que devem provavelmente nascer e desenvolver-se, nas condições mais humildes, as primeiras inquietudes pelo bem-estar; e que perturbação deve trazer a uma pequena família, até então relativamente feliz, a vaga aspiração do desconhecido, a noção de que não se está vivendo bem, ou que se poderia viver melhor.

A iniciativa de negociar com os tremoços, devida ao velho Padron 'Ntoni, é, portanto, uma *abertura*; daí o malogro (que parece quase castigo) e a situação paradoxal que fez do elemento mais conservador o responsável pela crise doméstica, equiparando-o aos elementos inconformados, potencialmente perturbadores: o neto mais velho e sua irmã menor Lia.

Este neto (chamado 'Ntoni, como o avô), regressando do serviço militar sufoca na aldeia e na rotina da pesca, não aguenta, sai pelo mundo, volta batido e mais inconformado, rebela-se contra a austeridade da família, cai na vadiagem, entra no contrabando, é surpreendido, dá uma facada no cabo dos guardas alfandegários e vai preso, consumindo no processo as economias destinadas à recuperação da casa.

O cabo, don Michele, andava arrastando a asa para Lia, dando lencinhos de presente, demorando-se em conversas noturnas que açulavam a maledicência da aldeia. O advogado imagina então, como truque hábil de defesa, alegar que 'Ntoni não agredira, mas vingara a honra da irmã, que (diz para efeito no tribunal) fora seduzida pelo guarda. Mas o resultado foi a desgraça completa, porque, tomado de surpresa, 'Ntoni protesta desesperado no banco dos réus e se acusa; Lia, sentindo-se culpada, sai de casa para o único caminho que lhe resta, a prostituição na cidade; o avô fica aniquilado e morre; e a outra neta, Mena, não poderá casar nunca mais, porque "tem uma irmã assim".

Formulando de maneira diversa a observação precedente, podemos dizer, quanto à função dos atos na narrativa, que o comportamento do avô e dos netos divergem no plano dos significados, mas convergem no da estrutura. Com efeito, a transgressão do moço 'Ntoni e a conduta considerada leviana da pobre Lia são quebras de padrões morais e abalam a unidade da família; mas a inovação econômica do velho 'Ntoni (venda de tremoços) é uma quebra dos usos (pesca), com efeito semelhante. Além disso, no fundo todos eles manifestam o mesmo respeito pelo éthos tradicional, porque os Malavoglia são iguais, de geração a geração, moldados pela sociedade fechada. Como diz um crítico, mesmo os que aparentemente não participam da religião do lar na verdade o fazem; e se Lia e o moço 'Ntoni vão embora, é porque respeitam demasiado a honra doméstica e não a querem contaminar.[2]

---

[2] Eurialo De Michelis, *L'arte del Verga*. Florença: La Nuova Italia Editrice, 1941, pp. 85-7.

Com as suas linhas nítidas e sólidas, a narrativa de Verga incorpora os esquemas imemoriais: um estado inicial de equilíbrio, a transgressão que o rompe, as provações, as peripécias que testam os figurantes, a consecução das provas decisivas, o restabelecimento do estado inicial. Os indivíduos pereceram na maior parte, mas o grupo sobreviveu. O menino Alessi, que catava minhoca e apanhava giesta seca para o fogão, recomeçou a família. Aberto um instante pelas transgressões e inovações, o mundo se fechou de novo. Mundo lacrado, portanto, que parece tal porque o romancista soube arranjar, no plano da composição, os ingredientes que permitem vislumbrar o ritmo de fechamento-abertura-fechamento, que é um dos princípios estruturais do seu livro.

3. Invenção da linguagem

O fato de estarmos numa era de experimentação vertiginosa nas artes e na literatura pode fazer supor que, sob este aspecto, o passado tenha sido mais estável e menos inovador do que na realidade foi. O Romantismo abriu as possibilidades e atitudes de mudança rápida, que nunca mais deixaram de atuar. O Naturalismo, que visto de hoje pode parecer rotineiro e pouco inovador, foi também cheio de experiências, algumas das quais talvez estejam na base de outras que vieram depois.

A solução estilística de *L'Assommoir*, por exemplo, é em si uma revolução, que representa o primeiro passo irreversível no sentido de incorporar a linguagem falada ao estilo da ficção, pelo fato de criar uma voz narrativa que, embora atuando na terceira pessoa e representando o autor, não se distingue qualitativamente da dos personagens, escolhidos noutra esfera social. Isto foi possível em parte pelo uso do estilo indireto livre; mas vai além, na medida em que é uma espécie de supressão geral da diferença de tonalidade entre o direto e o indireto.

Verga sofreu com certeza a influência do livro de Zola, como estímulo para criar uma linguagem bastante artificial, que no entanto parecesse ao leitor culto a própria naturalidade. Mas ao fazê-lo realizou algo mais difícil, pois o escritor francês dispunha de um idioma longamente trabalhado na tradição da sua literatura por experiências de simplificação, que lhe deram bem cedo um certo tipo de artificialidade natural. Idioma limado e capaz de operar com elementos coloquiais, filtrados pelo desejo de aparentar espontaneidade. Ele, porém, tinha pela frente a língua literária italiana, instrumento pomposo e altamente convencional, baseado na proscrição do coloquial e da simplicidade, considerados dimensões não literárias. Manzoni já conseguira, meio século antes, ajustá-lo bastante ao nível do romance, podando a galharia de epopeia e oratória, de ode e tragédia que tinha sido o seu universo predileto. Mas o romance era coisa secundária no quadro da literatura italiana, subjugada pelos gêneros *nobres*, e o ideal linguístico seguia polarizado pela fuga ao cotidiano, como se o limite da sua vocação fosse o estilo epigráfico, italiano entre todos, que, segundo certo personagem burlesco de Federico De Roberto, *"tiene al sommo grado del nobile e del sostenuto"*.

Além disso, o problema de Verga se complica pelo cunho regionalista do Naturalismo em seu país, o *Verismo*, que foi primariamente siciliano, com ele, seu mestre e amigo Luigi Capuana e o citado De Roberto. Zola usava o francês para representar a fala de proletários que falavam francês. Verga tinha como língua oficial o toscano literário, para representar a fala de camponeses e pescadores que se exprimiam em dialeto siciliano. Naquele tempo de obsessão documentária, como seria possível guardar a autenticidade da marca regional e ao mesmo tempo ser entendido pelos leitores cultos? Como dar o cunho da língua da Sicília e integrar o livro no universo da literatura nacional? Foi este duplo problema que resolveu, com um arbítrio inventivo que produziu paradoxalmente um máximo de naturalidade em *I Malavoglia* e diversos contos de *Vita dei campi* e *Novelle rusticane*. O seu narrador, como o do *Assommoir*, adota um ângulo linguístico que estiliza o do personagem inculto, não para usá-lo nos momentos de discurso direto, e sim em toda a continuidade da narrativa. Mas enquanto o narrador de *L'Assommoir* fica suspenso entre duas possibilidades dentro da mesma língua (linguagem do homem culto e linguagem do operário inculto), o de *I Malavoglia* fica suspenso entre quatro possibilidades, duas dentro de cada língua, se considerarmos como tal o dialeto siciliano para simplificar: toscano culto, toscano popular; siciliano eventualmente submetido a tratamento literário, siciliano popular.

Desta ginástica excelente saiu o instrumento mais perfeito e eficaz que o estilo narrativo conheceu na Itália por meio século, até a fase atual se abrir com Alberto Moravia, pela altura de 1930. E Verga tinha consciência da sua invenção, como se pode ver por diversas declarações, inclusive uma carta ao escritor suíço Édouard Rod, tradutor de *I Malavoglia* para o francês e um dos críticos estrangeiros que deram maior atenção à sua obra:

> Bem sei qual é a grande dificuldade em traduzir para outra língua esses esboços que também em italiano têm fisionomia exclusivamente sua. A minha tentativa, nova entre nós até agora, e ainda muito discutida, é a de exprimir com nitidez em italiano a fisionomia característica daquelas narrativas, conservando o mais que for possível a sua marca própria e o seu tom de verdade.[3]

---

[3] *Giovanni Verga, Opere.* A cura di Luigi Russo. Milão; Nápoles: Riccardo Ricciardi Editore, [s.d.], p. 908.

Há certo mistério sobre as fontes imediatas da solução de Verga, que tinha começado por escrever romances e contos estimáveis mas amaneirados, meio pelintras e tocados de vago idealismo, que poderiam ter feito dele, como diz Croce, uma espécie de Octave Feuillet italiano.[4] Parece que a conversão estética e estilística se deu sob a influência de Capuana, paladino do *Verismo*. Quanto ao estilo rústico, Verga, não sei se por despistamento ou gosto muito autoral de mistificação, dizia ter-se inspirado na leitura de um tosco diário de bordo. Mas Corrado Di Blasi (segundo leio em Gino Raya) descobriu ter o próprio Verga confessado, em carta a Capuana, que a fonte foi uma história popularesca em verso, escrita por este. Assim, a elaboração da sua prosa mais característica teria sido precedida por um exercício esteticamente dirigido de Capuana, a quem cabe sem dúvida a primazia na pesquisa de uma linguagem nova de fundo popular. Raya, muito exigente e talvez um pouco impertinente, acha que Verga nunca perdeu os defeitos de *elegância* que desejava superar, e chega a ver nele a "roupa domingueira" usual na prosa italiana; mas em compensação diz o necessário, ao assinalar que ele superou a sugestão meramente linguística de Capuana, injetando-lhe uma dimensão moral e social.[5] Esta observação é uma boa deixa, porque o intuito principal deste ensaio é analisar a convergência do elemento linguístico e do elemento social no encontro de uma solução admiravelmente adequada para sugerir o mundo fechado.

---

[4] Benedetto Croce, "Giovanni Verga", *La letteratura italiana*. Per saggi storicamente disposti a cura di Mario Sansone, 3 v. Bari: Laterza, 1957, v. 3, p. 441. [5] Gino Raya, *La lingua del Verga*. Florença: Felice Le Monnier, 1962, pp. 17-8.

4. Amarração

Para a investigação crítica, o maior interesse de Verga talvez esteja na criação de uma *voz narrativa* que lhe permitiu instituir o mundo siciliano de dois romances e uma série de contos. Essa voz não é, de fato, a voz natural do homem Giovanni Verga, que viveu aqui e ali, teve um caso ruidoso com a mulher do amigo Mario Rapisardi e morreu octogenário em 1922, após mais de trinta anos de parada criadora, justamente quando começava a ser devidamente apreciado. "[...] o narrador de um romance não é o autor [...] é uma pessoa inventada, na qual o autor se transformou."[6]

A voz inventada por Verga (suspensa, como vimos, entre quatro possibilidades linguísticas) gera uma posição peculiar para representar o mundo. Ela aproxima o narrador do personagem, graças à intimidade facultada por uma espécie de extensão do estilo indireto livre, cujas virtudes, na prática literária, aparecem geralmente *intercaladas* entre as outras modalidades, mas aqui são por assim dizer permanentes (como Zola fizera em *L'Assommoir*, creio que pela primeira vez na história da literatura). Daí a homogeneidade, que supera a dicotomia autor-personagem, própria da maioria dos regionalismos, e suscita um poderoso senso de realidade, dentro do artifício linguístico adotado conscientemente.

Refletindo sobre o estilo de *I Malavoglia* ou de certos contos excepcionalmente bem realizados, como "Rosso Malpello", não se pode deixar de sentir o que há de fundamentalmente revolucionário nessa supressão de barreiras, nessa aproximação rumo ao povo através do ritmo profundo de sua vida, traduzido na fala. A invenção estilística funciona como nivelamento

---

[6] Wolfgang Kayser, "Wer erzählt den Roman?", *Die Vortragsreise: Studien zur Literatur*. Berna: Francke, 1958, p. 91.

social, de tal modo que, mesmo sem qualquer alusão política, e mesmo sem tenção clara de sugeri-la, o romancista efetua uma espécie de vasta igualitarização.

E aqui se esclarece de que modo a criação da voz narrativa define o ângulo, ou enfoque do narrador, condicionando um certo tipo de estilo. No romance este não se reduz a um modo determinado de usar a língua, pois manifesta simultaneamente a posição do narrador, formando ambos uma realidade dupla. A língua dá vida ao enfoque, o enfoque dirige o estilo.

Em *I Malavoglia* o ângulo é o de um narrador neutro e indefinido, situado na terceira pessoa, que fala como falariam os personagens rústicos cuja vida nos conta. Quando procuramos determinar qual é o traço que os une organicamente, encontramos o estilo indireto homogeneizador, nome que, à falta de melhor, pode ser usado para designar a tonalidade obtida pela generalização das virtudes mediadoras do indireto livre.

Entretanto, a sua eficiência é grande porque ele está ligado a certos traços que funcionam como *amarração*, no sentido arquitetônico, pois de fato *amarram* a narrativa à linguagem, em função do mundo popular, fechado e recorrente. São eles: o *lugar-comum*, a *repetição* e o *provérbio* —, com força e atuação progressivas.

Todos os três são modos de petrificar a língua, de confinar o seu dinamismo a um código imutável, cujo principal papel é eliminar a surpresa e, portanto, a abertura para novas experiências. Eles formam um sistema coeso, na medida em que o provérbio é na verdade o lugar-comum elevado pela repetição a um alto grau de formalidade. No mundo fechado o discurso vai assumindo cunho regular, que provoca a recorrência e dá um ar de meio rifão às expressões marcantes. No limite, o dito proverbial reveste um caráter frequentemente semirreligioso de sentença e oráculo, quase sacralizando as normas de sustentação do grupo. Assim, podemos estabelecer no plano da análise literária uma certa convergência entre a estrutura social e a linguagem, que foi precisamente o que fez Verga no plano da criação, *justificando* em profundidade a homogeneização do estilo. E antes de ir adiante, dois exemplos.

Como é usado em *I Malavoglia*, o estilo indireto simples já é um compromisso entre o narrador e o personagem, de modo a resultar uma voz narrativa complexa na sua força homogeneizadora, onde sentimos a linguagem do homem culto se combinar à do homem rústico, na síntese convencional do escritor. É como se a ordem e a inteligibilidade da cultura erudita servissem para sugerir o ritmo oral e o sabor da rusticidade. Vejam-se os dois momentos (que destaquei por números) do trecho onde o secretário distrital, don Silvestro, procura harmonizar os Malavoglia e seu credor, o Zio Crocefisso (que aliás fingira ter vendido o crédito a um testa de ferro, o Compare Tino, vulgo Piedipapera, ou seja, Pé de Pato):

(1) Don Silvestro molhou uma camisa para fazer entrar na cabeça dele que afinal não se podia chamar os Malavoglia de tapeadores, já que eles queriam pagar a dívida e a viúva renunciava à hipoteca.

(2) Os Malavoglia se conformam em ficar de tanga para não brigar; mas se forem encostados na parede, então eles também começam a mandar papel timbrado e vai-se ver no que dá. É preciso ter um pouco de caridade, que diabo! Quer apostar que se ficar assim empacado como um burro você acaba sem nada?*

---

* "*Dom Silvestro sudò una camicia per fargli entrare in testa che infine i Malavoglia non potevano dirsi truffatori, se volevano pagare il debito, e la vedova rinunziava all'ipoteca. — I Malavoglia si contentano di restare in camicia per non litigare; ma se li mettete colle spalle al muro, cominciano a mandar carta bollata anche loro, e chi s'è visto s'è visto. Infine un po' di carità bisogna averla, santo diavolone! Volete scommettere che se continuate a piantare i piedi in terra come un mulo, non avrete niente?*"

É evidente a continuidade estilística entre (1) e (2), isto é, a parte em estilo indireto (fala o narrador) e a parte em estilo direto (fala o personagem). O narrador fala como o personagem, ao resumir o que este diz, de tal modo que quando o personagem toma a palavra, continuamos no mesmo universo, segundo a mesma tonalidade.

Neste exemplo, é óbvio que o narrador procura uma posição equivalente à do personagem, como se naquele momento fosse por alguns instantes o seu porta-voz. Mas a homogeneidade persiste nos casos onde fala apenas o narrador, em estilo indireto livre e também no estilo simplesmente indireto, construindo o relato num teor igual ao da linguagem dos personagens, como se pode ver algumas linhas abaixo:

> (1) Diante dos outros, Piedipapera não queria ouvir falar em adiamento e estrilava e arrancava os cabelos; (2) que queriam deixá-lo de tanga, queriam deixá-lo sem pão para o inverno inteiro, ele e sua mulher Grazia, depois de o terem convencido a comprar a dívida dos Malavoglia; (3) e aquelas quinhentas liras eram cada uma delas melhor do que a outra, e ele as tinha tirado da boca para dar ao Zio Crocefisso.*

Por meio de números marquei três níveis, ao longo dos quais podemos com alguma atenção localizar o aprofundamento na composição da linguagem. No primeiro, com efeito, há certa neutralidade, pois tomadas em si essas frases poderiam ser ditas por um homem culto falando despreocupadamente à maneira do povo; mas já no segundo entram elementos de valor

---

* *"Piedipapera davanti alla gente non voleva sentir parlare di dilazione; e strillava e si strapava i capelli, che lo volevano ridurre in camicia, e volevano lasciarlo senza pane per tutto l'inverno, lui e sua moglie Grazia, dopo che l'avevano persuaso a comprare il debito dei Malavoglia, e quelle erano cinquecento lire l'una meglio dell'altra, che s'era levate di bocca per darle allo Zio Crocefisso."*

aforístico, frases feitas e lugares-comuns, enraizados na fala rústica ("ficar de tanga", "ficar sem pão"), em cujo universo peculiar estamos plenamente no terceiro, com o modo concreto de qualificar o dinheiro e com a queixa metafórica.

A leitura desprevenida não mostra, portanto, qualquer solavanco na fluência do discurso, que parece um todo unido; mas a observação revela a maneira sutil por que a expressão vai sendo modificada imperceptivelmente, promovendo a dominância da maneira popular. A fusão dos elementos, não aparente a olho nu, é o processo normal de Verga, na construção da sua escrita peculiar.

Em certos momentos de maestria suprema o enfoque desliza do narrador para o personagem, cuja primeira pessoa se incrusta na terceira do narrador, arrastando-nos para uma percepção de tal maneira *homogeneizada*, que as modalidades do discurso se fundem e não há mais distância entre personagem e narrador. É o caso do julgamento de 'Ntoni (neto) no capítulo XIV, onde a narrativa na terceira pessoa se refere ao que vê e ouve Padron 'Ntoni, mas onde a realidade aparece como se fosse referida por ele próprio na primeira.

Assim, tanto o torneio popular quanto a frase feita e o lugar-comum se incorporam à estrutura do discurso, dando-lhe um lastro que o alicerça na camada da tradição, da monotonia, da imobilidade. Na estrutura da narrativa, a repetição desempenha função análoga, marcando a ideia de circularidade e o retorno eterno das culturas fechadas.

Mesmo um leitor cursivo observa que o romancista traz de volta periodicamente algumas séries de elementos: epítetos, modismos, fórmulas, traços de caracterização. "Sabemos que o seu coração é tão grande quanto o mar", dizem vários personagens ao usurário Zio Crocefisso, que por sua vez não deixa de afirmar o mesmo em causa própria: "Todos sabem que tenho o coração tão grande quanto o mar". Estes *ricorsi* atenuam o caráter singular das situações, fazendo-as parecer variantes de alguns poucos modelos genéricos, arraigados na consciência e no comportamento do grupo.

Mais saliente é a recorrência que marca o aparecimento de personagens. O secretário do distrito, don Silvestro, está sempre voltando de sua vinha, dá sempre uma risada caçoísta que parece um cacarejo, enquanto sempre rangem as suas botinas envernizadas, sempre mencionadas pelos outros como marca da sua personalidade. O boticário don Franco está sempre com medo da mulher, fala sempre das suas ideias liberais, pisca para os outros, cofia a barba preta. O vigário, don Giammaria, está sempre com raiva, xinga mais ou menos toda a gente e vê liberais ateus por toda a parte. A Vespa sempre fala da sua vinha e de como o tio não resolve casar com ela. É frequente a alusão às meias da vendeira, Comare Mariangela la Santuzza, usadas como signo da sua intimidade e relacionadas aos que no momento são admitidos a ela. O cabo dos guardas alfandegários, don Michele, passa sempre "com as calças enfiadas nas botas e a pistola atravessada na barriga".

Este traço quase obsessivo (mencionado com maior ou menor consciência do seu papel por vários críticos que trataram da obra de Verga) faz do romance um refluxo constante, um repassar que parece abolir o tempo e transformar as pessoas em modelos fixos, sendo interessante notar que, associada ao universo das culturas tradicionais, a repetição funciona como poderoso índice de fechamento, ao modo do que podemos ver em *Fogo morto*, de José Lins do Rego.[7]

---

[7] O estudo sistemático da repetição na obra de Verga, e neste romance em particular, foi feito por Wido Hempel, *Giovanni Vergas Roman* I Malavoglia *und die Wiederholung als erzälerisches Kunstmittel*. Köln-Graz: Böhlau, 1959.

5. Ironia do provérbio

No limite está o provérbio, quinta-essência do lugar-comum e da repetição, formalização plena daquele vago ar sentencioso e aforístico espalhado pelo livro como manifestação da cultura parada e fechada, enredando os homens fechados e parados. O enfoque de um narrador que pertence hipoteticamente ao mesmo universo permite construir o sistema expressivo permeado de torneios fixos, dos quais o provérbio é a "forma forte", no sentido em que o é, por exemplo, um triângulo virtual num quadro baseado em esquemas triangulares. O provérbio contamina as outras formas e revigora a sua tendência repetitiva, fazendo com que as próprias imagens ganhem um ar de sabedoria imemorial ou de expressão sentenciosa. Daí um travejamento poderoso do estilo, que se carrega de premonições, repercussões, símbolos de fechamento e recorrência.

O provérbio, exprimindo a fixidez do discurso e do mundo, é um instrumento de que o homem dispõe a fim de interpretar e julgar, de identificar e prever. "O rifão dos antigos nunca mentiu", diz Padron 'Ntoni, que é apresentado justamente como o sabedor das sentenças judiciosas. No entanto, elas são ditas também por outros personagens, pelo livro afora, inclusive de modo a estabelecer a forma suprema de recorrência que é a repetição de provérbios, alguns dos quais evocados diversas vezes. Os provérbios costuram o mundo segundo um corte definitivo, que imobiliza a vida, os sentimentos, a ação; ou aparecem como símbolos de uma vida, de uma ação ou de sentimentos já imobilizados. A ironia, que vai do provérbio ao enredo e do enredo ao provérbio, é que este é quase sempre uma verdade apenas aparente, sendo no fundo um equívoco, que só parece certo na medida em que exprime o mundo ideal das expectativas, sem correspondência com o real. A existência dos indivíduos acaba dando a impressão de um contrassenso monstruoso e alienador, pois ela só se engrena com o que a sabedoria proverbial anuncia ou estatui quando cada um renuncia ao seu próprio destino para manter a estrutura imutável do grupo.

Indo mais longe, vemos que esta ironia é particularmente ambígua. Se de um lado o provérbio é congelamento da experiência passada, de outro constitui, no mundo fechado, a única e desajeitada forma de sondar o futuro, na medida em que preestabelece modos de ser e de agir. Segundo ele, o futuro previsto é o passado, pois o que anuncia para adiante é o que sempre foi atrás; e esta justificativa da perpetuidade social empresta-lhe um cunho nitidamente ideológico. No plano individual, o malogro espera quem pretenda sair do que determina a sabedoria cristalizada. A rigidez das normas e a rigidez linguística do provérbio se justificam mutuamente.

Um caso curioso da relação entre a verdade concreta dos acontecimentos e a projeção ideal das expectativas é o provérbio que Padron 'Ntoni cita no embarque de Bastianazzo, enquanto este faz os últimos preparativos com um ajudante empregado para a ocasião, Menico della Locca. O tempo, mais do que incerto, está ameaçador; mas a viagem não pode ser adiada, e o velho a decide com base na experiência definida por um ditado, cuja verdade formal é sobreposta à verdade material dos fatos.

La Provvidenza partì il sabato verso sera, e doveva esser suonata l'avemaria, sebbene la campana non si fosse udita, perchè mastro Cirino il sagrestano era andato a portare un paio di stivaletti nuovi a don Silvestro il segretario; in quell'ora le ragazze facevano come uno stormo di passere attorno alla fontana, e le stelle della sera era già bella e lucente, che pareva una lanterna appesa all'antenna della Provvidenza. Maruzza colla bambina in collo se ne stava sulla riva, senza dir nulla, intanto che suo marito sbrogliava la vela, e la Provvidenza si dondolava sulle onde rotte dai fariglioni come un'anitroccola. — "*Scirocco chiaro e tramontana scura, mettiti in mare senza paura*" — *diceva Padron 'Ntoni dalla riva, guardando verso la montagna tutta nera di nubi.*

Menico della Locca, il quale era nella Provvidenza con Bastianazzo, gridava qualche cosa che il mare si mangiò. — *Dice che i denari potete mandarli a sua madre, la Locca, perchè suo fratello è senza lavoro, aggiunse Bastianazzo, e questa fu l'ultima sua parola che si udì.*

A *Providência* partiu no anoitecer de sábado, e já devia ter dado a ave-maria, embora não se tivesse ouvido o sino, porque o sacristão mestre Cirino tinha ido levar um par de botinas novas para don Silvestro, o secretário; naquela hora as moças eram uma passarada barulhenta em volta do chafariz, a estrela vésper já estava linda e brilhante, e até parecia uma lanterna pendurada no mastro da *Providência*. Maruzza estava na praia com a menina no colo sem dizer nada, enquanto o marido desenrolava a vela e a *Providência* balançava como uma marreca nas ondas quebradas pelos recifes. — "Siroco belo e tramontano feio, pode embarcar sem ter receio" — dizia Padron 'Ntoni na praia, olhando o morro preto de nuvens.

Menico della Locca, que estava na *Providência* com Bastianazzo, gritou qualquer coisa que o mar comeu. — Diz que podem mandar o dinheiro para a mãe dele, porque o irmão está desempregado —, ajuntou Bastianazzo, e esta foi a última palavra dele que se ouviu.

O trecho utiliza um recurso comum na ficção narrativa: mostrar uma realidade aparentemente igual à que podemos observar, mas na verdade rigorosamente *marcada*, no sentido em que é possível *marcar* as cartas do baralho, a fim de levar o jogo aonde queremos. Muito mais do que Zola, Verga costumava semear antecipações que rompem a objetividade do relato, como se o leitor-observador tivesse o dom de prever o que se vai dar em seguimento ao que lhe é mostrado. Efetivamente, antes da catástrofe ser conhecida pelos personagens que estão na praia o fecho nos informa por antecipação sobre a morte dos tripulantes graças a dois recursos, cuja articulação estabelece o significado completo. Num plano figurado, precedendo o do enunciado que o confirmará, o ajudante Menico brada qualquer coisa que não se entende, "porque o mar comeu", metáfora premonitória que envolve uma metonímia, pois o mar vai comer os que falam, não apenas a sua voz. É o que declara a última linha, registrando que as palavras de Bastianazzo foram as últimas que se ouviram dele; isto é, no instante exato em que são registradas o narrador as *marca* pela antecipação.

A partir daí, quem sabe é possível reconhecer outras *marcas* no jogo do destino, como o pano de fundo tranquilo e ocasional, semelhante aos que balizam tragédias em velhos quadros (estou pensando no que diz o poema "Musée des Beaux Arts", de Auden) e, aqui, faz ver as moças tagarelando na fonte enquanto a vida da aldeia segue o seu ramerrão. É mesmo admissível que o fato da ave-maria não repicar seja (para o narrador identificado aos valores dos personagens, e que nos convida a admiti-los também) sinal de que a proteção divina se afastou da barca chamada ironicamente *Providência*. Esta ironia leva a outra, o provérbio, com a sua ambiguidade e o seu papel no mecanismo premonitório.

"*Scirocco chiaro e tramontana scura, mettiti in mare senza paura —, diceva Padron 'Ntoni dalla riva, guardando verso la montagna tutta nera di nubi.*" Este período condensa o movimento geral do trecho, baseado numa contradição entre as circunstâncias e o ato, com o provérbio servindo de mediador extremamente precário. O embarque e seu contexto implicam inicialmente um plano da convenção, constituído pela decisão do pai, a obediência do filho e do empregado, a normalidade profissional das operações, garantida tanto na ordem social pela hierarquia familiar quanto, na ordem natural, pelo provérbio, que é uma espécie de tradução social da natureza das coisas. Em seguida, há um plano da realidade, constituído pela necessidade inadiável do ato econômico, mesmo fatalmente ameaçado pelo tempo avesso, que o uso do provérbio tenta desarmar, mas acabará desmanchando o projeto dos homens. Nessa altura o provérbio revela a sua segunda natureza, ligada à dimensão prospectiva: ele é uma falsa certeza, mas também um esconjuro, que pretende domar a circunstância. Talvez Padron 'Ntoni acredite no que diz; talvez finja acreditar; talvez efetue um rito para suscitar o que deseja. Mas Padron 'Ntoni é um agente determinante da ação; os agentes determinados, que se empenham efetivamente no trabalho e sofrerão de maneira direta as consequências deste empenho, provavelmente não acreditam e pressentem que o futuro escapa ao provérbio. O mais determinado de todos, o salariado Menico, chega a falar como um moribundo que exprime a última vontade, legando o salário à mãe porque não espera recebê-lo.

A contradição provérbio-realidade, geradora de uma ironia dilacerante, fica mais clara se lermos assim:

1. *La montagna* [*era*] *tutta nera di nubi;*
2. *Padron 'Ntoni dalla riva*
   guardando verso [*la montagna*]
   diceva:
3. *Scirocco chiaro e tramontana scura,*
   mettiti in mare senza paura.

A realidade presente é (1) o morro carregado de nuvens pretas, trazidas pelo vento Norte (tramontano) e indicando a possibilidade de um futuro ruim. (2) Situado na praia, o velho olha o morro, encara mentalmente esta possibilidade e (3) recua à tradição parada, buscando uma receita tranquilizadora que funcione como esconjuro.

O esconjuro está contido na própria estrutura do provérbio, que substitui o caráter ominoso das nuvens pela probabilidade de uma navegação segura, porque o perigo apresentado por elas deverá ser quebrado pelo caráter favorável do siroco, o vento Sul que vem do mar. Exatamente como a situação dos Malavoglia: difícil, mas possível de ser remediada por uma pequena aventura propícia. E nos dois casos a solução é, na verdade, mera esperança.

Isto mostra que o provérbio invocado como garantia não passa de desejo angustiado. O seu caráter antitético (siroco *claro*-tramontano *escuro*) parece uma contradição insolúvel; a oposição revela uma dureza cristalizada, feita para a impessoalidade das situações genéricas, sob as quais reponta, mal acomodado, o peculiar das situações específicas. Visto do ângulo dos destinos individuais o ditado perde a sua certeza infalível e se dissolve na expectativa, como quem dissesse: "Já que somos obrigados a enfrentar a morte para ganhar o pão, tomara que a nuvem preta não traga desgraça, mas prevaleça, contra todas as possibilidades, o vento favorável do sul".

Tudo fica mais forte por causa do tom ocasional e inconsequente que as camadas imediatas da escrita emprestam à partida do barco, tratada como ocorrência entre outras, de mistura com as botinas do secretário e a algazarra das moças naquela tarde em que o sacristão deixou de tocar o sino e a estrela vésper brilha na altura. A estrela, elemento frio e remoto, funcionando como termo metafórico, opera a ligação com a cena do embarque ao figurar a lanterna do mastro, termo metaforizado. É a transição entre a leveza extraordinária do começo, onde os traços se alinham aparentemente ao acaso, e a parte final, determinativa. A gravidade, o dilaceramento subterrâneo do trecho, encarnados na estrutura antitética do provérbio, fazem ver que a gratuidade é elemento de efeito e que a dureza do rifão amarra o pequeno episódio, da mesma maneira por que amarra o nível linguístico ao nível social, que nele se encontram e se fundem para figurar a estrutura do mundo fechado.

Com efeito, a ligação indissolúvel da *série* social e da *série* linguística constitui o provérbio, manifestação suprema da fixidez de uma e de outra. De tal modo que seria possível, com um pouco de arbítrio, mostrar graficamente a convergência de ambas, simbolizando a própria estrutura de *I Malavoglia*:

6. Resumo e esperança

O lugar-comum sufoca a mensagem individual e a absorve no coletivo. A repetição mata a possibilidade de renovar a visão e a obriga a reconsiderar os mesmos objetos. O provérbio anula a iniciativa e impõe uma norma ideológica eternizada. Sufocação, portanto, de todos os modos, traduzida por um código petrificado. Como solução única, a violação. No exemplo final que acaba de ser analisado, a frouxa tentativa de ruptura se faz paradoxalmente com apoio nas formas mais rígidas do código, que é a negação das rupturas eventuais. Neste caso, pensaria um rebelde, só a revolução poderia dar fluidez ao código, isto é, romper as estruturas.

De cortiço a cortiço

Hoje está na moda dizer que uma obra literária é constituída mais a partir de outras obras, que a precederam, do que em função de estímulos diretos da realidade, pessoal, social ou física. Deve haver boa dose de verdade nisso. Todas as vezes, dizia Proust, que um grande artista nasce, é como se o mundo fosse criado de novo, porque nós começamos a enxergá-lo conforme ele o mostra. E há o dito de Oscar Wilde, que depois de ter mostrado Corots e Daubignys, a natureza da França mostrava naquela altura Monets e Pissarros.

Lembro estes dois autores porque sucedem ao Naturalismo e reagem contra ele. E para o Naturalismo a obra era essencialmente uma transposição direta da realidade, como se o escritor conseguisse ficar diante dela na situação de puro sujeito em face do objeto puro, registrando (teoricamente sem interferência de outro texto) as noções e impressões que iriam constituir o seu próprio texto. A estética *fin de siècle* de Rémy de Gourmont, teoricamente tão pouco naturalista, repousa nessa utopia da originalidade absoluta pela experiência imediata, que o levava a desconfiar da influência mediadora das obras.

Mas nós sabemos que, embora filha do mundo, a obra é um mundo, e que convém antes de tudo pesquisar nela mesma as razões que a sustêm como tal. A sua *razão* é a disposição dos núcleos de significado, formando uma combinação sui generis, que se for determinada pela análise pode ser traduzida num enunciado exemplar. Este procura indicar a fórmula segundo a qual a realidade do mundo ou do espírito foi reordenada, transformada, desfigurada ou até posta de lado, para dar nascimento ao outro mundo.

Ver criticamente a obra é escolher um dos momentos deste processo como plataforma de observação. Num extremo é possível encará-la como duplicação da realidade, de maneira que o trabalho plasmador fique reduzido a um registro sem grandeza, pois se era para fazer igual, por que não deixar a realidade em paz? É possível, noutro extremo, vê-la como objeto manufaturado com arbítrio soberano, que significa na medida em que nada tem a ver com a realidade, cuja presença eventual seria um restolho inevitável ou, de qualquer modo, um traço sem categoria hermenêutica.

Entre os dois extremos, talvez o segundo seja apesar de tudo mais favorável à análise literária, porque o primeiro dispensaria o olho crítico, já que a obra é vista como algo que (para raciocinarmos até o extremo) poderia ser apreendido com os meios normais da percepção ou do entendimento, por equivaler à realidade do espírito e do mundo. Mas seria melhor a visão que pudesse rastrear na obra o mundo como material, para surpreender no processo vivo da montagem a singularidade da fórmula segundo a qual é transformado no mundo novo, que dá a ilusão de bastar a si mesmo. Associando a ideia de *montagem*, que denota artifício, à de *processo*, que evoca a marcha natural, talvez seja possível esclarecer a natureza ambígua, não apenas do texto (que é e não é fruto de um contato com o mundo), mas do seu artífice (que é e não é um criador de mundos novos).

Neste ensaio o interesse analítico se volta para um problema de filiação de textos e de fidelidade aos contextos. Aluísio Azevedo se inspirou evidentemente em *L'Assommoir*, de Émile Zola, para escrever *O cortiço* (1890), e por muitos aspectos o seu livro é um texto segundo, que tomou de empréstimo não apenas a ideia de descrever a vida do trabalhador pobre no quadro de um cortiço, mas um bom número de motivos e pormenores, mais ou menos importantes. Em ambos sobressaem as lavadeiras e sua faina, inclusive com uma briga homérica entre duas delas. Em ambos um rega-bofe triunfal serve de ocasião para um encontro de futuros amantes, cujas consequências serão decisivas. Em ambos há um policial solene, morador do cortiço, onde é uma espécie de inofensiva caricatura da lei, embora os destinos respectivos sejam muito diferentes. Estes poucos exemplos, apenas mencionados, servem para mostrar a derivação de que falei. Mas ao mesmo tempo Aluísio quis reproduzir e interpretar a realidade que o cercava e sob este aspecto elaborou um texto primeiro.

Texto primeiro na medida em que filtra o meio; texto segundo na medida em que vê o meio com lentes tomadas de empréstimo, *O cortiço* é um romance bem realizado e se destaca na sua obra, geralmente medíocre, pelo encontro feliz dos dois procedimentos. Se pudermos marcar alguns aspectos desta interação talvez possamos esclarecer como, em país subdesenvolvido, a elaboração de um mundo ficcional coerente sofre de maneira acentuada o impacto dos textos feitos nos países centrais e, ao mesmo tempo, a solicitação imperiosa da realidade natural e social imediata. Do cortiço parisiense ao cortiço carioca ("fluminense", no tempo de Aluísio) vai uma corrente que pode ajudar a análise conveniente da obra, vista ao mesmo tempo como liberdade e dependência.

1. Diferenciação e indiferenciação

Como *L'Assommoir*, *O cortiço* narra histórias de trabalhadores pobres, alguns miseráveis, amontoados numa habitação coletiva. Como lá, um elemento central da narrativa é a degradação motivada pela promiscuidade. Lá, agravada pelo álcool, aqui, também pelo sexo e a violência. *O cortiço* é tematicamente mais variado, porque Aluísio concentrou no mesmo livro uma série de problemas e ousadias que Zola dispersou entre os vários romances da sua obra cíclica. Na sociedade francesa, a diferenciação sendo mais acentuada requeria maior especialização no tratamento literário e quase sugeria ao escritor a divisão de assuntos como núcleos de cada romance: vida política, alto comércio, comércio miúdo, bolsa, burocracia, clero, especulação imobiliária, prostituição, vida militar, lavoura, mineração, ferrovias, alcoolismo etc. Nos países pouco desenvolvidos, como o Brasil, esta especialização equivaleria talvez a uma diluição, e Alencar, tencionando seguir o levantamento de Balzac, resolveu o problema pela variação no tempo e no espaço geográfico, não na complexidade do social. O nosso regionalismo nasceu em parte como fruto da dificuldade de desdobrar a sociedade urbana em temário variado para o romancista.

Por isso, *O cortiço* abrange mais que *L'Assommoir* e Aluísio foi buscar sugestões não apenas neste, mas em outros livros da série dos Rougon-Macquart: *Nana*, *La Joie de vivre*, talvez *La Curée*, sem dúvida *Pot-Bouille*, que serviu até certo ponto para descrever a vida no rico sobrado vizinho e suas torpezas, como *L'Assommoir* serviu para descrever a vida na habitação coletiva. E por isso foi possível associar à vida do trabalhador a presença direta do explorador econômico, que no livro de Zola aparece vagamente sob a forma do senhorio cobrando aluguéis nos momentos difíceis, mas que n'*O cortiço* se torna o eixo da narrativa. A originalidade do romance de Aluísio está nesta coexistência íntima do explorado e do explorador, tornada logicamente possível pela própria natureza elementar da acumulação num país que economicamente ainda era semicolonial. Na França o processo econômico já tinha posto o capitalista longe do trabalhador; mas aqui eles ainda estavam ligados, a começar pelo regime da escravidão, que acarretava não apenas contato, mas exploração direta e predatória do trabalho muscular. Daí a pertinência com que Aluísio escolheu para objeto a acumulação do capital a partir das suas fases mais modestas e primárias, situando-a em relação estreita com a natureza física, já obliterada no mundo europeu do trabalho urbano. No seu romance o enriquecimento é feito à custa da exploração brutal do trabalho servil, da renda imobiliária arrancada ao pobre, da usura e até do roubo puro e simples, constituindo o que se poderia qualificar de primitivismo econômico.

O cortiço narra com efeito a ascensão do taverneiro português João Romão, começando pela exploração de uma escrava fugida que usou como amante e besta de carga, fingindo tê-la alforriado, e que se mata quando ele a vai devolver ao dono, pois, uma vez enriquecido, este precisa liquidar os hábitos do passado para assumir as marcas da posição nova. Mas a verdadeira matéria-prima do seu êxito é o cortiço, do qual tira um máximo de lucro sob a forma de aluguéis e venda de gêneros.

Ao contrário de *L'Assommoir*, trata-se de uma história de trabalhadores intimamente ligados ao projeto econômico de um ganhador de dinheiro, por isso o romancista pôs ao lado da habitação coletiva dos pobres o sobrado dos ricos, meta visada pelo esforço de João Romão. A consciência das condições próprias do meio brasileiro interferiu na influência literária, tornando o exemplo francês uma fórmula capaz de funcionar com liberdade e força criadora em circunstâncias diferentes.

2. Uma língua do pê

"No Brasil costumam dizer que para o escravo são necessários três P.P.P., a saber, Pau, Pão e Pano" — dizia Antonil no começo do século XVIII, retomando o que está no *Eclesiastes* 33,25, como assinala Andrée Mansuy na sua edição erudita ("Para o asno forragem, chicote e carga; para o servo pão, correção e trabalho"). No fim do século XIX era corrente no Rio de Janeiro, como dito humorístico, uma variante mais brutal ainda: "Para português, negro e burro, três pês: pão para comer, pano para vestir, pau para trabalhar".

A estruturação ternária é tão forte, que o primeiro impulso é transformá-lo num (fácil) poema Pau-brasil, à maneira de Oswald de Andrade:

MAIS-VALIA CRIOULA

Para
português negro e burro
três pês:
pão para comer
pano para vestir
pau para trabalhar.

Deixando de lado a análise minuciosa, que inclusive mostraria (sobretudo no segundo membro) a incrível função de violência das labiais aliteradas, sublinhemos apenas o resultado sutil de uma contaminação ideológica. Com efeito, o pão é alimento do homem, mas estendido ao animal de maneira quase profanatória aproxima um do outro. O pano, sendo metonímia da vestimenta, não pode ser estendido nem de maneira figurada se não houver, também figuradamente, uma confusão ontológica entre animal e homem, possível por meio da antanáclase implícita: burro (animal) e burro (pessoa sem inteligência, por isso animalizada). O pau é admissível quando aplicado ao animal, mas, graças às extensões precedentes, reflui sobre o negro e dele sobre o português. Resulta uma equiparação dos três, refletida estruturalmente na confusão fônica da paranomásia (pão, pano, pau), que por assim dizer consagra no plano sonoro (semantizado) a confusão econômica e social visada pelo enunciado, cujos sujeitos, uma vez nivelados, entram por meio dela na atmosfera ambígua dos jogos verbais, liberando várias séries de combinações possíveis: português-pão, negro-pano, burro-pau; português-pau, negro-pão, burro-pano e assim por diante.

Consequência: o que é próprio do homem se estende ao animal e permite, por simetria, que o que é próprio do animal se estenda ao homem. Pão para o homem e também para o burro; pano para o homem e também para o burro; pau para o burro e também para o homem. Conclusão: não se trata de uma equiparação graciosa do animal ao homem (à maneira das fábulas), mas, ao contrário, de uma feroz equiparação do homem ao animal, entendendo-se (e aí está a chave) que não é o homem na integridade do seu ser, mas o homem = trabalhador. O dito não envolve, portanto, confusão ontológica, mas sociológica, e visa ocultamente a definir uma relação de trabalho (ligada a certo tipo de acumulação de riqueza), na qual o homem pode ser confundido com o bicho e tratado de acordo com esta confusão.

Por isso este dito nos serve de introdução ao universo das relações humanas d'*O cortiço*, não apenas por causa do sentido que acaba de ser indicado, mas porque encerra também uma ilusão do brasileiro livre daquele tempo, que é o seu emissor latente e que no enfoque narrativo do romance se manifesta com uma curiosa mistura de lucidez e obnubilação.

Penso no brasileiro livre daquele tempo com tendência mais ou menos acentuada para o ócio, favorecido pelo regime de escravidão, encarando o trabalho como derrogação e forma de nivelar por baixo, quase até à esfera da animalidade, como está no dito. O português se nivelaria ao escravo porque, de tamanco e camisa de meia, parecia depositar-se (para usar a imagem usual do tempo) na borra da sociedade, pois "trabalhava como um burro". Mas enquanto o negro escravo e depois liberto era de fato confinado sem remédio às camadas inferiores, o português, falsamente assimilado a ele pela prosápia leviana dos "filhos da terra", podia eventualmente acumular dinheiro, subir e mandar no país meio colonial.

N'*O cortiço*, João Romão não se distingue inicialmente pelos hábitos da escrava Bertoleza; mas é o princípio construtor e animador da morada coletiva, de cuja exploração dura vai tirando os meios que o elevam no fim do livro ao andar da burguesia, pronto para ser comendador ou visconde. Ri melhor quem ri por último. Quem ri por último no livro é ele, sobre as vidas destroçadas dos outros, queimados como lenha para a acumulação brutal do seu dinheiro. O brasileiro livre que riu dele pela piada e o dichote fica, como se dizia no tempo, "a ver navios", porque em geral tendia à boa vida e, nessa sociedade que fingia prolongar as *ordens* tradicionais, o trabalho era o ovo de colombo que permitia ascender e desvendar cada vez mais a sua verdadeira divisão em classes econômicas.

Trabalho, repita-se, horrivelmente derrogatório aos olhos do brasileiro, traduzindo-se para ele uma espécie de animalização do português trabalhador. Com efeito, o que há n'*O cortiço* são formas primitivas de amealhamento, a partir de muito pouco ou quase nada, exigindo uma espécie de rigoroso ascetismo inicial e a aceitação de modalidades diretas e brutais de exploração, incluindo o furto como forma de ganho e a transformação da mulher escrava em companheira-máquina.

É visível que a carreira de João Romão tem para o romancista um caráter de paradigma, inclusive devido à reação suscitada no brasileiro mais ou menos ressentido pela constituição das fortunas portuguesas daquele tempo. Aliás, Aluísio foi, salvo erro meu, o primeiro dos nossos romancistas a descrever minuciosamente o mecanismo de formação da riqueza individual. Basta comparar seu livro com as indicações sumárias de Macedo, Alencar ou Machado de Assis, nos quais o dinheiro aparece com frequência, mas adquirido por herança, dote ou outra causa fortuita. Pesando, determinando, é certo, mas como um dado já pronto no entrecho. N'*O cortiço* ele se torna implicitamente objeto central da narrativa, cujo ritmo acaba se ajustando ao ritmo da sua acumulação, tomada pela primeira vez no Brasil como eixo da composição ficcional.

Ora, essa acumulação assume para o romancista a forma odiosa da exploração do nacional pelo estrangeiro. Tanto assim que n'*O cortiço* há pouco sentimento de injustiça social e nenhum da exploração de classe, mas nacionalismo e xenofobia, ataque ao abuso do imigrante "que vem tirar o nosso sangue". Daí a presença duma espécie de luta de raças e nacionalidades, num romance que não questiona os fundamentos da ordem. O roubo e a exploração desalmada de João Romão são expostos como comportamento-padrão do português forasteiro, ganhador de fortuna à custa do natural da terra, denotando da parte do romancista uma curiosa visão popular e ressentida de freguês endividado de empório.

A presença do português é portanto decisiva, enquanto alternativa ou antagonismo do brasileiro; de tal modo que um dos fatores determinantes da narrativa é o comportamento de um ou outro em face do Brasil, tomado essencialmente como natureza, como disponibilidade que condiciona a ação e, portanto, o destino de cada um.

A visão dos intelectuais brasileiros do século XIX era bastante ambígua, pois não encontrando nas obras da civilização apoio suficiente para justificar o orgulho nacional, eles recuavam para a natureza como segunda linha, entrincheirando-se numa posição que era também capitulação, ao ser um modo colonial e pitoresco de ver o país.

Aluísio, como se dirá melhor adiante, não escapa a esta e outras contradições, e seu livro dá grande importância à natureza, mas concebida como meio determinante, à moda naturalista, estabelecendo implicitamente para a atuação dos personagens três possibilidades que lembram no plano individual as (futuras) alternativas de Toynbee:

1. português que chega e vence o
2. português que chega e é vencido pelo   meio
3. brasileiro explorado e adaptado ao

3. A verdade dos pês

Mas a esta altura é preciso voltar ao dito dos três pês não só para reafirmar o alegado, isto é, que pode ser útil para compreender o universo d'*O cortiço*, mas para insistir no seu baixo caráter de formulação ideológica.

O tipo de gente que o enunciava sentia-se confirmada por ele na sua própria superioridade. Essa gente era cônscia de ser branca, brasileira e livre, três categorias bem relativas, que por isso mesmo precisavam ser afirmadas com ênfase, para abafar as dúvidas num país onde as posições eram tão recentes quanto a própria nacionalidade, onde a brancura era o que ainda é (uma convenção escorada na cooptação dos "homens bons"), onde a liberdade era uma forma disfarçada de dependência.

Daí a grosseria agressiva da formulação, feita para não deixar dúvidas: eu, brasileiro nato, livre, branco, não posso me confundir com o homem de trabalho bruto, que é escravo e de outra cor; e odeio o português, que trabalha como ele e acaba mais rico e mais importante do que eu, sendo além disso mais branco. Quanto mais ruidosamente eu proclamar os meus débeis privilégios, mais possibilidades terei de ser considerado branco, gente de bem, candidato viável aos benefícios que a Sociedade e o Estado devem reservar aos seus prediletos.

Se estiver na camada de cima, asseguro deste modo a minha posição e desmascaro os que estão por baixo: portugueses pobres, gente de cor, brancos do meu tipo que podem cobiçar o meu lugar. Se estiver em camada inferior, devo gritar ainda mais alto, para me fazer como os de cima e evitar qualquer confusão com os que estão mais abaixo. Por isso eu empurro o meu vizinho de baixo e sou empurrado pelo de cima, todos querendo sofregamente ganhar o direito de serem reconhecidos nos termos implícitos do dito espirituoso. Uma espécie de brincadeira grossa de gata-pariu onde cada um procura desalojar o vizinho e do qual saem sempre expulsos o mais fraco, o menos branco, o que se envolve mais pesadamente no processo de produção. Sórdido jogo, expresso neste e outros *mots d'esprit*, que formam uma espécie de gíria ideológica de classe, com toda a tradicional grosseria da gente fina.

Por isso eu dizia que ele ajuda a entender este romance, cuja violência social é maior do que supunha o autor e que pode ser visto como um jogo na língua do pê, cujo primeiro figurante é o português, isto é: o comendador Miranda, já posto no sobrado vizinho do cortiço; João Romão, labutando neste, olhando para o sobrado e lá chegando; Jerônimo e outros, que seguem os impulsos, nivelam-se aos da terra e perdem a vez. São variedades do branco europeu, desprezado de maneira ambivalente pelo nativo mas pronto para suplantá-lo e tornar-se o verdadeiro senhor, se conseguir ser agente no processo de espoliar e acumular.

Segundo figurante é o negro, mais o mestiço, que sendo pobre e desvalido é assimilado a ele: o capoeira Firmo, Rita Baiana, a arraia-miúda dos cortiços, que mesmo quando etnicamente branca é socialmente negra. Terceiro figurante seria um animal; mas onde está ele? É justamente o que veremos, ao constatarmos que a redução biológica do Naturalismo vê todos, brancos e negros, como animais. E sobretudo que a descrição das relações de trabalho revela um nível mais grave de animalização, que transcende essa redução naturalista, pois é a própria redução do homem à condição de besta de carga, explorada para formar o capital dos outros.

Mas o desdobramento do dichote mostra que, afinal de contas, dos figurantes a que caberiam os três pês o português não é português, o negro não é negro e o burro não é burro. Em plano profundo, trata-se de uma trinca diferente, pois na verdade estão em presença: primeiro, o explorador capitalista; segundo, o trabalhador reduzido a escravo; terceiro, o homem socialmente alienado, rebaixado ao nível do animal.

4. Espontâneo e dirigido

O cortiço francês em *L'Assommoir* é segregado da natureza e sobe verticalmente com seus seis andares na paisagem urbana espremida pela falta de terreno. O cortiço brasileiro é horizontal ao modo de uma senzala, embora no fim, quando o proprietário progride, adquira um perfil mais urbano e um mínimo de verticalização nos dois andares de uma parte da vila nova. Além disso, cria frangos e porcos, convive com as hortas, a árvore e o capim, invade terrenos baldios e vai para o lado da pedreira, que João Romão também explora.

Ligado à natureza, que no Brasil ainda era presença a ser domada, ele cresce, se estende, aumenta de volume e é consequentemente tratado pelo romancista como realidade orgânica, por meio de imagens orgânicas que o animam e fazem dele uma espécie de continuação do mundo natural.

Mas este crescimento vai sendo cada vez mais dirigido, à medida que se acentua a vontade orientada do ganhador de dinheiro (embora apareça na maior parte do livro como entidade que escapa a ele para ter vida própria, fazendo o processo econômico parecer *natural*). Diríamos então que a vontade do ganhador de dinheiro é força racional, desígnio que pressupõe um plano e tende a extrair um projeto do jogo dos fatores naturais.

No começo é como se o cortiço fosse regido por lei biológica; entretanto a vontade de João Romão parece ir atenuando o ritmo espontâneo, em troca de um caráter mais mecânico de planejamento. Os dois ritmos estão sempre presentes, mas o desenvolvimento da narrativa implica lento predomínio do segundo sobre o primeiro, como se a iniciativa do capitalista estrangeiro fosse enformando e orientando o jogo natural das condições locais. Ele usa as forças do meio, não se submete a elas; se o fizesse, perderia a possibilidade de se tornar capitalista e se transformaria num episódio do processo natural, como acontece com o seu patrício Jerônimo, o cavouqueiro hercúleo que opta pela adesão à terra e é tragado por ela.

Isso leva a pensar que é importante no livro certa dialética do espontâneo e do dirigido, que pode ser percebida no desdobramento virtual do cortiço depois do incêndio, quando João Romão reconstrói as casas com mais largueza e num alinhamento melhor, estabelece horas de entrada e suprime a antiga incoordenação. Os moradores inadaptados são expulsos ou se expulsam, indo continuar o ritmo da desordem no cortiço próximo e rival, denominado Cabeça de Gato. O cortiço renovado é descrito por uma imagem de cunho mecânico, quando o antigo sempre o fora por meio de imagens orgânicas, que continuam a ser usadas para o cortiço desorganizado que recebe os seus rebotalhos. A passagem do espontâneo ao dirigido manifesta a acumulação do capital, que disciplina à medida que se disciplina, enquanto o sistema metafórico passa do orgânico da natureza para o mecânico do mundo urbanizado.

Esquematizando, teríamos que o cortiço velho, chamado Carapicus, era um aglomerado de aparência espontânea, que todavia continha em gérmen o elemento racional e dirigido do projeto. A partir dele há um desdobramento, do qual surge o cortiço novo chamado Vila São Romão, limpo e ordenado como um triunfo do dirigido; e há um reforço do cortiço rival, o Cabeça de Gato, que mantém a espontaneidade caótica sobre a qual atuou no outro cortiço, como força racionalizadora, o projeto de acumulação monetária do português. Mas o triunfo desse projeto é o sobrado que João Romão constrói para si ao mesmo tempo em que reforma o cortiço, marcando a sua entrada nas classes superiores e desbancando o sobrado do vizinho Miranda, com cuja filha acaba por casar.

5. O cortiço e/ou o Brasil

O leitor d'*O cortiço* fica duvidando se ele é um romance naturalista verdadeiro, que não deseja ir além da realidade observável, ou se é nutrido por uma espécie de realismo alegórico, segundo o qual as descrições da vida cotidiana contêm implicitamente um outro plano de significado. Lukács diria que isto se dá por causa daquilo, e que o mal do Naturalismo foi não "espelhar" de modo correto a realidade, mas usá-la para chegar a uma visão reificada e deformadora, que a substitui de maneira indevida e é a alegoria. Não creio que assim seja e registro que a alegoria não ocorre no Naturalismo em geral. Nós não a encontramos, por exemplo, na obra de Verga nem nos romances naturalistas de Eça de Queirós; mas a encontramos sem dúvida nos de Zola, cabeça de turco de Lukács, que a partir deles procedeu a uma extrapolação. Talvez por influência de Zola nós a encontramos também nos de Aluísio, sendo em ambos os casos, a meu ver, elemento de força e não de fraqueza.

O cortiço de Botafogo, estendendo-se rumo à pedreira (que ainda lá está, no fundo da rua Marechal Niemeyer, explorada a dinamite como no tempo de Jerônimo), é uma habitação coletiva que penetrou em todas as imaginações e sempre tirou o seu prestígio do fato de parecer uma imagem poderosa e direta da realidade. Mas em outro nível, não será também antinaturalisticamente uma alegoria do Brasil, com a sua mistura de raças, o choque entre elas, a natureza fascinadora e difícil, o capitalista estrangeiro postado na entrada, vigiando, extorquindo, mandando, desprezando e participando?

Talvez a força do livro venha em parte desta contaminação do plano real e do plano alegórico, fazendo pensar imediatamente numa relação causal de sabor naturalista, que na cabeça dos teóricos e publicistas era: Meio → Raça → Brasil; e que no projeto do ficcionista foi: Natureza tropical do Rio → Raças e tipos humanos misturados → Cortiço. Isto é: no intuito de Aluísio a natureza que cerca o cortiço de todos os lados, com o sol queimando no alto, condiciona um modo de relacionamento entre os diversos grupos raciais, que por sua vez fazem do cortiço o tipo de aglomerado humano que é. E esta série causal encarnaria o que se passava na escala nacional, segundo as concepções do tempo.

Esboçando já aqui uma visão involuntariamente pejorativa do país, o romancista traduz a mistura de raças e a sua convivência como promiscuidade da habitação coletiva, que deste modo se torna mesmo um Brasil em miniatura, onde brancos, negros e mulatos eram igualmente dominados e explorados por esse bicho-papão dos jacobinos, o português ganhador de dinheiro, que manobra tantos cordéis de ascensão social e econômica nas cidades.

Em nenhum outro romance do Brasil tinha aparecido semelhante coexistência de todos os nossos tipos raciais, justificada na medida em que assim eram os cortiços e assim era o nosso povo, é claro que visto numa perspectiva pessimista, como a dos naturalistas em geral e a de Aluísio em particular. Deste modo o cortiço ganha significado diferente do que tinha em Zola, pois em vez de representar apenas o modo de vida do operário, passa a representar, através dele, aspectos que definem o país todo. E como solução literária foi excelente, porque graças a ele o coletivo exprime a generalidade do social.

Na composição, o cortiço é o centro de convergência, o lugar por excelência, em função do qual tudo se exprime. Ele é um ambiente, um meio, físico, social, simbólico —, vinculado a certo modo de viver e condicionando certa mecânica das relações. Mas além e acima dele o romancista estabeleceu outro meio mais amplo, a "natureza brasileira", que desempenha papel essencial, como explicação dos comportamentos transgressivos, como combustível das paixões e até da simples rotina fisiológica. Aluísio aceita a visão romântico-exótica de uma natureza poderosa e transformadora, reinterpretando-a em chave naturalista. Para ele, é como se a nossa fosse incompatível com a ordem e a ponderação dos costumes europeus; e ao cair nessa falácia mesológica, que tanto perturbou naquele tempo a vida intelectual brasileira e a própria definição de uma consciência nacional, ele deixa transparecer o pessimismo, alimentado pelo sentimento de inferioridade com que a sua geração retificou a euforia patriótica dos românticos.

Mas Aluísio não seria um verdadeiro naturalista, um contemporâneo da *História da literatura brasileira* de Sílvio Romero (ou mais precisamente, da sua "Introdução"), se não colocasse no centro das suas obsessões a raça, como termo explicativo privilegiado.

Ainda aqui encontramos todos os chavões do tempo, marcando a ambiguidade do intelectual brasileiro que aceitava e rejeitava a sua terra, dela se orgulhava e se envergonhava, nela confiava e dela desesperava oscilando entre o otimismo idiota das visões oficiais e o sombrio pessimismo devido à consciência do atraso. Sob este aspecto o Naturalismo foi um momento exemplar, porque viveu a contradição entre a grandiloquência das aspirações liberais e o fatalismo de teorias então recentes e triunfantes, com base aparentemente científica, que pareciam dar um cunho de inexorável inferioridade às nossas diferenças com relação às culturas matrizes.

Na medida em que o problema é deslocado para dimensões tão vastas e incontrolávcis como Natureza e Raça, o intelectual e o político perdem de vista a dimensão mais acessível, que são os aspectos sociais, onde está a chave. Nenhum exemplo mais expressivo que o de Sílvio Romero, lucidamente convencido da importância das componentes africanas e do nosso caráter de povo mestiço, e ao mesmo tempo vendo como solução dos problemas a superação, quanto mais rápida melhor, de uma coisa e de outra, pela formação compensatória de uma população de aspecto aproximadamente branco, que fizesse o Brasil parecer igual aos países da Europa.

No Brasil, quero dizer, n'*O cortiço*, o mestiço é capitoso, sensual, irrequieto, fermento de dissolução que justifica todas as transgressões e constitui em face do europeu um perigo e uma tentação. Por isso, não espanta que João Romão encarasse e manipulasse essa massa inquietadora com o desprezo utilitarista dos homens superiores de outra cepa. Por que então apresentá-lo de maneira tão acerba? Por que mostrar nele um explorador abjeto, se a sua matéria-prima era uma caterva desprezível? Esta contradição do livro é a própria contradição do Naturalismo; é a manifestação em Aluísio da ambivalência de sua geração.

A perspectiva naturalista ajuda a compreender o mecanismo d'*O cortiço*, porque o mecanismo do cortiço nele descrito é regido por um determinismo estrito, que mostra a natureza (meio) condicionando o grupo (raça) e ambos definindo as relações humanas na habitação coletiva. Mas esta força determinante de fora para dentro é contrabalançada e compensada por uma força que atua de dentro para fora: o mecanismo de exploração do português, que rompe as contingências e, a partir do cortiço, domina a raça e supera o meio. O projeto do ganhador de dinheiro aproveita as circunstâncias, transformando-as em vantagens, e esta tensão ambígua pode talvez ser considerada um dos núcleos germinais da narrativa.

Um duplo movimento, portanto, ou dois movimentos complementares: um, centrípeto, é a pressão do meio e da raça pesando negativamente sobre o cortiço e fazendo dele o que é; outro, centrífugo, é o esforço do estrangeiro vencendo triunfalmente as pressões. Um leva ao cortiço; outro, sai dele. Aquilo que é condição de esmagamento para o brasileiro seria condição de realização para o explorador de fora, pois sempre a pobreza e a privação foram as melhores e mais seguras fontes de riqueza. De qualquer modo, o movimento social parece o mesmo que o movimento da narrativa, porque, como vimos, o cortiço é ao mesmo tempo um sistema de relações concretas entre personagens e uma figuração do próprio Brasil.

6. O meio e a raça

O cavouqueiro Jerônimo é *um*, ou *o* português honrado e comedido que, ao se apaixonar pela mestiça Rita Baiana e por causa dela abandonar mulher e filha, cedeu à atração da terra, dissolveu-se nela e com isso perdeu a possibilidade de dominá-la, como João Romão, porque deixou quebrar a relação de possuidor e coisa possuída. Agir como brasileiro redunda para o imigrante em ser como brasileiro, isto é, no quadro estreito d'*O cortiço*, ser massa dominada. Este processo é descrito pelo romancista como processo natural de envolvimento e queda, onde a natureza do país funciona como força perigosa, encarnada figuradamente em Rita, que sendo personagem atuante é ao mesmo tempo símbolo, súcubo e gênio da terra:

Naquela mulata estava o grande mistério, a síntese das impressões que ele recebera chegando aqui: ela era a luz ardente do meio-dia; ela era o calor vermelho das sestas da fazenda; era o aroma quente dos trevos e das baunilhas, que o atordoava nas matas brasileiras.

A transformação de Jerônimo se traduz pela mudança de comportamento em casa. A seriedade paquidérmica cede lugar à alegria, ele adota a comida local e a sua força vai diminuindo enquanto os sentidos se aguçam e o corpo ganha hábitos de asseio. Tudo culmina numa certa aceitação triunfal da natureza, num gosto crescente pela "luz selvagem e alegre do Brasil". Por isso, quando lamenta a perda do marido que foge com a baiana, a sólida Piedade de Jesus, sua mulher, levanta os punhos cerrados para um céu que não é instância divina, mas a Natureza excitadora, tão diversa, como diz, da paisagem tranquila de sua terra, que não favorecia os sentimentos desvairados:

[...] não era contra o marido que se revoltava, mas sim contra aquele sol crapuloso, que fazia ferver o sangue aos homens e metia-lhes no corpo luxúrias de bode. Parecia rebelar-se contra aquela natureza alcoviteira, que lhe roubara o seu homem para dá-lo a outra, porque a outra era gente do seu peito e ela não.

O abrasileiramento de Jerônimo é regido quase ritualmente pela baiana, que o envolve em lendas e cantigas do Norte, dá-lhe pratos apimentados e o corpo "lavado três vezes ao dia e três vezes perfumado com ervas aromáticas"; e este abrasileiramento é expressivamente marcado pela perda do "espírito da economia e da ordem", da "esperança de enriquecer". É que a sua paixão violenta é apresentada pelo romancista como consequência das "imposições mesológicas", sendo Rita "o fruto dourado e acre destes sertões americanos". Sob tal aspecto há n'*O cortiço* um pouco de *Iracema* coada pelo Naturalismo, com a índia = virgem dos lábios de mel + licor da jurema, transposta aqui para a baiana = corpo cheiroso + filtros capitosos, que derrubam um novo Martim Soares Moreno finalmente desdobrado, cuja parte arrivista e conquistadora é João Romão, mas cuja parte romântica e fascinada pela terra é Jerônimo. Iracema e Rita são igualmente a Terra. Lá, com o filtro da jurema, aqui, com o do café, que tem um sentido afrodisíaco e simbólico de beberagem através da qual penetram no português as seduções do meio: "[...] a chávena fumegante da perfumosa bebida que tinha sido a mensageira dos seus amores".

O símbolo supremo é todavia o Sol, que percorre o livro como manifestação da natureza tropical e princípio masculino de fertilidade. Sol e calor são concebidos como chama que queima, derrete a disciplina, fomenta a inquietação e a turbulência, fecunda como sexo. Por isso, neste livro a natureza do Brasil é interpretada de um ângulo curiosamente colonialista (para usar anacronicamente a linguagem de agora), como algo incompatível com as virtudes da civilização. Daí o homem forte, o estrangeiro ganhador de dinheiro estar sempre vigilante, como única solução, de chicote em punho e as distâncias marcadas com o nativo.

Bem dentro do jacobino Aluísio, filho de português mas antilusitano, como aliás dentro da maioria dos intelectuais do tempo, havia um perigoso medo de ser brasileiro, que levava a falar francês, copiar as cartolas inglesas, imitar o estilo acadêmico português, admirar a disciplina alemã e lamentar não houvesse aqui o espírito prático dos norte-americanos. Bem dentro do seu livro, que tenciona castigar literariamente o europeu desalmado, desfrutador da terra e ladrão da herança dos seus naturais, estão, repito, essas ambivalências que fazem do nosso patriotismo uma espécie de amor-desprezo, uma nostalgia dos países-matrizes e uma adoração confusa da mão que pune e explora. Desenvolvendo o que foi dito acima: na descrição do triunfo de João Romão, feita aliás com desprendimento naturalista nas camadas aparentes da narrativa, há elementos fornecidos para nós o considerarmos um monstruoso patife. Mas ao mesmo tempo há uma tal visão da terra e dos seus filhos, que a ação celerada parece quase justificar-se como solução de integridade pessoal e social. O português tem a força, a astúcia, a tradição. O brasileiro serve a ele de inepto animal de carga, e sua única vingança consiste em absorvê-lo passivamente pelo erotismo, que, já vimos, aparece como símbolo da sedução da terra. Para se livrar disso e poder realizar o seu projeto de enriquecimento e ascensão social, o português do tipo João Romão precisa despir o sexo de qualquer atrativo, recusar o encanto das Ritas Baianas e ligar-se com a pobre Bertoleza, meio gente, meio bicho.

Esta Bertoleza, aliás, que era cafuza, serve para surpreendermos o narrador em pleno racismo, corrente no seu tempo com apoio numa pseudociência antropológica que angustiava os intelectuais brasileiros quando pensavam na mestiçagem local. João Romão propõe a Bertoleza morarem juntos, e ela aceita, feliz, "porque, como toda a cafuza [...] não queria sujeitar-se a negros e procurava instintivamente o homem numa raça superior à sua".

Nada falta, como se vê: o *instinto* racial, a raça *inferior*, o desejo de *melhorá-la*, o contato redentor com a raça superior... O mesmo ocorre nos amores de Jerônimo e Rita, que era "volúvel como toda mestiça"; quando viu que o português a queria, trata logo de largar o capoeira Firmo, mulato como ela, porque o "sangue da mestiça reclamou os seus direitos de apuração, e Rita preferiu no europeu o macho de raça superior".

Já que no romance o branco é sobretudo português, fica uma impressão geral de ser legítima a oposição *branco* =

europeu × *mestiço* ou *negro* = *brasileiro*, como se o romancista, simplificando, identificasse a "raça superior" ao invasor econômico e a "raça inferior" ao natural explorado por ele.

7. O reino animal

Mas acima e além dessas reduções de *cientificismo* naturalista há uma redução maior, que as ultrapassa e atinge todos os personagens na sua humanidade, para lá do processo econômico: refiro-me ao substrato comum de animalidade, ou que melhor nome tenha.

O branco, predatório ou avacalhado, sem meio-termo; o mulato e o negro, desordenados, fatores de desequilíbrio, todos têm na economia d'*O cortiço* uma espécie de destino animal comum, acentuado pelo gosto naturalista da visão fisiológica, a tendência a conceber a vida como soma das atividades do sexo e da nutrição, sem outras esferas significantes. Daí uma espécie de animalidade geral que tem sido apontada por mais de um crítico em todos os planos do livro, a começar pelo conjunto da habitação coletiva, vista como "aglomeração tumultuosa de machos e fêmeas", que manifestam o "prazer animal de existir", mais acentuado noutro trecho, onde se fala d'"aquela massa informe de machos e fêmeas a comichar, a fremir concupiscente, sufocando-se uns aos outros"; e logo depois vemos "as mulheres [que] iam despejando crianças com uma regularidade de gado procriador". Mesmo em contexto não sexual elas aparecem "mostrando a uberdade das tetas cheias", o que ocorre também quando se trata de cada uma isoladamente, como na cena em que Henriquinho (um hóspede no sobrado do comendador Miranda) vê da janela Leocádia lavando roupas e o "tremular das redondas tetas à larga".

Essa animalização efetuada sistematicamente pelo narrador acarreta o uso de verbos que eram brutais para as normas do tempo —, como no caso da mocinha Florinda, em relação à qual "estalavam todos por saber quem a tinha emprenhado". Ou comparações que manifestam expressamente o intuito de rebaixamento, como no pranto de Piedade de Jesus: "O mugido lúgubre daquela pobre criatura abandonada antepunha à rude agitação do cortiço uma nota lamentosa e tristonha de uma vaca chamando ao longe, perdida ao cair da noite num lugar desconhecido e agreste".

Aqui a animalização aparece como redução voluntária ao natural, ao elementar comum, que nivela o homem ao bicho, enquanto organismos sujeitos ambos às leis decorrentes da sua estrutura. Mas até em efeitos estilísticos meramente descritivos vemos a mesma tendência, como na narrativa do incêndio ateado pela Bruxa, onde esta aparece com "a sua crina preta, desgrenhada, escorrida e abundante como as das éguas selvagens". Coisa igual aparece na caracterização, à maneira do trecho seguinte, relativo à consciência que um dos personagens, a moça Pombinha, adquiriu da força que a mulher pode ter: "avaliou a fraqueza dos homens, a fragilidade desses animais fortes, de músculos valentes, de patas esmagadoras, mas que se deixam encabrestar e conduzir humildes pela soberana e delicada mão da fêmea". Aliás, na cena da sua posse lésbica pela francesa Léonie, esta "revoluteava em corcovos de égua".

A redução à animalidade decorre da redução geral à fisiologia, ou ao homem concebido como síntese das funções orgânicas. A finalidade desta operação parece apenas *científica*, mas na verdade é também ética, devido às conotações relativas a certa concepção do homem. Ao contrário das aparências, a correlação entre esses dois níveis é visível no Naturalismo, manifestando-se através de camadas correspondentes do estilo, que se contaminam reciprocamente.

A orientação *científica* se apresenta como interpretação objetiva do comportamento dos personagens, mas adquire logo matizes valorativos, na medida em que naquele tempo esta modalidade de interpretação tinha uma função desmistificadora, sendo ruptura com o idealismo e esforço para enxergar a vida na sua totalidade, abrangendo o que os padrões correntes julgavam feio, baixo ou não comunicável. Daí as palavras que designam a anatomia ou as funções orgânicas, sobretudo o sexo, serem usadas nos contextos naturalistas não apenas como denotação, mas como gemas que se engastam para serem contempladas por si mesmas, porque assumiam um valor moral e social que se sobrepõe ao intuito *científico*.

Teta, por exemplo, é um designativo técnico, e deve portanto substituir o vago *colo* dos clássicos ou o específico *seio* dos românticos, porque permite abranger mais espécies do que a humana e assim impor a visão do homem mergulhado na vasta comunidade orgânica dos mamíferos, rompendo a sua excepcionalidade. Mas, em outro plano, é também um choque, uma bofetada nos preconceitos, um novo tipo de *memento homo*, que altera a visão moral de um ser eleito a troco de outra, segundo a qual este ser não é de eleição, mas está perto dos animais que, como ele, mugem de privação ou corcoveiam de prazer.

No texto de Aluísio há ainda um segundo tipo de intromissão do nível moral, que é o mais curioso e representa a quebra da desejada objetividade científica do Naturalismo. Com efeito, frequentemente a visão fisiológica se transforma em lubricidade e até obscenidade, que podem ser, de um lado, mera constatação da grosseria e da vulgaridade nas relações humanas; mas que de outro parecem às vezes uma condenação, uma certa reprovação daquilo que, no entanto, deveria ser considerado natural. Como nos livros de Sade, a violência e a ousadia da descrição podem recobrir certa avaliação escandalizada. Digo isso, não para *julgar* Aluísio, mas para sugerir a complexidade de matizes do Naturalismo.

Sob este ponto de vista houve nele um avanço curioso em relação aos modelos europeus, sobretudo Zola. As suas descrições da vida sexual são mais atrevidas (para o tempo), podendo-se dizer que as levou a um extremo não ultrapassado no Brasil, nem mesmo pelo rumoroso *A carne*, de Júlio Ribeiro, onde a parolagem dissolve o impacto eventual das cenas e a violência está mais na exaltação do narrador do que na realidade das descrições. N'*O cortiço* a gama do ato sexual é extensa, desde a comicidade quase de anedota, como a posse de Leocádia no capinzal por um Henriquinho extremamente matreiro, que segura pelas orelhas o coelho branco prometido como preço, até a posse de Piedade, bêbada, pelo vagabundo Pataca, com a filha observando e um vômito final de conspurcação (lembrando a cena de *L'Assommoir* que serviu de modelo, onde Gervaise cede a Lantier no meio do vômito simbólico de Coupeau, com a pequena Naná olhando pela porta de vidro). E em matéria de brutalidade verbal, nem Zola nem ninguém tinha chegado ao extremo com que é descrito o modo pelo qual o comendador Miranda "se serve", "como quem se serve de uma escarradeira", da mulher, que o traíra e ele odeia. Como sempre, quando a Europa diz "mata" o Brasil diz "esfola".

8. A "pensão do sexo"

Nada mais significativo a este respeito do que a função narrativa e estilística assumida n'*O cortiço* pelo fenômeno das regras femininas, a "pensão do sexo" de que falava o padre Vieira.

Tanto quanto sei, foi Zola quem quebrou o tabu no romance *La Joie de vivre*, 12º da série dos Rougon-Macquart, publicado parceladamente de 1883 a 1884, quando apareceu em volume. Na vasta subversão temática empreendida pelo Naturalismo, o advento desse traço fisiológico foi sem dúvida uma das maiores ousadias, embora de pouca repercussão na prática literária. Antes, só aparecia na literatura burlesca ou obscena, de que é exemplo o poema "A origem do mênstruo", de Bernardo Guimarães. Na poesia séria, antes ou depois, só lembro "Água-forte", de Manuel Bandeira, objeto de uma análise exemplar de Lêdo Ivo.

Com certeza estimulado pelo exemplo de Zola, Aluísio incluiu no seu livro este sangue proibido, mas num tom completamente diverso. Em *La Joie de vivre* a puberdade de Pauline Quenu é tratada como iniciação na vida e na beleza das coisas naturais, que era uma forma do Naturalismo tentar a revisão do conceito tradicional do Belo: "O sangue que subia e rebentava em chuva rubra lhe dava orgulho. [...] Era a vida aceita, a vida amada nas suas funções, sem nojo nem medo, saudada pela canção triunfante da saúde".

Aluísio não apenas se afasta desse gosto pelo aspecto saudável das funções fisiológicas, mas altera a relação "função fisiológica-manifestação individual", incluindo um mediador entre ambas, o mesmo que dirige o relacionamento geral dos personagens: a natureza física. No caso, natureza física do Brasil, encarnada ainda aqui pelo Sol como manifestação simbólica. E vemos mais uma vez como as condições locais interferem no processo de difusão literária, estabelecendo maneiras também peculiares de constituir o discurso.

Um dos centros de interesse da narrativa, n'*O cortiço*, é o pequeno drama da nubilidade de Pombinha. Os sinais não aparecem, apesar da moça ter quase dezoito anos, e há uma expectativa geral, indiscreta, da mãe, do noivo, dos vizinhos, que fazem perguntas do tipo "já veio, já chegou?". Ao contrário da heroína saudável e robusta de Zola, ela é "enfermiça e nervosa ao último ponto", e o toque de anormalidade se acentua pela interferência do safismo, que Aluísio adota como solução, fazendo uma cruza meio perversa entre *La Joie de vivre* e *Nana*.

Depois das indicações veladas de Téophile Gautier em *Mademoiselle de Maupin* e de Balzac em *La Fille aux yeux d'or* (retomadas por Alexandre Dumas n'*O conde de Monte Cristo*), Zola abordou francamente a inversão feminina em *Nana*, publicado três anos antes de *La Joie de vivre*. Inversão tratada como subproduto da prostituição —, e foi assim que Aluísio a introduziu n'*O cortiço*, onde dá lugar à cena de mais rasgada violência sexual. A *cocotte* francesa Léonie protege Pombinha, se interessa pelo seu casamento e acaba iniciando-a no homossexualismo feminino. Mas é justamente esse ato desnatural que, ao contrário do desabrochar espontâneo de Pauline Quenu, provoca finalmente os sinais de maturidade sexual. (No fim do livro, Pombinha, tornada prostituta ela própria, retoma com a filha abandonada de Jerônimo o tipo de proteção depravada que recebera da francesa).

Há portanto uma espécie de degradação do enfoque *natural* de Zola, quem sabe por causa de certo sentimento ateu do pecado, visível não apenas em Aluísio, mas em Eça de Queirós, Abel Botelho, Adolfo Caminha, Júlio Ribeiro, que também receberam mais ou menos a sua influência. É como se nas sociedades mais atrasadas e nos países coloniais o provincianismo tornasse difícil adotar o Naturalismo com naturalidade, e as coisas do sexo acabassem por despertar inconscientemente um certo escândalo nos que se julgavam capazes de enfrentá-las com objetividade desassombrada.

Mas aqui surge um traço original d'*O cortiço*, pois a nubilidade de Pombinha decorre de duas causas diferentes, motivando dois planos narrativos que resultam em algo mais complexo que o episódio homólogo de *La Joie de vivre*: a primeira causa é degradante, abaixo da realidade natural (o safismo); a outra é redentora, acima dela (a mediação da natureza).

Com efeito, um dia depois de violentada, mas ao mesmo tempo despertada sexualmente pela *cocotte*, a mocinha adormece no capinzal ao fundo do cortiço e sonha que está numa "floresta vermelha cor de sangue", deitada na corola de enorme rosa vermelha, fascinada pelo sol, que desce como borboleta de fogo e solta sobre ela "uma nuvem de poeira dourada". Pombinha acorda, sentindo "a puberdade sair-lhe afinal das entranhas em uma onda vermelha e quente".

É curioso observar como, mesmo mergulhado na objetividade naturalista, o escritor suspende o curso da mimese e recorre ao sonho carregado de conteúdo não apenas simbólico, mas alegórico: ao possuir figuradamente Pombinha, o Sol-Brasil, que escalda o sangue, dissolve os costumes, desencaminha os portugueses honrados, é também força de vida. Assim, Aluísio põe entre parênteses a *explicação* determinista, encharcada de meio e raça, para recorrer à *visão*, que se interpreta na chave do símbolo e da alegoria.

9. Força e fraqueza das mediações

Em outro estudo sugeri que a dinâmica das *Memórias de um sargento de milícias* dependia de uma dialética da ordem e da desordem, definindo um mundo algo desligado do mundo, apesar de nutrido da sua realidade. Daí o movimento de bailado e o ar de fábula, num universo onde quase não aparecem o trabalho e as obrigações de todo o dia, e onde em consequência o dinheiro brota meio milagrosamente de heranças e subterfúgios, ficando aliás em franco segundo plano.

N'*O cortiço* está presente o mundo do trabalho, do lucro, da competição, da exploração econômica visível, que dissolvem a fábula e sua intemporalidade. Por isso falei aqui em jogo do espontâneo e do dirigido, concebidos, não como pares antinômicos, mas como momentos de um processo que sintetiza os elementos antitéticos. Espontâneo, mais como tendência, ou como organização difusa, à maneira da sociabilidade inicial do cortiço, fortemente marcada pelo espírito livre do grupo. Dirigido, que é a atuação de um projeto racional.

Mas então entra em cena um jogo de mediações, que modificam a relação entre ficção e realidade, porque, como ficou dito, os fatos narrados tendem a ganhar um segundo sentido, de cunho alegórico. Visto deste ângulo, o cortiço passa a representar também o Brasil, na medida em que o espaço limitado onde atua o projeto econômico de João Romão figura em escorço as condições gerais do país, visto como matéria-prima de lucro para o capitalista.

Nessa altura é bom insistir nas comparações e pensar nos motivos da diferença entre a representação literária da realidade no romance-matriz de Zola e em seu êmulo do lado de cá do Atlântico.

O fato de ser brasileiro levou Aluísio a interpor uma camada mediadora de sentido entre o fato particular (cortiço) e o significado humano geral (pobreza, exploração). Em *L'Assommoir* a história de Gervaise nos conduz diretamente à experiência mental da pobreza, sendo o cortiço e o bairro ingredientes graças aos quais ela é particularizada e determinada. Mas no livro de Aluísio, entre a representação concreta particular (cortiço) e a nossa percepção da pobreza se interpõe o Brasil como intermediário. Essa necessidade de representar o país por acréscimo, que não se impunha a Zola em relação à França, diminui o alcance geral do romance de Aluísio, mas aumenta o seu significado específico.

A diferença deve ser devida às condições do meio intelectual brasileiro daquele tempo, ou do meio intelectual brasileiro desde o Romantismo até quase os nossos dias. Havia uma tal necessidade de autodefinição nacional, que os escritores pareciam constrangidos se não pudessem usar o discurso para representar a cada passo o país, desconfiando de uma palavra não mediada por ele. Isso é notório no Naturalismo, que desejou uma narrativa empenhada, cheia de realidade, e que no Brasil contribuiu de maneira importante pelo fato de ter dado posição privilegiada ao meio e à raça como formas determinantes. Ora, meio e raça eram conceitos que correspondiam a problemas reais e a obsessões profundas, pesando nas concepções dos intelectuais e constituindo uma força impositiva em virtude das teorias científicas do momento, tão questionáveis na perspectiva de hoje.

II.
Quatro esperas

*Copiar a realidade pode ser uma coisa boa;
mas* inventar a realidade *é melhor, muito melhor.*

Giuseppe Verdi

Primeira: na cidade

À ESPERA DOS BÁRBAROS

O que esperamos no ágora reunidos?

    É que os bárbaros chegam hoje.

Por que tanta apatia no Senado?
Os senadores não legislam mais?

    É que os bárbaros chegam hoje.
    Que leis hão de fazer os senadores?
    Os bárbaros que chegam as farão.

Por que o imperador se ergueu tão cedo
E de coroa solene se assentou
Em seu trono, à porta magna da cidade?

    É que os bárbaros chegam hoje.
    O nosso imperador conta saudar
    O chefe deles. Tem pronto para dar-lhes
    Um pergaminho no qual estão escritos
    Muitos nomes e títulos.

Por que hoje os dois cônsules e os pretores
Usam togas de púrpura bordadas,
E pulseiras com grandes ametistas
E anéis com tais brilhantes e esmeraldas?
Por que hoje empunham bastões tão preciosos,
De ouro e prata finamente cravejados?

> É que os bárbaros chegam hoje,
> Tais coisas os deslumbram.

Por que não vêm os dignos oradores
Derramar o seu verbo como sempre?

> É que os bárbaros chegam hoje
> E aborrecem arengas, eloquências.

Por que subitamente esta inquietude?
(Que seriedade nas fisionomias!)
Por que tão rápido as ruas se esvaziam
E todos voltam para casa preocupados?

> Porque é já noite, os bárbaros não vêm
> E gente recém-chegada das fronteiras
> Diz que não há mais bárbaros.

Sem bárbaros o que será de nós?
Ah! eles eram uma solução.

(Tradução de José Paulo Paes)

Este poema de Konstantinos Kaváfis, escrito nos primeiros anos do século XX, é seco e preciso, sem qualquer ênfase ou mesmo vislumbre de emoção. Ele manifesta uma contida aspiração à catástrofe, exprimindo o dilaceramento contraditório que pode assaltar as consciências e as civilizações. Dilaceramento cujas raízes vêm talvez do período romântico, onde avultaram tanto na literatura a divisão da personalidade, o sadomasoquismo e o gosto da morte no plano individual. No plano social, a vertigem da ruína e a certeza de que as nações morrem, como os indivíduos.

O cenário deve ser algum lugar do mundo helenístico, quem sabe o Oriente Próximo embebido de cultura grega depois da conquista de Alexandre Magno, mas vivendo fase tardia, porque o texto alude a sinais de presença romana. Este momento histórico é predileto na poesia de Kaváfis, grego de Alexandria do Egito, e tanto nos poemas que se referem a este, quanto nos que se referem à Grécia antiga ou ao Império Romano cristianizado, predomina o desencanto na visão do homem e da sociedade, como se ambos fossem vítimas de uma trapaça irremediável que envenena as situações e mina os heroísmos. Em muitos poemas de Kaváfis (este inclusive) é notório o interesse pela situação de beco sem saída a que podem chegar os países nos momentos de excessiva maturidade, quando passou o esplendor e os horizontes fecharam.

Essas situações ficam mais impressionantes ainda se pensarmos que os seus poemas históricos equivalem a uma espécie de jogo de cartas marcadas. Como se referem geralmente a momentos ou situações identificáveis, eles fazem ver que a premonição vai mesmo acabar em desastre; que a derrota pendente se consumará sem escapatória possível. Em "O deus abandona Antônio", por exemplo, sabemos que ele será batido dali a pouco na batalha de Actium, perderá Cleópatra e se matará. "O prazo de Nero" apenas repassa os antecedentes da queda e morte deste imperador e sua substituição por Galba. O poeta cortesão do poema "Dario" ainda não sabe, mas nós sabemos que seu rei Mitridates será destroçado pelos romanos e que a dúvida do poema é certeza posterior da história. O rei da Síria no poema "Demétrio Soter, 162-150 antes de Jesus Cristo" desconfia, mas nós sabemos que apesar da aparência de grandeza que lhe resta os seus dias estão contados desde que os romanos apareceram, e assim por diante. Kaváfis figura ações presentes carregadas de presságios, muitas das quais culminaram em realidade destruidora.

Em "À espera dos bárbaros" não há referência a um caso histórico concreto, como nos poemas citados. Trata-se de situação genérica, de valor portanto mais exemplar, alusiva talvez ao choque destruidor sobre os estados helenizados do Oriente Próximo, civilizados demais, que não resistiram aos povos mais enérgicos ou mais primitivos que os atacaram.

Na filosofia da história de Arnold Toynbee os chamados bárbaros são definidos como "proletariado externo", oriundo de culturas menos refinadas e cobiçando a riqueza da civilização. Quando o "proletariado externo" faz pressão de fora, se houver pressão simultânea exercida de dentro pelo "proletariado interno" (as camadas inferiores oprimidas), configura-se um dos fatores que provocam o fim de uma civilização.

Neste poema a conjuntura é outra. A pressão interna é provavelmente exercida pelo cansaço e a descrença, que geram a perda da razão de ser. Por isso o Estado maduro demais não sabe como resolver os seus problemas e, obscuramente, com temor misturado de esperança, aspira ao surgimento da pressão externa, que desencadeará o processo de destruição eventual como alternativa para o beco sem saída. A ironia corrosiva de Kaváfis está na decepção paradoxal causada pela notícia de que a cidade está salva. Portanto, diz bem José Paulo Paes, "a queda não estava prestes a acontecer, mas já tinha acontecido". E comenta: "A sutil atmosfera de dissolução que pervaga 'À espera dos bárbaros' filia-o desde logo ao decadentismo simbolista, com o seu gosto dos momentos crepusculares de fim de raça, de resignação ante o que se supõe seja inevitável".[1]

No mesmo sentido Bowra assinala que este "tema tinha certa popularidade no seu tempo", mencionando poemas homólogos de Valeri Briúsov, "A chegada dos hunos", e de Stefan George, "O incêndio do templo". Mas destaca um traço

---

[1] *Lembra, corpo*: Uma tentativa de descrição crítica da poesia de Konstantinos Kaváfis", Konstantinos Kaváfis, *Poemas*. Sel., estudo crítico, notas e trad. direta do grego por José Paulo Paes. Rio de Janeiro: Nova Fronteira, 1982, p. 83.

diferenciador importante para compreender o nosso texto: enquanto tais poetas participam do sentimento de que o tempo está maduro para a catástrofe, e portanto se situam psicologicamente *dentro* do tema, Kaváfis fica de fora, sem participar. Não se trata dos seus próprios sentimentos ou desejos, mas da apresentação desapaixonada de sentimentos dos outros. Daí o toque de ironia lúdica.[2]

O drama das civilizações maduras à véspera de extinção aparece de modo ainda mais geral do que neste num poema anterior, cujo título varia segundo as traduções espanhola, francesa e inglesa que conheço: "Acabou", "Fim", "Desfechos". Nele a fatalidade da catástrofe é mais geral e mais abstrata, completamente desligada de qualquer referência a instituições e costumes, que abundam em "À espera dos bárbaros". Num lugar indeterminado, surge a alusão a um perigo terrível que ameaça a todos e todos procuram evitar no meio do temor e do desnorteio. Entretanto, era um alarme falso, provavelmente notícias mal compreendidas. O que surge de verdade é uma catástrofe diferente que ninguém sequer imaginava. E como ninguém se havia preparado para enfrentá-la, ela destrói sem remédio.

Portanto, parece haver três níveis na poesia histórica de Kaváfis: o das forças inominadas atuando num espaço não identificado, que é o caso de "Fim" (ou que melhor nome tenha); o das forças destruidoras atuando no espaço de civilizações mais ou menos definidas, como em "À espera dos bárbaros"; e o caso da catástrofe historicamente identificada, como n'"O deus abandona Antônio".

Em "À espera dos bárbaros" há um Estado rico, hierarquizado, provido de uma cultura que sugere a influência de instituições romanas em ambiente de luxo oriental (como no Egito

---

[2] Cecil Maurice Bowra, "Constantine Cavafy and the Greek Past", *The Creative Experiment*. Londres: Macmillan, 1949, p. 38.

dos Ptolomeus ou na Síria dos Selêucidas). Há imperador, Senado, cônsules, pretores, títulos honoríficos, oradores eloquentes, todos vestidos com as suas togas, trazendo enfeites preciosos e carregando bastões solenes. Do outro lado paira a ameaça dos invasores, que faz toda a gente juntar-se nas praças e sentir que o Estado não vale nada diante deles. Eles são outra raça de gente, com uma cultura provavelmente primitiva e feroz, não se interessando pelas leis nem pelas razões, embora possam ser sensíveis à lisonja e à riqueza. Numa segura composição progressiva, o panorama social e a marcha dos acontecimentos vão se revelando com precisão despojada, sem variação nem modulação. As informações surgem como perguntas e respostas no mesmo tom de registro desapaixonado, que não se altera nem mesmo quando ocorre o desfecho paradoxal, em dois tempos. Primeiro tempo: a espera resulta inútil, porque mensageiros da fronteira vêm contar que não há sinal de bárbaros, e portanto estes não ameaçam nada; assim, está salvo o Estado e desfeito o pavor de sua destruição. Aí, surge o segundo tempo, incrível no seu inesperado: isso é pena, porque os bárbaros teriam sido uma solução para a sociedade desgastada.

Note-se que Kaváfis não explica nem comenta nada. Apenas constrói a informação pelo método dramático, expresso numa espécie de coral impessoalizado. Participando até certo ponto da natureza do fragmento, o poema se situa entre duas ausências de informação, duas "fraturas abissais", diria Ungaretti, entre as quais se eleva a "fulguração do texto".[3] De fato, antes está implícita a notícia sobre a decadência daquele Estado exausto; depois, a frustração patética, causada por uma vida social de tal modo vazia que a destruição teria sido uma espécie de redenção trágica. A expectativa de pavor, descrita friamente pelo

---

3 Giuseppe Ungaretti, "Difficoltà della poesia", *Vita d'un uomo: Saggi e interventi*. Milão: Mondadori, 1974, p. 810.

poeta, se casava misteriosamente com a profunda aspiração à catástrofe. Daí a imparcialidade irônica da voz narrativa, tornada mais corrosiva pelos vazios da informação.

O poema denso e curto de Kaváfis, com a sua chave feroz, carregada de subentendidos, serve bem de introdução ao mundo das esperas angustiadas, dos atos sem sentido lógico, da surda aspiração à morte individual e social, que formam alguns dos fios mais trágicos do mundo contemporâneo e aparecerão com maior desenvolvimento nos textos seguintes.

Segunda: na muralha

O conto "A construção da muralha da China", escrito na maior parte em 1917, consta de fragmentos que Kafka deixou sobre este tema, alguns dos quais chegou a publicar. Eles têm recebido títulos e arranjos diversos. Para evitar dúvidas, esclareço que o meu comentário levará em conta as duas sequências conexas que narram, a primeira, a construção da muralha; a segunda, a mensagem do imperador. É o que se encontra nos volumes *La Colonie pénitentiaire*, Paris, Egloff, 1945, tradução francesa de Jean Starobinski, e *The Great Wall of China*, Nova York, Schoken Books, 1946, tradução inglesa de Willa e Edwin Muir. Mas li também o arranjo mais moderno e variado, incorporando outros fragmentos que aumentam as ambiguidades, na edição das obras completas da Bibliothèque de la Pléiade, v. II, 1980.

Como acontece em outros textos de Kafka, trata-se de uma narrativa *em torno* do tema, com desvios e alusões. Não se pode dizer se a narrativa é intencionalmente picada, pois o que possuímos são os pedaços de um relato incompleto; mas é preciso lembrar que a obra de Kafka participa toda ela do espírito de fragmento, como a de Nietzsche em filosofia. Ele procede por unidades curtas, às vezes descontínuas, e até pouco tempo o texto de um livro como *O processo* continuava sofrendo alterações quanto ao número e à ordem das partes. Mas não darei importância maior a isto, e sim a outra perspectiva em relação ao fragmento.

O narrador, que tomou parte na construção e fala sobre ela como obra pronta, vai fornecendo de maneira meio caprichosa dados sobre o método usado, os motivos determinantes, o recrutamento e tratamento dos trabalhadores, a sua própria vida, os dirigentes supremos da obra, o poder político e o imperador da China.

A muralha foi planejada para defender o país contra os nômades bárbaros do norte, mas a sua capacidade defensiva é duvidosa. A construção partiu de dois pontos meridionais afastados, um a sudoeste, outro a sudeste, devendo encontrar-se os dois lados num certo lugar do norte, de maneira (parece) a formar um imenso ângulo. Mas o método escolhido foi o de erguer pedaços isolados em cada setor. Os grupos de trabalho deviam refazer em miniatura o andamento geral da obra, isto é, construir de fora para dentro dois trechos, de quinhentos metros cada um. Juntando-se, eles perfaziam uma extensão de mil metros. Mas o cansaço e a saturação dos trabalhadores obrigavam a criar um sistema de variação de local, a fim de reanimá-los. Assim, terminado o trecho de mil metros, eles eram transferidos para outra região, no meio de festas e recompensas que refaziam o ânimo.

O resultado é que ficavam largos espaços abertos entre os trechos prontos, tornando precária a função de defesa, pois os nômades poderiam contorná-los e destruí-los. Além disso, esses nômades, sempre em movimento, tinham visão muito mais completa do conjunto, enquanto os construtores nunca sabiam, e nunca souberam se a muralha de fato ficou terminada, mesmo depois de oficialmente considerada pronta. O leitor conclui que o resultado poderia ter sido uma espécie de linha pontilhada, uma série de fragmentos destinados à ruína eventual, incapazes de cumprir a sua finalidade.

Mas de fato não se sabe se é assim mesmo ou se ela foi completada. Mesmo porque era uma empresa em grande parte inútil, sobretudo para as regiões meridionais de onde provinha o narrador, que jamais poderiam ser atingidas pelos bárbaros e onde eles funcionavam como simples bichos-papões, descritos para amedrontar as crianças. Alguns diziam que a muralha seria a base para se erguer uma nova Torre de Babel, desta vez capaz de chegar ao termo e realizar a sua finalidade, que, como se sabe pela Bíblia, era atingir o céu. Mas o narrador afasta esta hipótese, porque os muros ficaram incompletos e porque não tinham a forma circular necessária. De um modo ou de outro, o leitor anota a ideia de uma vasta realização humana que se suporia destinada a alcançar a esfera divina.

O que deve ser destacado com particular atenção é a própria natureza fragmentária da empresa, parece que pensada desde o início para não acabar mesmo. Tanto assim que o método dá a impressão de ter sido adotado com base num paradoxo: já que os homens são incapazes de esforço constante em tarefa monótona e cansativa, devem ser deslocados para longe, a fim de que a mudança de lugar os reanime. O leitor conclui que a contradição reside no fato de se projetar uma obra gigantesca, mas admitir simultaneamente a incapacidade visceral dos construtores, isto é, um princípio que nega o projeto. É possível, portanto, que a aceitação do fragmento corresponda a uma concepção da natureza humana e equivalha a certa visão da sua debilidade. O absurdo seria então um modo de penetrar na falta de sentido da vida, da ação, do projeto humano. E também de negar as visões simplificadas.

Até agora estamos pensando na muralha e sua construção fragmentária do ângulo do narrador e do leitor. Mas é preciso completá-los por outro ângulo, que o narrador só pode apresentar em caráter muito conjectural: o das instâncias supremas que decidiram a respeito da construção e do método, e são chamadas Alto-Comando na tradução inglesa de Willa e Edwin Muir. O Alto-Comando é impessoal, desconhecido, eterno, soberanamente arbitrário. Ele deve ter decidido desde sempre construir a muralha, e a ameaça dos nômades não passaria de pretexto, inclusive porque sabia que ao adotar o método fragmentário a defesa não estava garantida. Eis um trecho significativo:

> O Alto-Comando existiu sem dúvida desde sempre, assim como a decisão de construir uma muralha. Inocentes povos do Norte, que pensavam ser a causa; venerável e inocente Imperador, que pensava ter dado ordens. Nós, os construtores do muro, sabemos que não é nada disso e ficamos quietos.

Agora estamos diante das instâncias misteriosas que decidem sobre o destino dos homens e das sociedades. Esse Alto-Comando sem identificação corresponde às entidades imponderáveis que regem o destino nas obras de Kafka: juízes inapeláveis e impalpáveis d'*O processo*; senhor invisível d'*O castelo*. Os protagonistas destes romances procuram em vão saber por que são punidos ou estão submetidos a uma restrição. Aqui, todos os cidadãos dependem de uma tarefa imensa, prescrita por agências ignoradas, a fim de realizar uma finalidade inexistente (pois a finalidade alegada é simples pretexto). Mas se não obedecerem perderão o sentido da própria vida e até a consciência de si mesmos. O leitor chega a imaginar que a muralha incompleta se destinava efetivamente a ser a base impossível de uma torre imaginária querendo chegar até potências inatingíveis, que seriam o Alto--Comando. Este lança o país inteiro numa aventura que serve apenas para fazer a vida correr e para preservar a sua própria intangibilidade.

Tanto assim que o imperador não sabe de nada, não pode nada, e nem chega a ter existência certa, pois o afastamento social e espacial entre ele e o povo é tamanho, que este pode pensar que um dado imperador está reinando, e no entanto ele já morreu e se trata de outro. Mesmo quanto às dinastias não há certeza. A prova palpável desta incomunicabilidade entre o poder aparente e o povo é a impossibilidade de transmitir a mensagem que o imperador moribundo destina a cada súdito: os mensageiros não conseguem sequer deixar o palácio, e se saíssem não poderiam ultrapassar os limites da Cidade Imperial.

É fácil ver que nesta narrativa o tempo é suprimido: as notícias chegam ao destino com o atraso dos raios de luz no espaço do universo; a identidade dos governantes é sempre imprecisa, porque não se sabe quem está no poder, devido a este atraso. Além disso, a própria história é incerta, pois o imperador não manda, não sabe e não pode. O conhecimento parece privilégio do Alto-Comando, por isso é preciso obedecer cegamente às suas diretrizes. Mas o que é ele e quem o compõe? Impossível saber. Resta ao homem a consciência de si mesmo, mas apenas como reflexo da norma traçada pelo Alto--Comando, que pesa sobre ele. Portanto, a complicada organização do império, expressa pelo esforço imenso da construção da muralha, repousa sobre razões que não é possível conhecer e a vida não vai além da existência diária, limitada ao pequeno âmbito da aldeia. Acima desta reina uma irresponsabilidade total, como se evidencia no projeto ciclópico destinado a defender de invasores no fundo inofensivos uma civilização sem sentido, por meio de um muro cheio de lacunas, devido a diretrizes emanadas de um poder desconhecido. Do lado de cá da muralha os homens esperam em vão pelo que nunca vai acontecer, mas o seu destino é regido por essa espera inevitável, e da narrativa de Kafka se desprendem a cada entrelinha as alegorias carregadas de sátira sem alegria. A China incaracterística parece fundir-se aos poucos na sociedade geral dos homens.

No meio de tudo sobressaem as contradições incrementadas pelo caráter da narrativa, fragmentária no sentido próprio, pois nela o significado maior do fragmento não é tanto o isolamento de textos inacabados, mas o fato de ela descrever um método de construir por pedaços. À margem, anote-se: Kafka não hesitava em publicar segmentos de obras incompletas, o que parece mostrar que esse tipo de composição não é apenas um acidente de escrita inacabada, mas um modo que adotava por corresponder à sua visão.

Como aconteceu com outros escritos dele, houve diversas interpretações do simbolismo eventual deste. Não faltaram analistas engenhosos, por exemplo Clement Greenberg, que viu aqui a presença de temas judaicos.[4] Mas prefiro dizer que "A construção da muralha da China" talvez se enquadre no vasto espírito de negatividade que avultou desde o Romantismo, manifestando-se aqui inclusive por meio do processo fragmentário, sendo um elo a mais na cadeia forjada por Kafka para descrever o absurdo e a irracionalidade do nosso tempo. Indo mais longe do que a meditação desencantada dos românticos, ele não se limitou a opor os ritmos contraditórios da edificação e da ruína, ao longo das idades históricas. Descreveu um processo no qual a construção se faz como ruína virtual, pois cada segmento da muralha, isolado dos outros e vulnerável à demolição dos nômades, é um candidato à destruição imediata. Assim, no roteiro para o filme de Marcel Carné, *Quai des Brumes*, Jacques Prévert faz o pintor desesperado dizer: "Para mim, um nadador já é um afogado".

---

[4] "At the Building of the Great Wall of China", em Angel Flores e Homer Swander (Orgs.), *Franz Kafka Today*. Madison: The University of Wisconsin Press, 1958, pp. 77-81.

Terceira: na fortaleza

Il deserto dei Tartari (1940), de Dino Buzzati,[5] conta a história de um jovem oficial, Giovanni Drogo, destacado ao sair da Escola Militar para a Fortaleza Bastiani, situada na fronteira com um reino setentrional. Para além dela se estende uma planície imensa, o deserto dos tártaros, de onde desde séculos não vem sinal de vida. De tal modo que a guarnição parece inútil, pela ausência de inimigos visíveis ou mesmo prováveis. Mas há a ilusão de um perigo virtual e constante, que poderia causar a guerra e dar aos oficiais e soldados a oportunidade de mostrarem o seu valor. Por isso vivem todos numa expectativa permanente, que ao mesmo tempo é esperança, a esperança de poder um dia justificar a vida e ter ocasião de brilhar.

A narrativa se organiza ostensivamente em trinta capítulos, mas a sua *razão*, manifestando a estrutura profunda, parece exprimir-se por um movimento em quatro tempos, gerando quatro segmentos que podem ser denominados, segundo os seus temas básicos: incorporação à Fortaleza (caps. I-X); primeiro jogo da esperança e da morte (caps. XI-XV); tentativa de desincorporação (caps. XVI-XXII); segundo jogo da esperança e da morte (caps. XXIII-XXX).

De tudo se desprende uma visão paradoxal e desencantada, expressa numa linguagem econômica, severa, recobrindo o

---

[5] Há tradução de Aurora Fornoni Bernardini e Homero Freitas Andrade: *O deserto dos tártaros*. Rio de Janeiro: Nova Fronteira, 1984.

pessimismo melancólico do entrecho. Buzzati, que noutros escritos manipula o humor com tanto engenho, não teve medo de assumir aqui o modo sério em estado de pureza, para revestir com ele a austeridade heroica do protagonista, destinado a só ganhar a vida, na hora da morte, depois de gastá-la no limiar fantástico do deserto dos tártaros. Lá, o tempo se esvaiu para ele na Fortaleza enorme, estirada de escarpa a escarpa, fechando o mundo numa paragem de pedra antecedida por montanhas e desfiladeiros, cercada de penhascos, sucedida pela estepe. Tudo vazio, tudo segregado, como palco solitário onde se agitam homens possuídos por um impossível sonho de glória.

1. Incorporação à Fortaleza

Logo no começo do livro, chama a atenção a maneira pela qual a Fortaleza é por assim dizer desligada do mundo. Drogo "não sabia sequer onde ficava exatamente. Um dia a cavalo, segundo uns, menos, segundo outros, mas na verdade ninguém tinha estado lá". O amigo que o acompanha por alguns quilômetros, Francesco Vescovi, mostra-lhe o topo de um morro distante, que conhecia por ter caçado naquelas bandas, dizendo que é onde ela fica. Portanto, a cavalgada não seria longa. Mas não apenas Drogo perde o morro de vista, como ao fim de certo tempo um carroceiro informa nunca ter ouvido falar de fortaleza por ali. Ao cair da noite chega a uma edificação que lhe parece, mas não é, a do seu destino: era um forte abandonado, e dele se avistava no mais remoto horizonte de serras o perfil da Bastiani, "quase inacessível, separada do mundo". A seguir ela some de vista e Giovanni dorme ao relento, para só alcançá-la no dia seguinte, depois de muitas horas, na companhia do capitão Ortiz, que encontrara no caminho e informa ser aquele um posto secundário em setor perdido da fronteira; nunca participou de guerras e parece não servir para nada.

O primeiro segmento, dominado pela entrada e permanência do tenente Giovanni Drogo na Fortaleza Bastiani, começa por essa jornada estranha à busca de um local fugidio e é regido por ambiguidades, a primeira das quais é que, chegando lá, fica sabendo que foi *mandado* para um posto aonde se ia *a pedido* (o tempo de serviço era contado em dobro). Esta circunstância o contraria, ele não gosta do lugar e decide voltar sem demora. Mas para facilitar os trâmites, e por causa de um atrativo inexprimível, concorda em esperar quatro meses, durante os quais vai ficando preso pelo fascínio que amarra oficiais e praças ao serviço monótono do Forte. Por isso, no momento de assinar o pedido de retorno decide bruscamente ficar por dois anos. A incorporação vai se processando como efeito, tanto das condições locais (o Forte o atrai misteriosamente), quanto de impulsos arraigados, mas ele não sabe ainda que está preso ao lugar e nunca mais poderá desprender-se. Isso produz em relação à vida anterior um movimento de ruptura, cujos indícios vão aparecendo aos poucos, como se a narrativa fosse um terreno minado por eles.

Aliás, já durante a caminhada que o levou pela primeira vez à Fortaleza ele começara a sentir-se desligado da existência que tivera até então e agora vai parecendo algo estranho. Percebe-se isto inclusive pelo desacerto simbólico entre o passo de seu cavalo e o do amigo Francesco Vescovi. É preciso ter em mente esse processo subterrâneo para sentir por que, no momento em que poderia voltar, antes mesmo de entrar em serviço, ele aceita a sugestão do médico para esperar quatro meses. Olhando pela janela do consultório um pedaço de rocha, é tomado pelo "vago sentimento que não conseguia decifrar e insinuava-se em sua alma; talvez algo tolo e absurdo, uma sugestão sem nexo". Pouco adiante imagina que talvez ela viesse de dentro dele próprio, como "força desconhecida".

Vemos então que o Forte (que pode ser alegoria da vida) é um modo de ser e de viver, que prende os que têm a natureza idealista e ansiosa de Drogo; os que traduzem a própria situação como longa espera do momento glorioso e único onde tudo se justifica e o tempo é redimido. Desde o coronel comandante, chamado Filimore, até o alfaiate-chefe, sargento Prosdoscimo, todos manifestam uma ambiguidade que os leva a afirmar que querem ir embora, e ao mesmo tempo desejam ficar para estarem a postos quando vier a hora esperada. Os anos passam, talvez os séculos, e nada acontece, sendo até possível que nunca tenham existido os tártaros ao norte.

Coisas como estas vão configurando a mencionada ruptura com o mundo anterior. Ela é reforçada por meio da lei suprema da Fortaleza, a rotina de serviço traçada pelo regulamento, que funciona como sugestão de vida, isto é, modelo proposto como norma de comportamento. A rotina organiza o tempo de cada um e de todos de modo uniforme, padronizando não apenas os atos, mas os sentimentos, aos quais parece querer substituir-se. Ela é a "obra-prima insana" criada pelo "formalismo militar", gerando uma atitude coletiva que parece condicionada pela guerra iminente. Mas como esta nunca vem, ela gira em falso no vácuo anódino que tem sido por séculos a vida na Fortaleza, onde o rigor das sentinelas, dos turnos de guarda, das senhas e contrassenhas se organiza em relação a nada. A rotina de serviço equivale a uma paralisação do ser e a um congelamento da conduta, contrastando com o ideal de todos, que é o movimento, a variedade, a surpresa da guerra = aventura. Aparecendo como condição desta, a rotina forma com ela um par contraditório e ambíguo.

Ao organizar o tempo a rotina o reduz a um eterno presente, sempre igual, enquanto a aventura é um modo de abri-lo para o futuro desejado. Por isso a vida na Fortaleza é em parte um drama do tempo, que nela parece vazar, no sentido em que a água vaza de um cano, perdendo-se inutilmente. Drogo sente a sua "fuga irreparável", pois de fato na Fortaleza o presente é uma espécie de prolongamento do passado, já que ambos são igualados pela rotina que petrifica. Daí a ânsia de futuro (que tornaria possível movimento e transformação), através da aventura da guerra, que no entanto nunca vem. Individualmente, o problema de Drogo pode ser definido como substituição de passados. Ele não pode voltar ao seu próprio, isto é, não pode continuar o tipo de vida que levava na cidade e agora ficou para trás de uma vez. Por isso sente desde o começo da vida de guarnição que lhe fecharam nas costas um "portão pesado". Só lhe resta, pois, assumir o passado do Forte, renunciando ao seu e esperando pelo futuro, que por sua vez é devorado pela rotina do serviço sempre igual, como se o tempo não existisse. Um dos núcleos do livro se define no capítulo VI, que de certo modo prefigura o destino de Drogo: inconsciência em relação ao presente, que o empurra para o passado da Fortaleza (a fim de que o presente seja igual ao que foi o passado desta); e ilusão em face do futuro. Como a única realidade acaba sendo reduzir tudo a passado, pois o futuro nunca se configura, surge o desencanto. A Fortaleza é o portão fechado atrás de cada um, que mata o presente ao reduzi-lo a um passado que não é o individual, mas o que foi imposto, e ao propor como saída um falso futuro.

Os oficiais se apegam então a esta saída única e duvidosa, sob o acicate da esperança, que se torna uma espécie de doença. Todos esperam o grande acontecimento, vítimas de uma ilusão comum alimentada pela perspectiva da vinda dos tártaros imponderáveis.

Drogo percebe tudo isso e pensa aliviado que tais ilusões não tomarão conta dele, pois a sua estadia será de quatro meses. O que não sabe é que também ele já está contaminado, preso misteriosamente na teia. O velho ajudante do alfaiate lê isso nos seus olhos e o aconselha a ir embora quanto antes. Mas ele é um terreno minado, embora se sinta ingenuamente livre da ilusão comum, que domina a Fortaleza e se exprime entre outros num trecho do capítulo VII:

> Do deserto setentrional devia chegar a sua sorte, a aventura, a hora milagrosa que toca pelo menos uma vez a cada um. Por causa dessa vaga eventualidade, que parecia ficar cada vez mais incerta com o passar do tempo, homens feitos consumiam naquela altura a melhor parte da vida.
>
> Não se haviam adaptado à existência comum, às alegrias da gente banal, ao destino mediano; lado a lado, viviam na esperança de todos sem nunca aludirem a ela, porque não se davam conta ou simplesmente porque eram soldados, com o cioso pudor da própria alma.

Dessa combinação de aventura e rotina, conformismo e aspiração, imobilidade e movimento, vai nascendo em Drogo o novo ser. Quando acabam os quatro meses e o médico está preparando o atestado que o desligará, ele se sente preso ao Forte, cuja beleza lhe aparece de repente em contraste com o cinza da cidade. Então decide ficar. Tão poderoso quanto o apelo da aventura possível, agiu nele o visgo cotidiano da rotina, agiram os hábitos adquiridos. Aventura e rotina se confundem no ritmo próprio da vida militar, formando para Drogo uma segunda natureza, de acordo com a qual a Fortaleza é menos um lugar do que um estado de espírito.

2. O primeiro jogo da esperança e da morte

No primeiro segmento do romance a ação dura quatro meses. No segundo ela começa dois anos depois e dura dois anos mais. Drogo está realmente incorporado à Fortaleza, não apenas no sentido militar, mas no sentido de haver interiorizado tudo o que caracteriza a vida nela: rotina, lazer, redefinição do tempo, voltados para a esperança, a expectativa do grande momento. A partir de agora vai entrar em contato com a outra realidade que complementa a primeira, mas permanecia oculta: a morte. O segundo movimento do livro é o jogo da esperança e da morte, que vão assumir realidade concreta.

Certa noite em que está no comando do Reduto Novo, posto avançado que descortina o deserto, surge deste um cavalo perdido. Uma das sentinelas, o soldado Lazzari, acha que é o seu, escapado não se sabe como, e consegue burlar a vigilância no momento de rendição da guarda para ir capturá-lo. O resultado é que ao voltar, tendo mudado a senha, não sabe dar a resposta adequada e, apesar de reconhecido por todos, apesar de seus apelos angustiados, é morto por um amigo de sentinela, em obediência à norma inflexível do regulamento.

No entanto, o cavalo devia ter fugido de uma tropa do país vizinho, porque dias depois contingentes distantes e minúsculos começam a marchar no rumo da Fortaleza. Isto cria uma excitação belicosa, todos se preparam para a guerra afinal possível, o comandante está a ponto de falar sobre ela à oficialidade reunida em alta tensão emocional, quando chega um mensageiro do Estado-Maior, anunciando que é só uma tropa encarregada de terminar o trabalho havia muito abandonado de demarcação da fronteira.

Deste modo o sonho se desfaz, restando apenas a tentativa de ser mais rápido e eficiente na colocação dos marcos divisórios. Para isso é mandado à crista dos morros um destacamento comandado pelo capitão Monti, homem enorme e vulgar, tendo como imediato o aristocrático e um pouco remoto tenente Angustina, que além de frágil e adoentado vai com botas normais de montaria, em vez das botinas ferradas que os outros calçam, próprias para escalar. Por isso a ascensão é para ele um sacrifício incrível, agravado pela crueldade do capitão, que força a marcha e procura veredas difíceis a fim de aumentar o seu tormento. Mas Angustina resiste e não fica atrás, mantendo o ritmo e a eficácia com incrível força de vontade. Chegando quase ao alto, o destacamento verifica que foi antecipado pelos estrangeiros e que estes plantaram os marcos com vantagem para o seu país. A escuridão baixa, a neve cai, faz um frio dos diabos e os do Forte, abrigados numa reentrância da rocha, se dispõem a passar mal a noite, ainda mais sob a caçoada dos estrangeiros, instalados pouco acima, na crista do morro, de onde oferecem ajuda com sarcasmo jovial. Expostos ao tempo, os dois oficiais jogam baralho para dar impressão de moral alta; mas o capitão Monti acaba por desistir e se abrigar com os soldados, enquanto Angustina, ao relento, debaixo da nevada, continua sozinho a manejar as cartas e anunciar os pontos, para dar aos de cima um espetáculo de desafogo e firmeza. Assim faz até morrer enregelado, sob as vistas atônitas de Monti, que compreende afinal a grandeza estoica do seu sacrifício.

Os casos do soldado Lazzari e do tenente Angustina mostram o contraste entre a morte sonhada e a morte real. No sonho, sobretudo no devaneio, os oficiais imaginam (como Drogo) o fragor da batalha, a situação desesperada resolvida pelo heroísmo, as feridas gloriosas. Quando anunciam, por exemplo, que o contingente estrangeiro se aproxima através do deserto, o coronel comandante, lutando embora contra a lembrança das frustrações passadas, acaba acreditando na guerra iminente e vê "chegar a sorte com a armadura de prata e a espada tinta de sangue". Numa sala do Forte há um quadro antigo representando o fim heroico do príncipe Sebastião, encostado numa árvore, com a brilhante armadura e ao lado a espada rota. Esta é a morte ideal, que justifica a esperança.

As mortes reais são diferentes. Acidentais, obscuras, elas contrastam com o fulgor dos sonhos, mas têm papel importante na economia do livro. A de Lazzari, porque encarna o limite de tragédia a que podia chegar a rotina, isto é, a lei da Fortaleza. A de Angustina (que nos interessa mais), porque terá função decisiva na formação do significado final. Por isso ela é cuidadosamente preparada, sendo precedida por um sonho premonitório, onde Giovanni Drogo vê o colega, ainda menino, arrebatado por um cortejo de duendes e fadas, pequeno morto flutuando no espaço. A importância da morte de Angustina está no contraste que forma com o devaneio da morte espetacular, pois mostra que pode haver grandeza num fim igual ao dele, durante uma mesquinha expedição pacífica, sem moldura heroica nem situação excepcional. Portanto (verificação decisiva para compreender o livro), o heroísmo depende da pessoa, não da circunstância, e os grandes feitos podem ocorrer sem as marcas convencionais de identificação. Como diz o major Ortiz, comentando o fim de Angustina: "Afinal de contas, o que nos cabe é o que merecemos". Em consequência, por que esperar a hora que não chega? Ortiz aconselha Drogo a deixar a Fortaleza antes que fosse tarde, como já era para ele, que não tencionava mais ir embora antes de reformado. Drogo decide então descer à cidade para solicitar transferência.

3. Tentativa de desincorporação

O terceiro segmento narrativo é ocupado pela tentativa de desincorporação. O segmento anterior descrevera fracassos que atingiram toda a guarnição, frustrada na sua esperança de guerra e ferida na sua integridade pela morte de dois membros, o oficial e o soldado. Este segmento descreverá diretamente os fracassos individuais de Drogo, que, munido de uma recomendação obtida pela mãe, tenta transferir-se. Assim como o segundo segmento tinha duas sequências centrais — a morte de Lazzari e a de Angustina —, este tem igualmente duas sequências básicas: a entrevista com a antiga namorada, Maria Vescovi, e a entrevista com o general.

O encontro com Maria é um jogo de hesitações, impulsos reprimidos, intenções abafadas, tudo numa espécie de ambiguidade sem saída. No ambiente composto da sala de visitas, numa conversa regida pela etiqueta, os dois jovens gostariam no fundo de declarar o seu afeto, mas não declaram. Cada um quereria fazer sentir ao outro que está na dependência de uma decisão sua, mas ambos se contêm. Parecem o tempo todo, enquanto a tarde escoa, esperar do parceiro algum movimento que não vem. Assim, a oportunidade se desfaz por culpa de ambos, sem que nenhum queira isso e sem que também queira outra coisa. Drogo parece atado por um jogo impossível de *diz-e-não-diz*, de *quer-e-não-quer*. No fim se despedem com uma "cordialidade exagerada" e ele vai embora "com os passos marciais rumo ao portão de entrada, fazendo ranger no silêncio o saibro da alameda".

A entrevista com o comandante da divisão é uma comédia de equívocos, marcada pelo esfriamento progressivo da cordialidade postiça que o general assumira no início, empertigado atrás do seu monóculo meio insolente. Drogo passara quatro anos no Forte e isto lhe dava um direito tácito à remoção. Mas acontece que tinha havido no regulamento certa mudança de que não soubera e segundo a qual deveria ter feito requerimento prévio, fato que os colegas interessados na própria remoção lhe haviam ocultado. Além do mais, a sua folha trazia uma "advertência" por causa da morte acidental do soldado Lazzari sob o seu comando. E embora estivesse prevista uma redução considerável do contingente, o seu pedido não é satisfeito. Sentindo-se enganado pelos colegas, injustiçado pelo comando, Drogo mergulha na decepção.

No entanto, a leitura atenta mostra que não é apenas esta a causa da sua volta ao Forte. Logo que chegou à cidade, sentiu que não pertencia mais àquele mundo da casa, da família, dos amigos, onde sua própria mãe tinha agora outros interesses. Mas se tudo lhe pareceu estranho, foi porque já estava preso ao Forte e manipulava inconscientemente o destino para ficar nele, sob a ação convergente de uma força externa, que o mandava de volta, e outra interna: o sentimento de não pertencer mais ao mundo originário. A tentativa de desincorporação acaba portanto confirmando o seu vínculo irremediável com a Fortaleza. Ele sobe de novo a serra com melancolia e se recolhe à espera inútil.

Até aqui passaram quatro anos da vida de Drogo e cerca de dois terços do livro; daqui até o fim, isto é, em pouco menos de um terço do número de páginas, transcorrerá o tempo de uma geração. É que os dados essenciais estão lançados e só falta mostrar as suas combinações finais.

4. O segundo jogo da esperança e da morte

Os episódios do terceiro segmento duraram o curto lapso de uma licença. No quarto segmento a vida de Drogo vai sendo narrada em sequências separadas por largos intervalos, num total de quase trinta anos, durante os quais a esperança e a morte se entrelaçam mais do que nunca ao ritmo do tempo, que corre ora rápido, ora lento, e afinal para de uma vez.

O relato começa com a partida de metade da guarnição, deixando semideserta a Fortaleza onde parecem ter ficado os esquecidos. Mas eis que uma noite o tenente Simeoni, dono de poderoso óculo de alcance, chama Drogo para mostrar vagos pontos luminosos movimentando-se no limite mais remoto do deserto, onde a vista se perde numa barreira de névoa constante. E aí começa para ambos uma fase de expectativa acesa, pois Simeoni percebe tratar-se da construção de uma estrada. A ansiedade dos dois rapazes, debruçados sempre que podem no parapeito para sondar a imensidão, dá ao ritmo narrativo uma lentidão que corresponde à impaciência sôfrega. Mas o comando, escaldado com o falso alarme de dois anos antes, proíbe o uso de tais lunetas e Simeoni se retrai, ficando apenas Drogo como uma espécie de depositário isolado da velha esperança secular, que virou um estado forte da sua alma. Entrementes, a atividade dos estrangeiros fica visível a olho nu, mostrando que é de fato a construção de uma estrada. Mas os trabalhos demoram muito, a expectativa é sempre a mesma e Drogo sente que agora o tempo é corrosivo, arruinando o Forte, envelhecendo os homens, arrastando tudo numa espécie de fuga inexorável. Sacudido entre um ritmo de progresso (a duração dos trabalhos em andamento) e um ritmo de regresso (a ruína incessante do lugar e dos homens), ele continua esperando o grande momento.

Assim passam quinze anos, registrados nalgumas linhas, antes de acabar a construção da via pavimentada. Os morros e os campos são os mesmos, mas o Forte está decaído e os homens, mudados. Drogo foi promovido a capitão e a fase final começa por uma réplica do começo: nós o vemos subir a serra depois de uma licença, quarentão, definitivamente estranho na sua cidade, onde a mãe já morreu e os irmãos não moram mais. No começo do livro o jovem tenente Drogo, subindo a montanha misteriosa, vira o capitão Ortiz do outro lado do precipício e o chamara com ansiedade juvenil. Agora, o capitão Drogo sobe cansado e do outro lado chama-o do mesmo modo o jovem tenente Moro. A recorrência do tempo é marcada pela igualdade das situações, expressa na rima toante dos sobrenomes que parecem igualar-se: Drogo-Moro. As gerações se substituem, o tempo corre, a Fortaleza continua à espera do seu destino.

No capítulo seguinte passaram mais dez anos, Drogo é major subcomandante, está com 54 anos, doente, acabado, sem forças para levantar da cama. E então acontece o inverossímil, que era todavia o esperado: do deserto vêm vindo fortes batalhões inimigos, com artilharia e tudo, em marcha de guerra. Finalmente, depois de séculos, parece chegar o grande momento. O Estado-Maior manda reforços, começa uma exaltante movimentação belicosa de véspera de combate, Drogo, quase inválido, se alvoroça com a perspectiva do ideal realizado, mas o comandante, tenente-coronel Simeoni, força-o a partir, porque precisa do seu velho quarto espaçoso para alojar os oficiais da tropa de reforço que está chegando. Desesperado, trôpego, com o corpo sobrando dentro do uniforme, ele faz de volta a estrada do vale, descendo-a numa carruagem enquanto as tropas sobem para o combate.

No caminho resolve dormir numa hospedaria, amargurado pela ironia incrível da sorte, que o fez perder a vida inteira na Fortaleza e ser posto fora dela quando chegou a hora esperada. Este final do livro é escrito com firmeza leve, cheia de precisão e mistério, manifestando a convergência dos grandes temas do romance: a Esperança, a Morte, o Tempo que as modula e combina.

É uma tarde encantadora de primavera, com perfume de flores, céu macio e os morros cor de violeta perdendo-se na altura. Sentado no quarto pobre, Drogo está a ponto de romper no pranto por causa da sua vida nula, coroada por essa deserção forçada, quando percebe que vai morrer. Então, compreende que a morte era a grande aventura esperada, não havendo por que lamentar que tenha vindo assim, obscura, solitária, aparentemente a mais insignificante e frustradora. O Tempo parece estacar, como se a fuga para a decepção constante tivesse esbarrado afinal numa plenitude, que é a consciência de enfrentar com firmeza e tranquilidade o momento supremo da vida de todo homem. A batalha de agora lhe parece então mais dura do que as outras com que sonhava, e mais nobre do que a travada por Angustina sob as vistas do capitão Monti e dos soldados. Ele não tem testemunhas, está absolutamente só, não pode mostrar a ninguém a fibra do seu caráter e a disposição com que morre. Por isso mesmo esta morte se revela mais nobre que a das batalhas. E o Tempo, que pareceu perdido durante a vida, surge ao cabo como ganho completo. O Tempo é redimido e a Morte encerra o seu longo jogo com a Esperança. Eis as linhas finais:

> O quarto está cheio de escuridão, só com muito esforço é possível distinguir a brancura da cama, e o resto é inteiramente preto. Dali a pouco a lua devia aparecer.
> Será que Drogo vai ter tempo de vê-la, ou precisará ir embora antes? A porta do quarto freme com um rangido tênue. Talvez seja um sopro de vento, um simples remoinho de ar dessas noites de primavera. Talvez seja ela que entrou com andar silencioso, aproximando-se agora da poltrona de Drogo. Fazendo esforço, Giovanni endireita um pouco o busto, ajeita com uma das mãos a gola do uniforme, dá uma olhada fora da janela, uma olhada muito breve, para o seu quinhão de estrelas. Depois, embora ninguém possa vê-lo no escuro, sorri.

5. Definições

O deserto dos tártaros pertence à lista dos romances do desencanto, que contam como a vida só traz coisas frustradoras e acaba no balanço negativo dos grandes déficits. No entanto (ao contrário de certos finais terríveis, como o das *Memórias póstumas de Brás Cubas*), o seu desfecho é um caso paradoxal de triunfo na derrota, de plenitude extraída da privação. Isto confirma que é um livro de ambiguidades em vários planos, a começar pelo caráter indefinível do espaço e da época.

Onde decorre a ação? Num país sem nome, impossível de localizar, como nos contos populares, a despeito do corte europeu dos usos e costumes, assim como do substrato italiano —, sendo que a única referência geográfica precisa é, ocasionalmente, à Holanda (e suas tulipas), aonde a namorada de Drogo anuncia que vai passear. Aliás, de certo modo nem há lugar propriamente dito, mas apenas uma vaga cidade sem corpo e o sítio fantasmal da Fortaleza Bastiani, que fica a uma distância elástica, ninguém sabe direito onde.

O nome dela é italiano, e quanto ao sobrenome das pessoas, alguns poucos são usuais nesta língua, como Martini, Pietri, Lazzari, Santi, Moro. Mas há preferência pelos menos frequentes, como Lagòrio, Andronico, Consalvi; ou raros, como Batta, Prosdoscimo, Stizione; e pelos que parecem inventados a partir de outros, como Drogo, de Drago; Fonzaso, de Fonso ou Fonsato; Angustina, de Agostino; Stazzi, de Stasi. Significativo é o caso da derivação que leva o nome para outras línguas, como Morel (francês), que pode ter Morelli como ponto de partida; ou Espina (espanhol), parecido com Spina; ou Magnus (forma latina ao gosto da onomástica alemã), com Magni ou Magno. No limite, os puramente estrangeiros: Fernandez, Ortiz, Zimmermann, Tronk, enquanto o do comandante, Filimore, parece não pertencer a língua nenhuma. Esse jogo antroponímico contribui para dissolver a identidade possível do vago universo onde se situa a Fortaleza.

Mais ainda: para além dela há um deserto onde andam nômades, o que poderia sugerir a África ou a Ásia. Os supostos tártaros, que talvez nunca tenham existido, estariam ao norte, mas as tropas que vêm de lá para colocar os marcos divisórios parecem da mesma natureza e grau de civilização que as da Fortaleza. Quem são na verdade os inimigos esperados?

Tártaros, só a Rússia os teve como vizinhos na Europa. Note-se a propósito que o médico militar usa gorro de pele, à maneira russa, e os reis do país se chamam Pedro, como (excluído o caso de um da Sérvia no começo deste século) só os houve nos tempos modernos na Rússia e em Portugal. O nome do príncipe heroico representado moribundo num quadro é Sebastião, igual ao do rei português morto heroicamente em Alcácer-Quibir.

E a época? As pessoas andam a cavalo e de carro, havendo mais para o fim referência à estrada de ferro. No entanto, ainda existem carruagens douradas, o que puxa para o século XVIII. A iluminação é feita com lâmpadas de petróleo e lanternas. O óculo de alcance é a luneta de um só canhão, indicando que ainda não havia binóculos. Os fuzis não têm repetição e são carregados pela boca de modo arcaico, puxando pelo menos para o meado do século XIX. Quer dizer que são tomadas cautelas para desmanchar também a cronologia, inclusive porque não há sinal de mudança nas armas, uniformes, objetos ao longo de uma ação que dura mais de trinta anos. E há outros indícios de baralhamento, como o fato da guarnição do Forte ser (é o que se infere) de infantaria, onde, segundo a norma, só os oficiais tinham cavalos; no entanto, um episódio importante é regido pelo fato de ter o soldado Lazzari *reconhecido o dele*, como se se tratasse de cavalaria. Estamos num mundo sem materialidade nem data.

Quanto à composição, vimos que a narrativa parece ordenar-se em quatro segmentos, que se opõem entre si, opondo-se também internamente: incorporação e desincorporação, ilusão e desilusão, esperança e frustração, vida e morte, tempo rápido e tempo vagaroso. Ao longo deles vão brotando os significados parciais, alguns dos quais já vimos, que nos conduzem aos significados gerais. Para captá-los, é preciso comparar as primeiras páginas com as últimas.

O começo diz abertamente que Giovanni Drogo não tinha estima por si mesmo. Ora, o fim consiste na aquisição dessa autoestima que lhe faltava. Durante a vida inteira ele esperou o momento que permitiria uma espécie de revelação do seu ser, de maneira que os outros pudessem reconhecer o seu valor, o que o levaria a reconhecê-lo ele próprio. Mas aqui surge a contradição suprema, pois esse momento acaba sendo o da morte. Portanto, é ela que define o seu ser e lhe dá a oportunidade de encontrar justificativa para a própria vida. De algum modo, uma afirmação por meio da suprema negação.

Assim, o romance do desencanto deságua na morte, que aparece como sentido real da vida e alegoria da existência possível de cada um. Como na de todos nós, ela esteve sempre na filigrana da narrativa. Primeiro, sob a forma de alvo ideal, sonhada na escala grandiosa. Depois, como realidade banal, nos casos de Lazzari e Angustina. Quando o tempo para, ela surge e o redime, justificando Drogo, que adquire então a ciência que não aprendera nos longos anos de esperança frustrada e que, se não tivermos medo do tom sentencioso, poderia ser formulada assim: o sentido da vida de cada um está na capacidade de resistir, de enfrentar o destino sem pensar no testemunho dos outros nem no cenário dos atos, mas no modo de ser; a morte desvenda a natureza do ser e justifica a vida.

Por isso *O deserto dos tártaros* é um romance desligado da história e da sociedade, sem lugar definido nem época certa. Nele não há dimensão política, não há organização social ou crônica de fatos. É um romance do ser fora do tempo e do espaço, sem qualquer intuito realista. Do ponto de vista ético é um livro aristocrático, onde a medida das coisas e o critério de valor é o indivíduo, capaz de se destacar como ente isolado, tirando o significado sobretudo de si mesmo, e por isso podendo realizar na solidão a sua mensagem mais alta. A morte coletiva e teatral dos sonhos militares, desejada como coroamento da vida, cede lugar à glória intransferível da morte solitária, sem testemunhas e sem ação em torno, significando apenas pela sua própria realidade. E nós lembramos Montaigne, quando diz que "a firmeza na morte é sem dúvida a ação mais notável da vida".

Quarta: na marinha

1. Um vago país

Le Rivage des Syrtes, de Julien Gracq, publicado em 1951, forma um curioso par com *O deserto dos tártaros*, por causa das afinidades, mas sobretudo das diferenças, que são essenciais, inclusive porque a tônica deste é existencial, enquanto a dele é política, embora de modo peculiar e mesmo inesperado.[6] Ele conta na primeira pessoa a história de um jovem aristocrata de Orsenna, Aldo, nomeado observador, isto é, comissário político, junto às magras e antiquadas forças navais teoricamente em operação no mar das Sirtes, que separa Orsenna de outro país, o Farguestão (Farghestan, no texto francês), e lembra o Mediterrâneo pela situação interior. Ele vai para o posto de comando, chamado pomposamente Almirantado como resquício dos tempos antigos de movimentação guerreira, ao lado de uma velha fortaleza arruinada, perto da cidade litorânea de Maremma.

Orsenna é uma república patrícia visivelmente inspirada em Veneza, governada por velha oligarquia cuja prosperidade foi devida ao comércio, sobretudo com o Oriente, apoiado em forte poderio naval. Agora está parada e decadente, guardando o tom

---

[6] Há tradução de Vera Harvey, *O litoral das Sirtes*. Rio de Janeiro: Guanabara, 1986.

refinado das civilizações muito maduras em face de um Farguestão que talvez seja vitalizado pela força apenas vislumbrada dos seus povos primitivos, e cujo nome lembra países ou regiões asiáticas: Azerbaijão, Afeganistão, Turquestão. Na parte russa deste último há uma zona chamada Fergana (Ferghana, antes da ortografia simplificada), que foi dominada por árabes, persas, mongóis, como também o foi Rhages, localidade da antiga Pérsia que no romance é nome de uma cidade importante do Farguestão, situada perto do vulcão Tengri, designação dada pelos mongóis ao céu concebido como divindade única. Além desses traços orientais, vagas alusões da narrativa deixam ver que os farguianos (referidos pela retórica oficial de Orsenna como "os infiéis", tradicional denominação dada aos muçulmanos pelos cristãos) são de pele escura, sofreram invasões mongólicas e que há no país nômades sarracenos, o que introduz um toque de África do Norte. Isto seria geograficamente compatível com um país situado no outro lado do mar mediterrâneo das Sirtes, que na realidade é o nome de um golfo da Tunísia. Nos confins de Orsenna há lugares de nomes palestinos, como Engadi e Gaza, além de desertos e grupos nômades, sem falar que nas partes meridionais manifestam-se tendências messiânicas, uma religiosidade apocalíptica, ritos orientais, visionários e profetas. E como os dois países podem comunicar-se por terra em certas regiões, o leitor sente em tudo isso um espaço de encontro entre Ocidente e Oriente, através da mediação veneziana de um Estado que os vincula pela atividade mercantil.

E também pela rivalidade armada, pois Orsenna e o Farguestão lutaram muito e têm um passado de guerras. Entre ambos nunca se oficializou a paz, mas há trezentos anos reina uma espécie de armistício tácito. A palavra de ordem é não falar no Farguestão, não sair das águas territoriais e deixar tudo como está. A história de Orsenna parece estagnada como as lagunas de onde emergem a sua capital e a cidade de Maremma.

Este traço veneziano é reforçado por vários outros, que o leitor vai anotando, como: são italianos todos os nomes de pessoas e lugares; a aristocracia ocupa os cargos públicos, e se o chefe do executivo é *podestà*, não doge, houve um deles no passado que se chamou Orseolo, nome de uma família histórica de Veneza que forneceu mais de um doge. Assim como a aristocracia veneziana tinha as suas casas de campo ao longo do canal de Brenta, as da aristocracia de Orsenna ficavam nas margens do rio Zenta. Também à maneira de Veneza a designação do governo é Senhoria e há colegiados temíveis, lembrando o Conselho dos Dez (aqui, o de Vigilância). E ainda: em Orsenna a espionagem é normal, a delação é um serviço público e sabe-se de tudo por vias oblíquas. Até o grande pintor nacional se chama Longhone, composição feita provavelmente a partir dos nomes famosos de dois pintores venezianos de épocas diferentes: Longh(i) e (Giorgi)one.

Estes dados, que o leitor vai inferindo e ordenando aos poucos por conta própria a partir de uma narrativa marcada pela dispersão ou imprecisão das referências, mostram que a intenção de Julien Gracq é diferente da de Dino Buzzati: em vez de montar um drama do ser individual, ele esboça uma sociedade, um Estado e uma complicada trama política. *O litoral das Sirtes* é um tipo raro de narrativa, onde o indivíduo e a sociedade se desvendam reciprocamente como dois lados da realidade, segundo uma técnica aparentemente o mais inadequada possível para sugerir mecanismos políticos, pois nela reinam a alusão, a elipse, a metáfora, gerando um universo de subentendidos e informações tão fragmentárias quanto obscuras. Parece que o intuito é fazer de Aldo alguém coextensivo ao país e sugerir a realidade a partir do mistério, como se tudo fosse alegoria ou símbolo; como se as pessoas, cenas, lugares estivessem meio dissolvidos num halo magnético do tipo que o Surrealismo cultivou.

A este respeito, é correta a observação de Maria Teresa de Freitas, para quem o livro oscila entre Realismo e Surrealismo, tendo do primeiro a deliberação de verossimilhança ficcional e do segundo o emprego de uma visão transfiguradora, organizada em torno de situações marcadas pela "decadência", o "insólito", a "espera" e o "encontro".[7] De qualquer modo, esse esfumado país nada tem de literariamente análogo a outros também inventados, mas de enquadramento realista, como a Costaguana, do *Nostromo* de Joseph Conrad, tão palpável e definida apesar dos toques simbólicos.

Isso mostra que *O litoral das Sirtes* é um livro mais difícil e de análise mais delicada que *O deserto dos tártaros*. Enquanto este é curto e seco, deixando-se ordenar pelo crítico segundo um esquema plausível, ele é abundante e úmido, fugidio, sem índices evidentes, necessitando releituras atentas para podermos sentir que cada linha é carregada de sentido e forma o elo de uma cadeia perdida na bruma narrativa, despistadora e insinuante. Com efeito, as releituras mostram no subsolo do texto a concatenação latente, que não é formada pela articulação necessária com o momento anterior, mas obedece a algo ominoso, regido por causalidade estranha.

Lida assim a narrativa parece uma caminhada obsessiva, quase fatal, justapondo sugestões que levam Aldo a transformar o possível em realidade concreta: ao atravessar o limite proibido das águas territoriais de Orsenna e chegar às costas do Farguestão ele interrompe o velhíssimo armistício virtual e uma imobilidade de trezentos anos.

Tendo este ato como eixo, o livro se organiza em duas partes, a primeira ocupando dois terços e a segunda um terço.

---

[7] Maria Teresa de Freitas, *Fiction et surréalisme dans Le Rivage des Syrtes de Julien Gracq*, dissertação de Mestrado, Universidade de São Paulo, 1974, pp. 56-158 (mimeografada).

Antes, foi o misterioso preparo indefinido; depois, serão as consequências, também indefinidas.

O comandante da flotilha e da estação naval, capitão Marino, sente uma vaga inquietude com a presença de Aldo. Ele é um homem bovino e leal, servidor perfeito que encarna a tradição de prudência imobilista adotada pela república estagnada. Os seus marinheiros foram transformados em mão de obra agrícola para as fazendas da região, por meio de contratos que ele administra como homem da terra, a cavalo, de bota e espora. Nesse quadro a presença de Aldo cria alguma coisa nova, e a partir da segunda leitura percebemos que, embora não tivesse recebido instruções definidas nem alimentasse qualquer intuito perturbador, ele vai sendo levado surdamente a quebrar a rotina. Isso afina com a circunstância de ter havido em Orsenna certa mudança no seio da oligarquia, dando influência a pessoas irrequietas e mesmo suspeitas, como o príncipe Aldobrandi, membro de uma família cheia de traidores e rebeldes, que estava no exílio e voltou. Nomeado nesta fase nova, Aldo, mesmo inconsciente do que representa, traz o halo inquietador que interfere na estabilidade encarnada em Marino.

2. Encaminhamento

Portanto, *O litoral das Sirtes* é construído como Encaminhamento do ato, e depois como Consequência do ato. Tudo se ordena em função deste e a narrativa, em toda a primeira parte, consiste numa progressão obscura mas decisiva que conduz a ele, segundo uma estrutura ondulatória na qual cada ocorrência é mais carregada de destino do que a anterior, desfechando no cruzeiro ao Farguestão.

O primeiro indício premonitório é a visita de Aldo à Sala dos Mapas, na qual se sente estranhamente desnorteado, sob a influência de um efeito igual ao que as estepes russas exercem sobre a bússola. As cartas marítimas o fascinam, com a linha cheia marcando o limite permitido à navegação. Pouco adiante surge um segundo sinal, quando, deitado à noite na praia, vê um barco suspeito deslizar ao longo da costa, numa quebra da rotina de que dá notícia a Marino, contrariando--o bastante, pois na quietude trissecular qualquer novidade é incômoda. A seguir, passeando a cavalo até as ruínas de Sagra, Aldo vê o tal barco (que é clandestino, pois não traz a placa obrigatória na popa) ancorado perto de uma casa onde há gente armada, mostrando que a paragem é provavelmente esconderijo ou ponto de encontro. Entra então em cena a princesa Vanessa Aldobrandi, que lhe pede silêncio a respeito deste achado. O leitor pressente que alguma coisa se prepara, envolvendo um membro da perigosa família que tanto mal já causou a Orsenna. Mas Aldo não só faz o que a amiga pede, como passa a frequentar o seu palácio de verão em Maremma, com os outros oficiais do Almirantado, envolvendo--se pouco a pouco numa relação amorosa. O policial Belsenza lhe conta que Maremma está cheia de boatos. Quais, não ficamos sabendo nunca, nem chega a configurar-se qualquer informação; mas intuímos de algum modo que concernem ao Farguestão. Nas palavras de Vanessa tudo vai ganhando um ar premonitório, no entanto Aldo continua frequentando e amando este rebento de traidores. Que há problemas no ar é sugerido pelo fato dos principais empregadores da mão de obra oficial não quererem renovar os contratos. Para ocupar os marinheiros ociosos, um dos oficiais, Fabrizio, propõe empregá--los para limpar e melhorar as condições da fortaleza abandonada, o que é feito como se ela estivesse sendo preparada para funcionar. Depois de limpa e clara ela se destaca das tonalidades cinéreas ou trevosas que predominam no livro e os oficiais hesitam, significativamente, em compará-la a um vestido de noiva, ou a um sudário.

Cumprindo as obrigações, Aldo tinha escrito à Senhoria sobre os boatos de Maremma, assinalando que não lhes dava grande importância. A resposta oficial é nebulosa e ambígua: o governo quer que acredite nos rumores; e insinua de maneira esconsa que o limite permitido para a navegação não precisa ser tomado ao pé da letra. Mas ao mesmo tempo, contraditoriamente, reprova os trabalhos de reforma. Em face desse estilo burocrático escorregadio Aldo percebe que alguma coisa pode acontecer. É então que Vanessa o convida para um cruzeiro e o leva até a ilha de Vezzano, no mar das Sirtes, a terra mais próxima da costa do Farguestão.

Nessa altura, tempo de Natal, há grande fermentação em Maremma. No povo, os adivinhos profetizam; na aristocracia, há um sentimento obscuro de catástrofe pendente; na igreja de São Dâmaso, onde floresce velho rito oriental, o padre faz uma inquietadora pregação apocalíptica. O velho Carlo, o mais importante dos fazendeiros empregadores da mão de obra do Almirantado, que não renovou o contrato, manifesta o mesmo sentimento de premonição aziaga. Marino, a força da prudência tradicional, está ausente, em viagem à capital, e os jovens oficiais se reúnem num "último jantar". Aldo e Fabrizio saem então para um cruzeiro que deveria ser de rotina e Aldo dá ordem para ultrapassar a linha proibida, prosseguindo em ritmo de exaltada embriaguez da alma até Rhages, onde são recebidos com alguns tiros de canhão. Mas visivelmente estes não passam de uma salva de aviso, e é curioso que o navio parecia esperado, pois de outro modo não haveria como identificá-lo na escuridão da noite, nem as baterias estariam de prontidão depois de trezentos anos de tranquilidade. Houve portanto um misterioso encontro de intenções, talvez uma espécie de entendimento tácito dos dois países para romper a trégua trissecular. A partir da segunda leitura, torna-se evidente que a desobediência de Aldo foi obediência a sugestões externas casadas a impulsos dele; e que ela é o eixo da narrativa, organizada em torno da sua lenta motivação. Torna-se evidente também que Marino é a velha Orsenna parada e Aldo o agente das tendências novas de uma Orsenna disposta a estranhas aventuras. Mas é preciso não concluir da minha descrição que a narrativa proceda com esta clareza. Pelo contrário, nada é explícito e tudo vai indo por tateios. Que boatos estão circulando? O que é anunciado pelos visionários? Quais as indicações catastróficas do padre? A que acontecimentos possíveis se refere o velho Carlo? Vanessa tem algum propósito definido? O governo quer ou não quer o ato de Aldo? Aldo quis ou não quis executá-lo? Aflitivamente, o leitor só dispõe de sugestões vagas, que vão surgindo nas ondas sucessivas do relato e ganham sentido com a explosão do ato transgressor. A narrativa insinuante e opulenta, flutuando entre imagens carregadas de implicações, escorre como um líquido escuro e magnético no rumo de catástrofes possíveis, à vista de um horizonte selado pela morte.

3. Consequências

Nesse livro os personagens dúbios entram em cena de maneira imperceptível, como é o caso do enviado do Farguestão, vulto impreciso que parece brotar diante de Aldo, e que este reconhece como alguém ligado ao Palácio Aldobrandi, provavelmente um barqueiro que já o conduzira. Era portanto um espião dentro de Maremma, e vem agora, escuro na sala escura, sugerir que Aldo apresente desculpas pela transgressão a fim de evitar represálias. Mas ao mesmo tempo impede que isto aconteça, porque afirma que nem todos, isto é, Orsenna, merecem o fim glorioso de uma guerra. Deste modo ele suscita o brio e fixa Aldo na atitude assumida. Do seu lado, Vanessa, que vai desaparecer da narrativa, lhe faz sentir que ele e ela não passaram de instrumentos, e o importante é caminhar conscientemente para a morte. Aldo perceberá mais tarde que Vanessa lhe "foi dada como guia", e que depois de "entrar na sua sombra" ele passara a atribuir "pouco valor à parte clara do [...] espírito: ela pertencia ao sexo que empurra com toda a sua força as portas da angústia, ao sexo misteriosamente dócil e antecipadamente de acordo com o que se anuncia para além da catástrofe e da morte". Perceberá ainda que *todos são instrumentos*, inclusive os capazes de traição por conta própria, como o pai de Vanessa e seus comparsas, e que ele apenas executara um desígnio profundo da própria Orsenna à busca de outro rumo. Diante disso não espanta o suicídio de Marino, que volta cansado, sem reprovações, pronto para a morte inevitável de quem representa uma fase ultrapassada. Quando ele pula da torre na lagoa, perdendo-se simbolicamente no lodo, é como se levasse junto a velha Orsenna imobilista.

Na capital, para onde Aldo voltou, o amigo Orlando lhe diz que o cruzeiro foi uma coisa sem importância nem consequência, e tudo permaneceria como sempre. Mas numa entrevista suprema com o velho Danielo, um dos dirigentes do país, fica evidente que ele de fato cumpriu o que a Senhoria desejava sem formular. Orsenna tinha necessidade de precipitar alguma coisa nova, e (diz expressamente o estadista) se Aldo não existisse ela o inventaria, como inventaria o perigoso pai de Vanessa. Do lado das Sirtes estava o que havia de perturbador, e portanto de renovador. A sua missão visava no fundo a transformá-lo em estopim de uma eventual catástrofe, desejada por ser talvez o meio de sacudir o torpor da velha República. Na verdade Aldo fora instrumento do destino de Orsenna, e então é mandado de volta ao seu posto, agora com função de comando, a fim de preparar o provável estado de guerra.

No entanto este não é o verdadeiro fim do livro. Fiel ao tom geral da narrativa, o narrador para nessa suspensão inconcludente, que é um toque vago a mais; mas o leitor atento sabe que o desfecho estava dissimulado numa frase casual a meia altura da narrativa, pouco antes de Aldo aludir à sua "detestável história": "[...] o véu de pesadelo que se ergue para mim do rubro clarão da minha pátria destruída". Guardemos por enquanto na lembrança a cor deste clarão e verifiquemos que no enredo latente do livro o cruzeiro ao Farguestão provocou entre os dois países uma guerra oculta por elipse, cujo desfecho foi a destruição de Orsenna, isto é, a catástrofe depois de três séculos de expectativa. A expectativa que era a lei da Fortaleza Bastiani em *O deserto dos tártaros* e da China atrás da muralha de Kafka. Da nevoenta exposição do narrador emergiu o vulto da destruição total (apenas num desvão do texto), como o sentido emerge da alusão e da elipse.

4. Metáforas e significados

A atmosfera de imprecisão é singularmente reforçada pelo ambiente ficcional. A ação decorre quase sempre à noite, tudo são horizontes pardacentos, salas escuras, terra e vegetação cinzentas. É visível o gosto romântico, que os surrealistas herdaram, pela escuridão melancólica, a lua e os palácios sombrios, as janelas altas abrindo para o mar ou a noite estrelada, os castelos em ruína, os corredores lôbregos, as princesas aventurosas e os aristocratas rebeldes. A época é imprecisa, mas há um possível automóvel sugerido pelo ruído do motor, como toque moderno no espaço intemporal e descolorido.

Na verdade, a única nota de cor é o vermelho, já sugerido na divisa da República: "Perduro no sangue dos vivos e na prudência dos mortos" (*In sanguine vivo et mortuorum consilio supersum*). Ele irrompe no selo do Estado ou na citada imagem do clarão final da sua queda, mas sobretudo num sistema de metáforas que traçam a rota indefinível da calamidade. O leitor percebe então que a coerência do livro deve ser procurada mais nas metáforas do que nos enunciados fugidios ou nas alusões vagas.

A primeira aparição metaforizada do vermelho se dá na vasta Sala dos Mapas, onde Aldo gostava de consultar as cartas marítimas espalhadas sobre a mesa enorme, posta em cima de um estrado que a destaca. Na parede, atrás, pende como mancha de sangue o estandarte vermelho da nau capitânia que três séculos antes bombardeara as costas do Farguestão. É o estandarte do padroeiro de Orsenna, são Judas, ambiguamente simbólico, quem sabe um estímulo obscuro para eventuais transgressões, porque alude indiretamente ao apóstolo traidor. Ele parece apontar para os mapas, nos quais Aldo examina fascinado a linha também vermelha que marca o limite intransponível das águas territoriais. Quando mais tarde percebemos que ele foi enviado para transpô-la, compreendemos que o estandarte é o próprio dedo imperioso da Senhoria, marcando o seu destino como encarnação do destino da República. Desde a Sala dos Mapas tudo estava traçado pelas duas indicações complementares dotadas de força metafórica, o estandarte que sugere a transgressão e a linha que se levanta como barreira. Da filigrana do texto começa a destacar-se o traço de uma política figurada, e eu lembro o conceito de Maria Teresa de Freitas, na página 39 do citado estudo: "O romance surrealista ideal seria um relato cujo desenrolar fosse obediência ao poder e à direção implícita das imagens, agrupadas em acontecimentos".

Outro empurrão misterioso ocorre adiante, quando, na primeira visita ao Palácio Aldobrandi, em Maremma, Aldo, apesar de só com Vanessa, sente uma *presença* indefinível, que verifica de repente ser a do retrato de um antepassado da moça, o traidor Piero Aldobrandi, defensor das fortalezas de Rhages contra a sua própria pátria. A descrição deste quadro, obra-prima do pintor Longhone, é dos momentos mais belos do livro. Depois de descrever o fundo, com a paisagem fargueana convulsionada pelo combate, mas ao mesmo tempo pacificada pela serenidade estética da fatura, o narrador se fixa na figura central:

> Tudo o que só a distância assumida pode comunicar de cinicamente natural aos espetáculos da guerra refluía então e vinha exaltar o inesquecível sorriso do rosto, que surdia da tela como um punho estendido e parecia vazar o primeiro plano do quadro. Piero Aldobrandi, sem capacete, trazia a couraça preta, o bastão e a faixa vermelha de comando que o amarravam para sempre a esta cena de carnificina. Mas ao voltar as costas para ela o vulto a diluía na paisagem com um gesto, e o rosto distendido por uma visão secreta era o emblema de um desapego sobrenatural. Os olhos semicerrados, com sua estranha mirada interior, boiavam num êxtase pesado; um vento de além do mar agitava o cabelo crespo, dava ao rosto uma castidade selvagem que o remoçava. Num gesto absorto, o braço de metal polido com reflexos sombrios levantava a mão à altura do rosto. Entre as pontas dos dedos da manopla guerreira, carapaça quitinosa cujas articulações tinham a crueldade e a elegância de um inseto, num gesto de graça perversa e meio amorosa, como se lhe aspirasse a gota de perfume supremo pelas narinas frementes, com os ouvidos fechados ao trovão dos canhões, ele esmagava uma flor sangrenta e pesada, a emblemática rosa vermelha de Orsenna.
>
> O aposento desvaneceu. Meus olhos se pregaram nesse rosto, surdido da gola cortante da couraça numa fosforescência de hidra renascida e cabeça decepada, parecendo a ostensão ofuscante de um sol preto. Sua luz se erguia sobre um inominado além de vida remota, criando em mim uma espécie de aurora sombria e prometida.

Obviamente, na cadeia de inculcamentos estranhos que começam a envolvê-lo, este é um momento-chave no qual Aldo pressente algum vago papel que lhe cabe na névoa do futuro, fazendo o leitor pensar no lema heráldico dos Aldobrandi: *Fines transcendam* (Ultrapassarei os limites). No palácio da perigosa família, enredado na sedução de Vanessa, ele contempla a imagem simbólica da traição que pode resultar em catástrofe para Orsenna, representada no quadro pela rosa vermelha prestes a ser esmagada nos tentáculos do artrópode formado pela luva de guerra, para a qual convergem o movimento da cena e a disposição feroz do antepassado trânsfuga, cingido pela faixa vermelha. Vermelho dos comandos, vermelho de barreira, vermelho de transgressão, vermelho de catástrofe se ordenam a partir da evocação sangrenta da divisa de Orsenna e do seu rubro emblema floral, num sistema metafórico que mostra os significados do livro. No meio, como instrumento nas suas malhas, Aldo representa em cenário cheio de toques surrealistas o drama da Tentação, a que alude no fim do romance o velho estadista Danielo, justificando implicitamente o seu ato infrator: "O mundo floresce por meio daqueles que cedem à tentação. O mundo só se justifica às custas da própria segurança".

Em casos clássicos, como os de Fausto e Peter Schlemihl, a tentação possui caráter alegórico relativamente simples, porque, embora possa ser visto como projeção do tentado, o tentador assume identidade definida (Mefistófeles, o Homem de casaca cinzenta) e corresponde a uma situação estritamente pessoal. Em *O litoral das Sirtes* a tentação se manifesta como aprofundamento das contradições interiores e assume a forma exterior de múltiplos agentes, que não têm a função única nem definida de tentar, e podem ser uma mulher sedutora, como Vanessa, um quadro simbólico, os boatos trazidos pelo policial Belsenza, as instruções sibilinas do governo, tudo afinado surdamente com os impulsos de Aldo, que o aproximam, sem que ele suspeite, dos atos de transgressão. Por isso a sua personalidade dividida é a mola principal, de um lado; mas, de outro, a caixa de ressonância duma conjuntura histórica. Uma coisa depende da outra.

Seria de fato impossível imaginar a ruptura do statu quo a partir de Marino, por exemplo, com a sua fidelidade maciça. Sendo como é, Aldo vem a ser no fundo cúmplice permanente das forças que o solicitam, e isso confere necessidade ao seu ato. É o que sugere Danielo na entrevista final, quando diz que a transgressão puxou para a luz do dia uma parte oculta da sua personalidade (que com certeza precisava manifestar-se). Conclui-se que a transgressão deu a esta uma unidade que sem ela não seria atingida. De maneira mais complexa do que em *O deserto dos tártaros*, aqui o ser está ligado aos outros, ao meio, à história. Aldo se incorpora a Orsenna, que existe o tempo todo como força e limite dele próprio. Graças a isto a longa espera deságua no risco assumido, que desfechou numa negação suprema, a destruição do Estado, obscuramente desejada como possibilidade de pelo menos provocar um sinal de vida na sociedade parada.

III.
Fora do esquadro

Por causa do remadô,
Madô madô,
Que remou contra a maré,
Maré maré!

Canção popular

Carta marítima

I

Antônio Pereira de Sousa Caldas, carioca, nascido em 1762 e falecido na sua cidade em 1814, depois de ter vivido quase sempre em Portugal, escreveu em 1790 uma obra singular que só foi publicada em 1821 e não merece o esquecimento onde caiu: *Carta dirigida a meu amigo João de Deus Pires Ferreira, em que lhe descrevo a minha viagem por mar até Gênova* (costumo chamá-la simplesmente *Carta marítima*).[1] É um escrito de cunho burlesco e alegremente satírico, que, além de conter alguns toques políticos e sociais, abre certa perspectiva sobre a renovação eventual da literatura, de maneira original e eu diria mesmo única naquela altura em nossa língua.

Em 1781, sendo estudante em Coimbra, Sousa Caldas foi denunciado como "pedreiro livre", preso com diversos outros, inclusive o patrício Francisco de Melo Franco, e condenado em auto da fé penitencial sob a acusação de "herege, naturalista, deísta e blasfemo".[2] Trancado num convento para limpar a alma de ideias perniciosas, dizem os biógrafos convencionais, como Januário da Cunha Barbosa e Pereira da Silva

---

1 Encontra-se nas suas póstumas *Obras poéticas*, 2 v. Paris: Rougeron, 1820-1821, t. 2, "Poesias sacras e profanas etc.", pp. 196-230.   2 Teófilo Braga, *História da Universidade de Coimbra*, 4 v. Lisboa: Tipografia da Real Academia das Ciências, 1892-1902, v. III, p. 642.

(tomando por verdade o que era com certeza truque para esquivar a perseguição), que saiu *regenerado*. Mas o fato é que logo a seguir escreveu a "Ode ao homem selvagem", cujo teor é mais subversivo do que nunca para os padrões do tempo e cuja gênese conhecemos graças a uma informação de Francisco de Borja Garção Stockler, grande amigo que preparou a referida edição póstuma.

Conta Stockler (numa nota do volume 2, pp. 131-2) que no ano de 1784 os dois discutiam sobre a filosofia de Jean-Jacques Rousseau, defendida ardorosamente por Sousa Caldas e contestada por ele. Decidiram então fazer cada qual o seu poema em apoio ao respectivo ponto de vista, resultando a ode pindárica de Caldas, pró-Rousseau, e a dele, horaciana, contra. Mas a de Stockler não preenche o fim, pois o seu argumento é que a base de tudo no mundo é o amor, mola dos atos, sentimentos e concepções. Ao contrário dessa banalidade incaracterística, pessimamente desenvolvida, o incisivo Caldas manifesta consciência política definida e avançada, mostrando que a punição inquisitorial não mudara as suas convicções. Nesta ode ele celebra a liberdade e desqualifica as leis vigentes como instrumentos de opressão, opondo-lhes a lei que a natureza instituiu:

> Que montão de cadeias vejo alçadas
>   Com o nome brilhante
> De leis, ao bem dos homens consagradas!
> A natureza simples e constante,
>   Com pena de diamante,
> Em breves regras escreveu no peito
> Dos humanos a lei, que lhes tem feito.

Em face desta lei natural, diz que devem tremer os "reis da terra", os "déspotas" que sucederam à idade feliz, quando reinava a inocência:

Nu, mas de graça e de valor vestido
O homem natural não teme a dura
   Feia mão da ventura:
No rosto a Liberdade traz pintada
De seus sérios prazeres rodeada.

É claro, portanto, que continuava partidário daquilo que o prudente Stockler chama "o paradoxo de Rousseau", a ponto de terminar a ode dizendo que o aparecimento da propriedade trouxera a multidão dos erros e dos vícios, pois

De tresdobrado bronze tinha o peito
   Aquele ímpio tirano,
Que primeiro, enrugando o torvo aspeito,
Do *meu* e *teu* o grito desumano
   Fez soar em seu dano.

Na estrofe final, acha, além disso, que a própria criação poética perdera as possibilidades mais altas ao se tornar louvor dos poderosos:

   Cobriram-se as Virtudes
Com as vestes da Noite; e o lindo canto
Das Musas se trocou em triste pranto,
   E desde então só rudes
Engenhos cantaram o feliz malvado,
Que nos roubou o primitivo estado.

Para avaliar a carga de inconformismo na posição de Caldas, basta lembrar que naquele tempo, em Portugal, a simples leitura da obra de Rousseau podia levar à cadeia.

No ano seguinte ao da composição deste poema, 1785, correu em cópias manuscritas anônimas *O reino da estupidez*, de Francisco de Melo Franco, que causou certo escândalo, tendo sido Caldas apontado como um dos prováveis autores. A atribuição não tinha fundamento, mas serve para mostrar como ele era considerado capaz de pensamentos e atos passíveis de castigo. Em 1790, numa viravolta surpreendente para a perspectiva de hoje, foi a Roma abraçar o estado eclesiástico e lá recebeu de fato as ordens sacras (a *Carta marítima* descreve a viagem até Gênova, de onde seguiu por terra). Acabara aparentemente o inconformado e começava o devoto convencional, mas só aparentemente.

A realidade se reflete num ofício de 1801 do ministro d. Rodrigo de Sousa Coutinho ao vice-rei do Brasil, informando que Caldas vinha aqui visitar a mãe e era conveniente vigiá-lo, por ser homem de ideias perigosas. Eis o documento na íntegra:

> O Príncipe Regente Nosso Senhor manda recomendar a V. Excia. muito particularmente, que examine com a maior severidade a conduta de todos os Indivíduos, que passam deste Reino para essa Capitania, e quais sejam as suas opiniões Religiosas e Políticas; e logo que V. Excia. venha no conhecimento, ou justa desconfiança de que eles são propensos aos falsos princípios, que desolam a França, ou mostram disposições de desunirem entre si os Vassalos de S.A.R., procederá contra eles, remetendo-os imediatamente presos para esta Capital com os processos de seus crimes. O mesmo deve V. Excia. praticar com todas as outras Pessoas inficionadas de tão perniciosos princípios, tendo nesta matéria o maior cuidado, e vigilância; pois fica responsável na Real Presença de qualquer omissão, que tenha sobre um tão importante objeto.
>
> Advirto V. Excia., que para essa Cidade partiu o Presbítero Antonio Pereira Caldas com o destino de ir ver sua Mãe: Este sujeito foi aqui considerado alternativamente como santo, e como

Jacobino, deixando uma reputação muito equívoca do seu caráter; e como ele é Pregador, e eloqüente, fazendo-se por isso temível, quando tenha más disposições, recomendo a V. Excia. toda a vigilância a seu respeito.

Deus guarde a V. Excia.
Palácio de Queluz em 12 de março de 1801.
    D. Rodrigo de Sousa Coutinho.
Sr. Conde de Rezende d. José de Castro.[3]

A relação dos dois parágrafos sugere que o segundo seja uma espécie de exemplificação do primeiro, isto é, Sousa Caldas é apresentado como alguém suspeito de simpatia pelos "falsos princípios", evocados justamente para fundamentar a ordem de vigiar a sua conduta no Rio de Janeiro. Portanto, a carreira eclesiástica não abafou o seu liberalismo, o que aliás aconteceria também com outros sacerdotes brasileiros do tempo. Tanto assim, que apesar da atuação religiosa, inclusive como pregador famoso, a sua última obra é uma série de ensaios políticos e sociais onde manifesta uma liberdade de pensamento e uma visão avançada só comparáveis às de Hipólito da Costa na mesma altura. São as *Cartas* de um persa fictício, Abdir, a outro, Irzerumo, compostas de 1812 a 1813 em número de pelo menos 51, das quais sobraram infelizmente apenas cinco, duas publicadas em 1841 na *Revista do Instituto Histórico* e as outras três só em 1964 por Alexandre Eulálio na *Revista do Livro*, com um excelente comentário.

---

[3] Apógrafo conservado no Instituto Histórico e Geográfico Brasileiro, Lata 8, Documento 40.

2

A *Carta marítima* é uma espécie de eixo na vida e na obra de Sousa Caldas. Cronologicamente, 1790 dista 28 anos do seu nascimento e 24 da sua morte, ou seja, está no meio do tempo que viveu. Quanto às ideias e convicções que nutrem os seus escritos, situa-se como divisor entre a atividade de *subversivo*, condenado por ferir as ideologias dominantes, e a atividade de sacerdote, na qual ia ingressar. Como teor literário, é o seu único escrito onde aparecem a alegria cômica e a irreverência, quebrando o tom *elevado* de todos os outros, nos quais domina uma seriedade invariável, enquanto nela os tons se misturam e confundem, como se misturam prosa e verso, com uma graça corrosiva que a torna a sua melhor obra e uma obra de relevo na literatura brasileira. O filete satírico corre nela fundido a outros, combinando-se ao cômico, ao político, ao lírico e até ao religioso, numa admirável integração. Antes, Sousa Caldas fizera poemas *profanos*, como a ode a Pigmalião. Depois escreveu os poemas religiosos e traduziu parte dos *Salmos* de Davi, terminando como vimos pelas Cartas de Abdir a Irzerumo.

A fisionomia singular da *Carta marítima* é devida antes de mais nada ao fato de ser ela composta em verso e prosa alternados, enquanto muito da sua eficiência provém da ligação indissolúvel do elemento narrativo com o elemento ideológico, de maneira a dar grande comunicabilidade ao pensamento. Ela é um texto singular não apenas pela raridade do gênero, mas pela composição e a ousadia das ideias, sobretudo levando em conta que estas eram enunciadas por um moço que ia ser padre. Além do mais, vista de hoje é como se, ao contrário dos escritores da nossa língua naquele tempo, Sousa Caldas tomasse partido pelos "modernos", participando virtualmente na famosa querela destes com os "antigos", que, apesar de localizar-se na França do fim do século XVII ao começo do

XVIII, em sua manifestação *oficial*, percorre explícita ou implicitamente as literaturas ocidentais pelo século afora, até estourar mais tarde no Romantismo com o triunfo definitivo dos "modernos".

Há muitos anos, quando chamei a atenção sobre a *Carta*, eu disse que se inspirava quanto à solução formal no *Templo do gosto*, de Voltaire; mas estava errado. A fonte comum é mais antiga e mencionada pelo próprio Caldas quando diz que, desejando dar aos amigos notícia da sua viagem, lembrou de Chapelle e Bachaumont. Estes dois são autores de uma divertida carta em prosa e verso ao marquês e ao conde de Broussin (composta em 1656 e que eu ignorava quando sugeri aquela filiação), descrevendo certa viagem que fizeram pelo sul da França.[4] Por falta de informação, não sei se foram eles os inventores desta modalidade ambígua, formalmente audaz para um tempo de rigorosa distinção dos gêneros, que ambos subverteram ao misturar prosa e verso em composição deste tipo. De fato, tal mistura ocorria em certos romances pastorais (como a *Diana*, de Jorge de Montemor), mas não nas epístolas.

Aqui surge todavia um problema: Sousa Caldas sugere que Bachaumont e Chapelle foram o seu modelo, mas alude à viagem deles como a de dois bebedores percorrendo as famosas regiões vinícolas de Champanha, Borgonha e Bordéus, quando na verdade só passaram por esta última e na sua obra não há insistência nas bebidas, que entram episodicamente como elemento da jornada de dois notórios epicuristas. Teria Sousa Caldas exagerado arbitrariamente para efeito cômico, e para justificar a inclusão de um trecho sobre certa confraria de beberrões supostamente nascida em Coimbra (pormenor de boemia estudantil que não consigo verificar)? Ou teria tido apenas

---

4 "Voyage de Chapelle et de Bachaumont", *Oeuvres de Chapelle et de Bachaumont*. Nouvelle édition etc. Paris: Jannet, 1854, pp. 47-99.

notícia da obra francesa sem a ter lido, resolvendo aproveitar pelo rumo a sua solução formal? Não importa. Importa, sim, que tenha adotado uma fórmula raríssima, como fizera Voltaire com outro espírito e outras intenções no *Templo do gosto*, que é de 1731 e não se apresenta como epístola, mas como simples narrativa. O texto de Sousa Caldas está mais próximo do de Chapelle e Bachaumont, que foi motivado por uma viagem real, como a sua, descrita e comentada com irreverência e senso de humor, enquanto Voltaire fez um ensaio de crítica literária sob a forma de viagem imaginária ao fictício templo do bom gosto.[5]

(Entre parênteses, lembro que a função histórica dos três textos é diversa. Num tempo de esplendor clássico — século XVII na França — Chapelle e Bachaumont, ao adotarem um modo irregular de compor epístolas, estavam preservando a liberdade que fora viva na primeira metade do século, mas depois recebera o freio de muitas normas, sobretudo da poética estrita de Malherbe. A escolha formal faz deles um par de divertidos heterodoxos, ao lado do esquadrão compacto da literatura dominante. Setenta e cinco anos depois o texto de Voltaire parece representar algo oposto: nele, é como se a já sovada estética do Classicismo francês se inteiriçasse, procurando — de modo contraditório, pois utiliza uma composição formalmente heterodoxa — congelar o gosto literário segundo os modelos consagrados. Quase sessenta anos depois de Voltaire, Sousa Caldas utilizou a epístola mesclada para sugerir o esgotamento da estética neoclássica e anunciar a necessidade de uma renovação, como veremos daqui a pouco. E aproveito para assinalar que a meu ver dos três textos o brasileiro é o melhor.)

A escolha formal de Sousa Caldas foi perfeita. Variando os metros e entremeando a sua prosa lépida, que serve de

---

[5] A melhor edição que conheço é: *Voltaire, le Temple du Goût*. 2. ed. Édition critique par E. Carcassonne. Genebra: Droz; Paris: Giard, 1933.

base reguladora, ele pôde dar à *Carta* um movimento constante, ajustado à combinação de alegria solta e densa reflexão. Os metros são na maioria absoluta o flexível setissílabo, cheio de variações nas tônicas e nas rimas, e o tetrassílabo dançarino, tratados e alternados de maneira tão habilidosa que parecem sugerir a movimentação do mar, com as suas ventanias e marolas, suas calmarias e tempestades. Mas quando é preciso, surgem as cadências mais secas do hexassílabo e do decassílabo heroico, como é o caso do poema de louvor a Deus, que interrompe por um momento o arabesco móvel do discurso.

3

O poeta narra ao amigo os diversos momentos da viagem: a saída de Lisboa, o romper do sol e um nevoeiro, explicados alegoricamente com recurso à mitologia; a desventura do prático da barra, cuja embarcação desarvora; afinal a navegação em alto-mar, sempre misturando observação e fantasia. Assim é que o navio se vê ameaçado por um tritão agressivo antes de chegar ao estreito de Gibraltar, a cujo famoso cerco (ainda recente naquela altura) o poeta alude, louvando o seu defensor Elliot. No Mediterrâneo enfrentam uma calmaria também representada alegoricamente, depois de uma ventania desencadeada por tritões e seguida pela tempestade, após a qual vem a bonança. Afinal o poeta chega a Gênova, porto de destino e etapa na viagem até Roma.[6]

O princípio de composição da *Carta* é a combinação do elemento ideológico com o elemento fabulativo, de maneira que ambos se fundem numa sequência onde os fatos são ocasião

---

[6] O leitor poderá ir consultando o texto integral da *Carta*, que transcrevo em apêndice, acrescentando algumas notas elucidativas.

para manifestar ideias, e as ideias emanam por assim dizer como função dos fatos. O resultado é uma narrativa que parece fluir sobretudo pela graça do toque ficcional, quebrando a tendência prosaica, frequente nos poemas que criticam a sociedade ou debatem ideias; poemas que no século XVIII foram responsáveis em parte pela decadência da poesia nas literaturas neolatinas. Na *Carta* os elementos ideológicos, em sentido amplo, podem ser divididos em dois grupos: a simpatia pela Revolução Francesa, ligada à manifestação de um espírito de cunho que se pode chamar liberal; e a crítica ao modelo cultural provindo da Antiguidade Clássica. À margem de ambos, concentrada num breve momento da narrativa, surge a manifestação de uma fé religiosa que escapa à devoção convencional para se apresentar como sentimento generoso e tolerante.

Vejamos a simpatia pela França, que significava naquele momento algo parecido com o que é hoje (1989) na América Latina o apreço por Cuba ou pela Nicarágua, isto é, um indício de opção política contrária à ordem estabelecida. Ela aparece logo no começo:

Meu Pires,
 Despontava o dia em que a meus olhos, não sem saudade, havia por alguns meses desaparecer Lisboa,

    Que merece bem o nome
De Bizâncio ocidental;
Onde o saber pouco val,
Têm valor só prata e oiro,
Branco açúcar, rijo coiro;
É melhor *ter* que virtude:
Pelo menos assim pensa
Gente douta, e povo rude.

Dir-me-á que de Londres, Amsterdã, Berlim, Viena, se pode dizer que *sicut et nos manquejam de um olho*; não duvido: de Paris por ora nada digo; espero as leis civis para ajuizar se fizeram nelas o que devem.

É então que a minha Musa,
De cantar mais ansiosa,
Ferirá de novo as cordas
De sua lira saudosa.

Entenda-se: "No meio dos interesses vulgares que dominam em toda a Europa, sem distinção de lugar, há apenas uma esperança: a constituição que os franceses estão elaborando, reunidos em Assembleia; se ela corresponder mesmo ao que se espera, isto é, uma mudança que favoreça o reino da virtude (como se dizia), aí então eu voltarei a fazer versos, porque eles encontrarão condições de receptividade num mundo menos materializado". Vê-se que Sousa Caldas esperava da nova organização política promovida pela França revolucionária uma verdadeira redenção, no sentido de promover valores mais altos. De fato, vimos atrás que uma sociedade baseada na liberdade natural lhe parecia indispensável para a poesia recuperar a sua grandeza, deixando de cantar os tiranos, como costumavam fazer os poetas sem talento, os "rudes engenhos", com os quais termina negativamente a "Ode ao homem selvagem".

Não se diga que manifesta este ponto de vista sem avaliar o seu caráter *subversivo*, pois o fim da *Carta* corresponde ideologicamente ao começo e marca de novo uma posição favorável às transformações sociais da França, inclusive denunciando os privilégios de forma hábil e pitoresca. De fato, quando o navio passa ao largo da costa francesa ele diz que não vai falar do que estava acontecendo lá, porque poderia dar vazão a sentimentos "catônicos". Este epíteto deve significar "antiabsolutistas" ou mesmo, mais particularmente, "republicanos", pois na França daquele tempo a república era encarnada com frequência nas virtudes cívicas romanas, invocando-se a respeito Bruto e Catão.[7] Trata-se portanto de manifestação da grande esperança dos liberais no começo da Revolução, que em seguida decepcionou muitos deles. Mas eis as palavras do poeta, que acabara de despachar as nove Musas numa sequência divertidíssima, cujo significado veremos daqui a pouco:

> Foram-se embora, deixando-nos todos, e muito a propósito; porque entramos no golfo de Lião que banha as costas da França; e em matéria de França, chiton. Estas Musas são faladoras, e se ficassem, poderiam inspirar-me alguns versos catônicos: o que seria coisa mui arriscada.

E a *Carta* passa a uma tirada igualitária, bem ao gosto dos partidários da liberdade com igualdade civil, dizendo que seria conveniente abolir os tratamentos honoríficos, substituindo-os pela simplicidade do tratamento usado pelos romanos, isto é, a segunda pessoa do singular, ou seja, o que se faria dali a pouco na França revolucionária, onde todos passaram a tratar-se por "cidadão" e "tu":

> Feliz o dia
> Em que a nobreza
> Do *tu* Romano
> Há de, outra vez,
> Da *Senhoria*,

---

[7] Um personagem d'*Os Maias*, de Eça de Queirós, o velho Afonso, quando moço, nos anos de 1820, queria uma república "clássica e voltairiana, com um triunvirato de Cipiões", "uma Lisboa de Catões e Múcios Cévolas".

> Do *Dom* Hispano,
> A vã grandeza
> Ver a seus pés.

Quem achar que repreender nestes últimos versos não tem razão; porque eu falo neste ponto, não como político, mas como Orador e Poeta, que se zanga muitas vezes de sacrificar enérgicos pensamentos à prolixa etiqueta dos tratamentos.

Como se vê, Sousa Caldas previne encrencas alegando que o seu ataque ao privilégio é devido a um motivo estilístico, ou seja, aliviar o discurso; mas esta prudência irônica só serve para realçar o cunho político, ao chamar a atenção sobre ele.

Note-se que naquela altura da sua vida (talvez tenha sido diferente alguns anos antes) o sentimento politicamente avançado não prejudicava o sentimento religioso, que o estava levando a professar em Roma. A vista do estreito de Gibraltar propiciara o momento religioso da *Carta*, pela evocação de Deus (chamado significativamente "Autor da Natureza"), num poema que ele define como parêntese de seriedade no meio da brincadeira que vinha fazendo. A seguir deixa clara a sua tolerância quando, diante de Ceuta, evoca os feitos portugueses do século XV, mas censurando a imposição da fé pela força:

> Estava quase empreendendo uma Ode; mas quando me lembra que estas empresas militares dos Lusitanos tinham por origem, ou pretexto, persuadir os Moiros, com a espada na mão, para abraçar uma religião adorável que ensinava a morrer pelos Moiros para os converter, não a matá-los; esfria-se-me todo o entusiasmo.

Essa liberdade de ideias afina com a segunda posição ideológica da *Carta*, isto é, o inconformismo em relação à tirania já obsoleta da literatura greco-romana, apesar de Sousa Caldas recorrer a cada momento ao arsenal mitológico, como quem, sentindo a necessidade de mudar o discurso, ainda não sabe direito como fazê-lo. Mas o fato é que nesta *Carta* a mitologia entra principalmente como velharia que virou objeto de sátira.

Já referi que antes de Gibraltar o navio fora importunado por um tritão enfurecido, num episódio que mostra como Caldas misturava habilmente narrativa e ideia. O leitor vai se deixando envolver e seduzir pela sequência burlesca dos fatos narrados, sem perceber no primeiro momento que ela se prende a uma alegre caçoada da tradição clássica, caçoada tão relevante quanto o elemento ficcional:

> Um Tritão todo coberto
> De marisco e verde limo,
> Traz somente descoberto
> O nariz agudo, e frio.
>
> Pelas ventas vem soprando
> Vento *Leste* enregelado,
> E dobra, de instante a instante,
> Seu furor endiabrado.
>
> Treme o mar encapelado,
> O baixel torcido geme,
> Mal segura o indócil leme
> O mancebo debruçado.

Que há de ser de mim, meu Pires? Em que língua hei de falar a este Tritão para abrandar a sua cólera? Português, Italiano, Latim, Francês, Inglês, é de que eu sei alguma coisa: mas quem

pode adivinhar a língua dos Tritões? Experimentemos: vou falar-
-lhes em todas elas, talvez que entenda alguma:

> Basta já, Senhor Tritão,
>   (*Não entende*).
> *Per pietà, Tritone amato,*
>   (*Menos*).
> *Triton, I can no more,*
>   (*Tempo perdido*).
> *Prudence, Seigneur Triton,*
>   (*Pior*).
> Ó Triton, esto pacato
> Corde, animo, naso e ore.

Com efeito a esta última língua fez um leve aceno; e é indubitável, que até os Tritões veneram a antiguidade [...]

O episódio continua com a mesma *verve* até que o tritão sossega e vai recolher-se ao fundo do mar. O seu comportamento é mostrado por meio de traços irreverentes, que reforçam a desmistificação da Antiguidade:

> Depois de roncar seis vezes
> Com medonho horrendo ronco,
> E de sorver outras tantas,
> Por ser um Tritão mui porco,
> O limoso verde monco;
>   Escorregando,
>   Contradançando,
>   Ligeiramente,
>   No fundo mar
>   Em lisa gruta
>   Foi se abrigar.

Esta alegre sátira é o primeiro momento de uma atitude demolidora. Ela se tornará mais ácida para o fim da *Carta*, quando uma longa e saltitante sequência de tetrassílabos fala das Musas, isto é, da estética baseada nas fontes clássicas, fazendo delas uma troça devastadora, terminada pela afirmação que já era tempo de mudar o discurso e procurar outros cânones:

>   Hoje à porfia
> Todas danadas,
> Para enfadar-me,
> Vindes ligadas.
> Deixai-me embora.
> E do Parnasso
> No monte escasso
> Ide habitar.
>   Sois nove doidas,
> Ó nove Irmãs!
> Envergonhai-vos;
> Já tendes cãs.

A rejeição da Antiguidade se liga na *Carta* a afirmações que a complementam, como o ataque à educação livresca e demasiado intelectualizada, que ele desejaria ver substituída por outra mais natural, com certeza próxima do modelo preconizado por Jean-Jacques Rousseau no *Emílio*. Neste sentido, sugere a necessidade da educação física, mas esta ideia (como as outras) não é proposta de maneira abstrata; ela brota da narrativa como decorrência e parte integrante da ação: o poeta está descrevendo com vigoroso movimento uma tempestade, e a propósito do grande risco explode o comentário:

> Se eu ao menos soubesse nadar, porventura me furtaria à morte que me está iminente. Como é louco e bárbaro o sistema de

educação que os Europeus têm adotado! Tomaram dos Gregos e dos Romanos o que estes tinham de pior; aprenderam a fazer-se pedantes, e esqueceram-se de fazer-se homens. A adolescência, idade preciosa, gasta-se em granjear vícios, e decorar coisas muitas vezes inúteis.[8]

A isto se prende a censura que faz à separação entre a vida mental e a vida prática, numa tirada em versos onde afirma que se Homero conhecesse pessoalmente os perigos do mar talvez não tivesse cantado as vicissitudes de Ulisses, pois as Musas (isto é, a literatura) costumam ficar longe da realidade, abrigadas na convenção:

> As Musas pintam a Morte,
> Mas temem só de avistá-la;
>   E lá no Pindo,
>   Castelo forte
>   Têm levantado,
>   Onde subindo
>   Nada receiam
>   Do vento irado.

Ele próprio faz troça de si, bradando que uma vez chegada a bonança não tem mais medo de nada e se sente invulnerável no mar, agora calmo. A propósito imagina as fúrias eventuais de Dom Quixote e aproveita para fazer a única referência elogiosa a um autor, que significativamente é moderno:

---

[8] Rousseau preconiza o aprendizado da natação, não apenas como exercício físico, cuja utilidade é evitar que o jovem se afogue eventualmente, mas também como atividade (diríamos hoje) democrática, acessível a todos, ao contrário da equitação, que é sempre dispendiosa e marca a diferença entre as camadas sociais. *Émile* ou *De l'Éducation*. Nouvelle édition etc., par François et Pierre Richard. Paris: Garnier, 1951, p. 137.

> Não conheço quem legasse
> Tal porção de Ático sal,
> E aos vindoiros preparasse
> Um prazer que tanto val.

Se, no afinamento alegre em que estou, pudesse haver à mão o Cervantes, e lê-lo:

> Soltas risadas,
> Com todo o peito
> As gargalhadas
> Eu largaria,
> E a gente toda
> Convidaria
> A pôr-se em roda
> Para escutar.

Como fecho, há uma última piada com a Antiguidade e um toque contra os puristas arcaizantes, que usavam linguagem do passado em vez de se adequarem ao presente.

4

Escrita em prosa e verso, a *Carta marítima* é formalmente um poema sui generis, que supera as divisões convencionais do discurso. Quanto à mensagem, tem elementos de uma alegre sátira ideologicamente avançada para o acanhado meio português do tempo, na qual Sousa Caldas censura os privilégios e a vida materializada, presa a uma educação artificial e obsoleta, sugerindo a regeneração da sociedade por meio de uma transformação como a que lhe parecia estar em curso na França revolucionária. No plano cultural, satiriza a tirania da herança greco-latina e aspira a algo diferente, que não formula, sendo porém significativo que enquanto menciona Homero como exemplo de poeta desligado do real, fechado num mundo factício, louve um moderno, Cervantes, que assim privilegia como autor de obra-prima mais adequada ao tempo, e que de mais a mais reforça o seu propósito na *Carta*, por ser ela própria uma sátira contra costumes e convenções cediças. Portanto, já em 1790 Caldas insinuava a necessidade de mudar os padrões, e o fazia com mais força e originalidade do que faria seis anos depois o francês Joseph Berchoux, na citadíssima e medíocre "Elegia sobre os gregos e os romanos", onde os acusa de lhe infelicitarem a vida:

Qui me délivrera des Grecs et des Romains?
Du sein de leurs tombeaux ces peuples inhumains
Feront assurément le malheur de ma vie.

A mudança sugerida na *Carta* levaria o tempo de uma geração para acontecer. Mas mesmo sem propor novos rumos Sousa Caldas contribuiria a seu modo, ao descartar no resto da obra a *imitação* da Antiguidade e voltar-se para os temas religiosos, que o Romantismo consideraria mais tarde como um dos seus timbres diferenciadores. Pelo fato de ter remontado na tradução dos *Salmos* à poesia bíblica, embora nada tenha de pré-romântico, ele foi considerado mais ou menos precursor a partir do decênio de 1830; mas é inexplicável que os românticos nunca tenham mencionado a *Carta*, que poderia, na perspectiva deles, ser lida como verdadeiro manifesto modernizador.

Curioso a este respeito é o caso de Gonçalves de Magalhães, que publicou em 1832 o pífio volume *Poesias*, encharcado da rotina mais banal daquele momento de exaustão literária, inclusive com recurso constante à mitologia clássica. Mas no ano seguinte escreveu que não queria mais saber dela, por clara influência da *Carta marítima*, imitada quase ritualmente numa "Carta ao meu amigo dr. Cândido Borges Monteiro" (datada do Havre, 1833), onde narra a sua própria viagem à França. Vistas as coisas de hoje, isto parece uma inflexão por influência de Sousa Caldas, antes da conversão estética ocorrida em Paris e manifestada na revista *Niterói*. Por que então nos escritos renovadores Magalhães não mencionou esta sua precoce mudança de rota, nem mesmo quando se referia a Sousa Caldas? Difícil imaginar os motivos, sobretudo quando pensamos que os primeiros românticos queriam a todo custo encontrar precursores, evocando Durão, Basílio, São Carlos e Sousa Caldas entre os principais. Talvez porque para quem tinha andado de braço com as musas clássicas, como o Magalhães de *Poesias*, a carga mitológica da *Carta marítima* parecesse, na hora de renovar, incompatível com a nova moda. Por isso, não apenas deixou a sua própria "Carta" fora dos *Suspiros poéticos*, mas só se animou a publicá-la em 1864, no volume *Poesias avulsas* das suas obras completas, onde recolheu pecados da mocidade. No entanto, se a tivesse divulgado na altura da sua pregação renovadora ela teria sido (apesar da péssima qualidade) um argumento de certo peso no rastreamento de sinais precursores e da sua própria antecipação. Eis o que dizia nela, depois de uma brincadeira em verso com tritões que o narrador julgara enxergar e eram na verdade baleias:

> Ora, o certo é que os poetas gregos, com a sua religião mitológica, que lhes permitia ver uma multidão de numes por toda a parte, tinham mais recursos do que nós para as suas ficções e alegorias, sem deixar de parecer religiosos a seu modo. O seu maravilhoso estava feito, e tinha por base a crença popular, e tendo desaparecido essa crença, desapareceu para nós esse maravilhoso, reduzindo-se esse politeísmo a uma alegoria cediça, e os nomes desses numes fabulosos a velhas metáforas. Outro deve ser o maravilhoso da poesia moderna; e se eu tiver forças para escrever um poema, não me

servirei dessas caducas fábulas do paganismo, custe-me o que custar: apesar da autoridade do grande Camões, que enchendo os seus *Lusíadas* com essas figuras alegóricas, põe na boca de uma delas a negação da sua própria existência, fazendo-a dizer,

> Eu, Saturno, e Jano
> Júpiter, Juno fomos fabulosos,
> Fingidos de mortal e cego engano;
> Só para fazer versos deleitosos
> Servimos...

Eu creio que já nem para isso servem, excepto em alguma composição jocosa, ou de assunto grego e romano.[9]

No rasto de Magalhães, os primeiros românticos também puseram de lado a *Carta* de Sousa Caldas, que talvez tenham mesmo treslido, sem perceberem a força renovadora que está implícita na sua brincadeira profilática e faz dela indício precursor de certos aspectos que o nosso Romantismo assumiria, sem deixar com isso de ser um documento plantado no solo setecentista da Ilustração.

Neste escrito dei maior destaque às mensagens da *Carta marítima*, mas é preciso não esquecer o quanto a sua eficiência é devida à maneira por que elas são expostas. Não apenas a mistura de prosa e verso, o trabalho sobre os metros ou a liberdade das rimas, mas também o tom de divertida farsa, que aumenta o efeito. Situações cômicas, brincadeiras, ritmos caprichosos, modernidade iconoclástica, irreverência por todo o lado se combinam e envolvem as mensagens, dissolvendo o cunho didático (tão pesado na poesia do tempo) por meio de uma alegre injeção de ideias renovadoras.

[9] "Carta ao meu amigo dr. Cândido Borges Monteiro", *Poesias avulsas*. Rio de Janeiro: Garnier, 1864, p. 340.

A poesia pantagruélica

> *Seja como for, parece que ele enche a minha cabeça de ideias, só que eu não sei exatamente o que elas são!*
>
> Alice, em *Through the Looking Glass*

I

A poesia do absurdo teve no Brasil um momento de particular interesse durante o Romantismo, sobretudo entre os estudantes de direito de São Paulo, que a denominaram "poesia pantagruélica". Sendo um jogo de grande força burlesca, foi também às vezes tributária de outros registros, mas sob todos os seus aspectos pode ser vista como manifestação de negatividade, que é um traço romântico importante. De fato, ela é um modo de contrariar tanto a ordem quanto as finalidades do discurso, estabelecendo um antidiscurso marcado pela falta de significado *normal* e a criação de significados próprios, aberrantes a seu modo. É portanto manifestação de "anfiguri", que Péricles Eugênio da Silva Ramos define assim: "Composição em prosa ou verso, de sentido absurdo ou disparatado", esclarecendo que foi praticado em Portugal e no Brasil, sobretudo no período Barroco, com finalidade cômica.[1]

Este tipo de discurso não existe só no plano erudito, mas também no popular, do mesmo modo que o "adínato", isto é, a "figura pela qual se afirmam coisas impossíveis", na definição do mesmo autor. Lembro o seguinte, corriqueiro no meu tempo de menino:

---

[1] Ver os seus excelentes verbetes "Anfiguri" e "Adínato" em Raimundo de Meneses, *Dicionário literário brasileiro*. 2. ed. Rio de Janeiro; São Paulo: ETC, 1978, pp. 751-2 e 737.

"Era noite. O sol brilhava nas trevas. Sentado de pé num banco de pedra feito de pau, um jovem ancião calado dizia que um surdo ouvira um mudo dizer que um cego vira um coxo correr."

No plano erudito são famosos os anfiguris de Lewis Carroll, um dos quais considerado a obra-prima do gênero: "The Jabberwocky", do livro *Through the Looking Glass*. Eis a primeira estrofe, na notável tradução de Augusto de Campos:

O JAGUADARTE

Era briluz. As lesmolivas touvas
Roldavam e relviam nos gramildos.
Estavam mimsicais as pintalouvas
E os momirratos davam gilvos.

"O mundo do contrassenso puro é um mundo autônomo, operando segundo as suas próprias leis, no qual as pessoas mentalmente sadias nunca poderão de fato penetrar" (embora) "possamos perceber algum sentido no 'Jabberwocky'".[2]

Mas há casos de ininteligibilidade praticamente completa, como os "Quatro sonetos a Afrodite Anadiômena", do livro *Metamorfoses* (1963), de Jorge de Sena, o último dos quais é o seguinte:

AMATIA

Timbórica, morfia, ó persefessa,
meláina, andrófona, repitimbídia,

---

[2] John M. Munro, "Nonsense Verse", em Alex Preminger (Ed.). *Encyclopedia of Poetry and Poetics*. Princeton: Princeton University Press, 1965, p. 573.

ó basilissa, ó scótia, maturlídia,
amata cópria, calipígea, tressa

de jardinatas nigras, pasifessa,
luni-rosácea lambidando erídia,
erínea, erítia, erótia, egídia,
eurínoma, ambológera, donlessa.

Áres, Hefáistos, Adonísio, tutos
alipigmaios, atilícios, futos
lívia damitata, organissanta,

agonimais se esgorem morituros,
necrotentavos de escancárias duros,
tantisque abradimembra a teia canta.

Usando apenas três prováveis verbos ("lambidando", "se esgorem", "canta") e compondo por enumeração, Jorge de Sena descartou ao máximo os nexos sintáticos, que o poema de Lewis Carroll mantém normalmente; e assim aumentou o fechamento semântico do texto. Este pode ter significados escondidos numa língua convencional, mas o leitor só percebe algumas palavras de cunho grego e latino, alteradas ou não, e vagas sugestões eróticas.

É preciso distinguir do anfiguri a poesia que se pode chamar macarrônica, consistente em deformar outra língua de maneira jocosa, a exemplo do que se fazia nos séculos clássicos com o latim. Num país de imigração como o Brasil, essa poesia de cunho macarrônico foi cultivada em nossos dias a partir da fala errada dos estrangeiros, italianos, portugueses, sírios, alemães. Nos anos de 1920 e 1930 havia produção deste tipo no jornal *A Manha*, do humorista Aparício Torelli, cujo pseudônimo era Aporelly e, depois de 1930, também Barão de Itararé.

Um dos seus mais famosos praticantes foi o engenheiro Alexandre Ribeiro Marcondes Machado, que sob o pseudônimo de Juó Bananere elaborou uma curiosa língua ítalo-brasileira. O seu livro mais conhecido é *La divina increnca* (1924). Outro autor, Horácio Mendes Campos, com o pseudônimo de Furnandes Albaralhão, reuniu no livro *Caldu berde*, do decênio de 1930, poemas de imitação do sotaque de Portugal, fazendo poesia macarrônica a partir de diferenças prosódicas dentro da mesma língua. Eis uma paródia do famoso "Mal secreto", de Raimundo Correia:

MAL SICRETO

S'a cólera que põe danada a gente,
distroi a paz da bida disijada,
tudo que nos vilisca intiriormente
suvisse à nossa cara, qu'istupada!...

Si si pudesse, a ialma padicente
bêre pur traz de muita guergalhada,
canta gente a se rire vestamente,
que era muito milhore estar calada!

Canta gente só ri pra disfarçare
um turco à porta que lhe vem cuvrare
a quemisa, a ciloira, a mâia, u cinto...

Cantos há nesse mundo a três por dois,
que, tendo à janta só cumido arroz,
arrotam p'ru, laitão e binho tinto!

Mas o anfiguri não é paródia, e sim subversão do discurso, com formas mais ou menos drásticas de negação do sentido.

E é preciso fazer uma avaliação diferencial do que ele significou nos diversos momentos, pois o seu papel e o seu intuito variaram conforme o contexto histórico.

No período Barroco, por exemplo, pode ser considerado uma exacerbação do processo então normal de contorção da palavra; uma prova a mais da sua capacidade de jogo, como que buscando o limite impossível em que este jogo poderia criar um mundo próprio. Já no período neoclássico, quando a palavra procurava a forma direta e a clareza, querendo se confundir com o seu objeto, era sobretudo recurso cômico, piada de quem parecia dizer: vejam no que dá quando saímos da normalidade. Portanto, era um modo de ressaltar a importância desta.

No Romantismo as coisas tinham mudado. Havia o desejo de manifestar as forças obscuras e recalcadas da alma, bem como de sugerir o mistério, sem medo da obscuridade e da desproporção, porque o Romantismo, como ficou dito, foi marcado pela negatividade. Por isso, nele o anfiguri, além de ser um jogo, como antes, torna-se também um recurso para pesquisar o inconsciente, mostrar a elasticidade da palavra e negar a ordem da razão oficial. O anfiguri romântico pode parecer quase igual ao que se fazia antes, mas na verdade corresponde a outro universo poético. Ele se irmana ao gosto pelo absurdo e à confiança no fragmento, ao uso do contraste e do grotesco, à mistura de gêneros e à quebra das hierarquias literárias, parecendo afirmar a liberdade de experimentação, que pode levar a uma espécie de negação do discurso.

Visto assim o anfiguri dos românticos brasileiros mostra uma face de modernidade, inclusive porque tem muito de associação livre, que no século XX seria proclamada método revelador pelo Dadaísmo e o Surrealismo. Portanto, ele não deve ser encarado apenas do ângulo da comicidade, que é um dos seus aspectos. Há nele a semente de pesquisas futuras e o desejo de desrecalque, de tocar nos mecanismos profundos, que o Romantismo sugeriu no limiar do mundo contemporâneo.

2

Como vimos, a poesia do absurdo foi chamada "pantagruélica" pelos estudantes de São Paulo no século XIX, naturalmente para evocar a desmedida do personagem de Rabelais, marcado pelo grotesco, a farsa, a obscenidade. O nome mais corrente para as produções deste tipo é "bestialógico", mas, como veremos, tal designação é ampla demais e não faz justiça ao cunho digamos orgânico da poesia pantagruélica. De qualquer modo, é sempre bom lembrar um conceito que Mário de Andrade gostava de mencionar: entre a poesia e o bestialógico há a distância de um fio de cabelo... É que as aventuras com a palavra podem gerar um tipo de discurso tão sui generis, que a determinação do significado escapa aos moldes previstos.

O que conhecemos da poesia pantagruélica faz dela, essencialmente, um fenômeno da Faculdade de Direito de São Paulo, entre os decênios de 1840 e 1860. Pertence, por conseguinte, ao Romantismo paulistano, marcado pelo satanismo, o humor e a obscenidade, exprimindo a sociabilidade especial dum grupo de rapazes confinados no limite estreito da cidadezinha provinciana e convencional, procurando libertar-se por atitudes de negação. O que restou dela é muito pouco, quase nada. Tratando-se de um discurso heterodoxo, os seus próprios praticantes não apenas não lhe davam importância, mas, a partir do momento em que entravam na vida prática, como advogados, magistrados, funcionários, parlamentares, diplomatas ou simples chefes de família, punham de lado as provas de loucura da mocidade e com certeza as destruíam, como fizeram com a poesia obscena, que jamais pensariam em assumir e muito menos publicar, o que aliás seria impossível no tempo. Só Bernardo Guimarães, bem menos convencional, guardou, publicou ou deixou reproduzir algumas das suas produções nesses setores condenados. Mas quem lê documentos como as *Minhas recordações,* de Francisco de Paula Ferreira de Rezende, sabe que Bernardo, Aureliano Lessa e Álvares de Azevedo tinham vida intelectual comum e partilhavam dos mesmos gostos. É portanto possível que todos eles fizessem poemas desses tipos; mas não se imagina a família de Álvares de Azevedo, por exemplo, publicando junto com o material que formou a póstuma *Lira dos vinte anos* algum soneto pícaro ou pantagruélico do rebento morto, cuja glória era preciso alicerçar segundo as boas normas.

A minha hipótese é que deve ter havido produção considerável dos estudantes de São Paulo nesses gêneros, e que talvez tenham êxito noutras partes as pesquisas visando a descobrir material equivalente ainda ignorado. Mas até nova ordem convém reservar o qualificativo "pantagruélica" para a produção paulistana.

Quase nada sobrou dela, e o pouco que sabemos a respeito é devido a raras indicações de coevos (como Couto de Magalhães) e sobretudo a um historiador da Faculdade de São Paulo, Almeida Nogueira, que no começo deste século publicou uma obra importante sobre diversas turmas de bacharéis.[3] O material que nos interessa está nos volumes 2º, 3º e 8º. No 3º, transcreve o depoimento feito a seu pedido por um integrante da turma de 1848, João Cardoso de Meneses e Sousa, poeta que traduziu Ésquilo, La Fontaine, Byron, e conta o seguinte no seu escrito agradável e bem-humorado:

> Estava em moda a poesia mais tarde conhecida por *pantagruélica*, que consiste em dizer disparates, sabendo-se que o eram: o que exigia agudeza suprema de espírito.

---

[3] Almeida Nogueira, *A Academia de São Paulo: tradições e reminiscências: Estudantes, estudantões, estudantadas.* 9 v. São Paulo, 1907-12.

Por isso, acha que este

gênero literário [era] o mais difícil de todos. (p. 19)

Couto de Magalhães, citado por Almeida Nogueira, deixa claro que o bestialógico podia ser em prosa ou em verso, e considera Bernardo Guimarães

> um verdadeiro gênio neste gênero: subia acima de uma cadeira e começava a discorrer: foi numa dessas ocasiões que ele improvisou uma célebre poesia, em que vinham toda a sorte de extravagâncias, e que fez tal impressão que tem sido conservada na memória dos estudantes. (v. 2, p. 169)

Almeida Nogueira, que já não foi contemporâneo dessas produções, acha que o seu inventor, ou introdutor em São Paulo foi Bernardo. E define:

> O *bestialógico* era um discurso em prosa ou composição em verso, de estilo empolado e com propositaes absurdos, engraçados pela extravagância.

E estabelece uma diferença importante:

> Por ampliação também se dava esse qualificativo a quaisquer orações acadêmicas, por pouco que se ressentissem do tom enfático que era peculiar a esse gênero. (v. 8, p. 209)

De fato, o bestialógico corrente é apenas uma exacerbação do discurso normal, ou uma série de palavras complicadas, que vão puxando outras e atuam pelo acúmulo desconexo. O tipo que nos interessa tem esquema perceptível e obedece a certa coerência, só que conforme a uma lógica absurda. Daí a "dificuldade" de que fala Cardoso de Meneses, pois o discurso pantagruélico precisa ter certo poder de convicção pelo avesso, como se estivéssemos recebendo uma mensagem que a seu modo faz sentido, embora não possamos defini-lo nos termos correntes.

Pelas informações desses autores sabemos que eram praticantes do gênero, em prosa ou verso, certamente Bernardo Guimarães, Cardoso de Meneses, João Silveira de Sousa, João Corrêa de Moraes, Camilo de Brito, José Corrêa de Jesus; provavelmente, José Bonifácio o Moço; talvez Aureliano Lessa e Álvares de Azevedo.

Uma questão que vem ao espírito é a seguinte: onde os estudantes de São Paulo foram buscar inspiração para o bestialógico pantagruélico, aquele que se pode chamar sistemático, ou metódico se quisermos evocar a frase de Polonius quando diz que havia método na loucura de Hamlet? A poesia anfigúrica, como vimos, vem de antes, embora com sinal diferente. Seria o caso de lembrar o poeta José Joaquim da Silva, o chamado "Sapateiro Silva", que floresceu no Rio de Janeiro do fim do século XVIII ao começo do século XIX e foi recentemente objeto de um valioso estudo de Flora Süssekind e Rachel Teixeira Valença, que reuniram o que sobrou dele: sonetos convencionais e glosas divertidas, entre as quais as do tipo anfigúrico.[4]

O Sapateiro Silva deve ter influído nos estudantes de São Paulo. As suas décimas foram recolhidas pela primeira vez no *Parnaso brasileiro*, de Januário da Cunha Barbosa (1829-30), que logo se esgotou; e de novo em 1845 no *Florilégio da poesia brasileira*, de Varnhagen, que os rapazes devem ter lido. De fato, é flagrante a semelhança dos poemas de Silva com alguns de

---

[4] Flora Süssekind e Rachel Teixeira Valença, *O Sapateiro Silva*. Rio de Janeiro: Fundação Casa de Rui Barbosa, 1983.

Bernardo Guimarães, como o "Mote estrambótico", que começa assim:

> Das costelas de Sansão
> Fez Ferrabrás um ponteiro,
> Só para coser um cueiro
> Do filho de Salomão.

O vínculo é menos evidente, mas bastante sensível, noutros poemas de Bernardo, como "Lembranças do nosso amor" e "Disparates rimados". Se a hipótese valer, teríamos uma linha contínua que vem do anfiguri clássico ao dos românticos, inclusive o tipo pantagruélico, e poderia explicar até certos traços da poesia de Sousândrade. Seja como for, a poesia pantagruélica exprime a criação de um novo espaço poético por meio do anfiguri, porque não é apenas um recurso para fazer graça e parodiar os padrões reinantes. É também a invenção, dentro do espírito romântico em seus lados heterodoxos, de um universo absurdo que define a sua própria lógica, libera as ambiguidades e pode costear o sadismo.

3

Veja-se o conhecido soneto de Bernardo Guimarães:

> Eu vi dos polos o gigante alado,
> Sobre um montão de pálidos coriscos,
> Sem fazer caso dos bulcões ariscos,
> Devorando em silêncio a mão do Fado.
>
> Quatro fatias de tufão gelado
> Figuravam da mesa entre os petiscos;

E envolto em manto de fatais rabiscos
Campeava um sofisma ensanguentado!

— "Quem és, que assim me cercas de episódios?"
Lhe perguntei com voz de silogismo,
Brandindo um facho de trovões seródios.

— "Eu sou" —, me disse —, "aquele anacronismo,
Que a vil coorte de sulfúreos ódios
Meteu da Gávea no profundo abismo..."

Este soneto (em cujo 12º verso "serôdios" deve ser pronunciado como grafei) foi escrito no fim do decênio de 1840 e oferecido pelo autor a seu colega Cardoso de Meneses, que retribuiu com outro do mesmo gênero:

Era no inverno. Os grilos da Turquia,
Sarapintados qual um burro frito,
Pintavam com estólido palito
A casa do Amaral e Companhia.

Amassando um pedaço de harmonia,
Cantava o "Kirie" um lânguido cabrito,
E fumando, raivoso, enorme pito,
Pilatos encostou-se à gelosia.

Eis, súbito, no céu troveja um raio;
E o pobre Ali Pachá, fugindo à chuva,
Monta, depressa, num cavalo baio.

Passando, aperta a mão de um bago de uva,
E, vendo que já estava em fim de maio,
Pávido calça de Petrarca a luva.

Em 1865, quando estava na moda a poesia condoreira, Bernardo publicou o seu soneto no *Correio Mercantil* do Rio de Janeiro, trocando o último verso pelo seguinte, que lhe dá muito mais coerência (se couber a palavra) e que adoto obviamente:

Nas trevas sepultei de um solecismo...

Esta publicação tem levado alguns a imaginar que o soneto data de 1865 e teria sido motivado pelo intuito de parodiar os poemas condoreiros, como diz inclusive o erudito Basílio de Magalhães, que no entanto conhecia e cita o texto de Cardoso de Meneses narrando como as coisas realmente ocorreram.[5] Fique portanto claro que o aproveitamento satírico foi posterior de quase vinte anos à composição, cujo móvel era o jogo livre do anfiguri.

A leitura mostra que o soneto possui lógica própria e daí tira a sua força, sendo mais travado que certos jogos abertos e desconexos, como o discurso demonstrativo de Silveira de Sousa, que ficou na tradição estudantil e pode ser lido em Almeida Nogueira, v. 3, p. 20:

Deus é filho do homem; porém quem não é homem não tem pai; logo Deus foi criado. Logo Deus existe, porque todas as pedras são feitas de diversas combinações de fatos históricos, como diz o célebre Carlos Magno de Chumbo, montado num cavalo de mingau.

Ora, se a alma humana é uma porção de cangica, escapada dos vulcões da lua, quando esta brigou com o marquês de Paranaguá, segue-se que, a não existir Deus, a humanidade não

[5] Basílio de Magalhães, *Bernardo Guimarães: Esboço biográfico e crítico*. Rio de Janeiro: Anuário do Brasil, 1926, pp. 114-7.

passaria de um homem de estatura mediana, com uma bengala de ferro de seis léguas de grossura, tendo um avestruz na ponta. Logo, existe Deus, todo cheio de atributos de bronze e rodando o globo na ponta do pé, da mesma forma que a cidade de Biscaia oscila sobre um rochedo do tamanho de um dente de galinha, que lhe serve de fundamento razoável.

Dotado de mais organização, a seu modo, o soneto de Bernardo tem duas partes que se distinguem com facilidade: uma formada pelos quartetos, outra formada pelos tercetos, sendo que nesta reina uma associação mais livre, cujo elemento de amarração é um diálogo maluco. Quando começamos a ler, o primeiro verso não parece contrassenso: pode ser alusão a algum mito, ou imagem ousada, cujo sentido esperamos perceber adiante. Por isso, como costuma acontecer na leitura de muitos poemas, esperamos pelo segundo verso para completar o entendimento. Mas o segundo verso prolonga a impressão estranha do primeiro e gera certa inquietude, confirmada pelo terceiro, que lemos já com pressa de saber o que o quarto vai finalmente decidir, pois dele depende a solução. Mas quando acabamos de lê-lo verificamos que não há solução. Em face dessa cômica "mão do Fado" que o gigante está devorando não é mais possível duvidar: trata-se de uma burla.

Neste momento, os versos anteriores, que tínhamos lido com uma espécie de apreensão crescente, são contaminados em retrospecto pela explosão da brincadeira e a estrofe se define, revelando a sua natureza de anfiguri, aumentado pela ocorrência de um chavão dos textos românticos melodramáticos: a mão do Destino, cuja indicação apela para o tom cavernoso...

A partir daí aceitamos as regras do jogo e com elas a maluquice. Tanto assim que passamos a admitir uma lógica diferente, própria de um universo especial. A devoração mencionada no último verso do primeiro quarteto dá coerência ao começo da estrofe seguinte, pois esta começa descrevendo iguarias, coisas que também podem ser devoradas: as "fatias de tufão gelado". De fato, quem come a mão do Destino pode muito bem comer como segundo prato essas fatias, e quando admitimos isso já estamos dentro das regras do jogo, que é o da loucura consentida.

Os versos seguintes abrem uma situação de ambiguidade extrema, porque de um lado podem indicar nova iguaria, o "sofisma ensanguentado", talvez uma caça especial ainda palpitando na sua sangueira. Mas o fato do sofisma "campear", isto é, "estar em cena", "dominar", sugere um personagem, sobretudo levando em conta que está, como se fosse mesmo gente, "envolto em manto", embora este seja "de fatais rabiscos"... A confusão aumenta na estrofe seguinte, na qual o sujeito que enuncia dirige-se ao sofisma. Ou será que se dirige ao gigante da primeira estrofe? A sequência mostra que o interlocutor é de fato o sofisma, que se qualificará por meio de atributos adequados à sua natureza. Com efeito, ele é um tipo de raciocínio aparentemente certo mas no fundo errado, trazendo portanto alto coeficiente de embuste, pois parece chegar à verdade mas de fato a está desfigurando. Isto fica mais evidente quando, interpelado, ele responde aludindo a dois outros erros, um no plano da história e outro no plano da gramática: além de sofisma, é um "anacronismo", isto é, algo deslocado no tempo por erro de informação ou por sobrevivência indevida. Mas anacronismo capaz de sepultar "a vil coorte dos sulfúreos ódios" num "solecismo", ou seja, num erro que deforma a linguagem. O reforço recíproco desses termos fecha o círculo do contrassenso, pois ao raciocínio falso junta-se o falso dado histórico e o discurso incorreto. Tudo fora do lugar.

O interlocutor é portanto constituído por deformações em vários planos, mas o emissor do discurso pretende um rigor de silogismo, que se manifesta comicamente na "voz" com que interpela o outro. O silogismo pressupõe uma rigorosa marcha do raciocínio, mas aqui também ele entra pela esfera da maluqueira, pois o sujeito está "cercado de episódios" e "brande um facho de trovões" dotados de curiosa historicidade, pois são "serôdios", isto é, "fora do tempo", "obsoletos" —, tudo mostrando a força gratuita das associações. O "gigante alado" do começo é companheiro do "sofisma ensanguentado", e em face de ambos se levanta o emissor do discurso, que apesar do alegado rigor participa de uma natureza tão doida quanto a deles.

Chegando aos tercetos e já convencidos de que não há lógica normal no poema, começamos a aceitar o delírio verbal e a perceber que estamos no universo de um discurso que obedece a regras completamente diversas. As leis do mundo foram subvertidas e nós assistimos à criação de outro, com as suas leis próprias. Mundo nascido da imaginação livre, que leva ao máximo os processos da poesia, entre os quais avulta a confiança na associação aparentemente arbitrária, que se rege pela convicção de que a imaginação tem todos os direitos. Esta atitude radicalmente romântica liberou a poesia e abriu caminho para a exacerbação da elipse, o gosto pelo implícito e o oculto, tão presentes na literatura do nosso tempo.

Sendo assim, não cabe aqui procurar *sentidos*, e sim aceitar a força do contrassenso e sua capacidade de produzir efeitos poéticos (lembrando sempre o dito citado por Mário de Andrade...). Mas podemos procurar molas eventuais desse discurso gratuito, que talvez nos permitam distinguir duas camadas de profundidade diferente.

A primeira é feita de ressonâncias das piadas de estudantes com as suas matérias: lógica, história, gramática. Daí proviriam "sofisma", "silogismo", "anacronismo", "solecismo", tecendo uma rede de agressões à razão. A segunda camada seria devida a certas tendências do Romantismo paulistano, impregnado de macabro e sadismo, como é visível na obra de Álvares de Azevedo e na tradição semilendária de boemia desenfreada. Esta segunda camada indica a existência no soneto de um desrecalque de violência, manifesta nas imagens de devoração, sangue, sepultamento, que parecem exprimir um substrato de crueldade, apesar do tom burlesco que as envolve como grande álibi. Isso corresponde a certos aspectos do anfiguri, que pode ao mesmo tempo veicular e disfarçar a brutalidade, o horror. Como diz Munro: "Uma das características do puro contrassenso é que as coisas mais violentas podem acontecer sem suscitar em nós a menor compaixão ou simpatia" —, e cita em abono um *limerick* de Edward Lear onde se fala de um velho espancado, que de maneira alguma nos comove e apenas faz rir (op. cit., p. 572).

Não espanta, portanto, que haja coisa parecida no soneto de Bernardo, mas ainda assim a minha afirmação poderia parecer gratuita se não pudesse ser confirmada por elementos análogos no resto da sua obra *irregular*, na qual também ocorrem, muito mais ostensivos, traços de crueldade misturados à comicidade, como se pode ver em poemas como "A orgia dos duendes" e o brutal "A origem do mênstruo".

4

"A orgia dos duendes" é um poema relativamente longo de 244 versos divididos em 61 estrofes de quatro, organizados em quatro partes, com marcação de personagens que falam: *Rainha, Getirana, Taturana, Esqueleto, Mula sem cabeça* etc. É um dos mais notáveis poemas grotescos da nossa literatura, tendo um sentido fácil de comicidade extravagante e um sentido profundo de violência sádica e tenebrosa liberação do inconsciente. O seu cunho pitoresco e engraçado, além da fluência do ritmo anapéstico de extrema regularidade, deu-lhe difusão popular, tendo sido cantado em Minas Gerais numa toadinha monótona ao som da viola, no século passado e começo deste. Na literatura erudita, foi mencionado por Olavo Bilac na sua interessante conferência sobre "O diabo" e qualificado de "engraçadíssimo", o que de fato é. Mas creio que não é só isso.

O poema descreve uma espécie de sabá, uma reunião de diabos, bruxas, feiticeiros transformados em animais e monstros do nosso populário, como lobisomem (chamado "lobisome" à maneira corrente) e mula sem cabeça. Convocados pela Rainha, que rege a festa, cada um conta os malfeitos que lhe valeram a condição infernal, no meio de uma algazarra de instrumentos e berros, enquanto se cozinham repugnantes iguarias malditas. O efeito é extraordinário e raro, parecendo versão brasileira de cenas descritas sobretudo pelos alemães.

Péricles Eugênio da Silva Ramos observa (no citado verbete) que o poema contém trechos anfigúricos. Deste modo teríamos aqui também o anfiguri deslocado da sua habitual função cômica e ligado a outros aspectos, alguns dos quais mencionados há pouco a respeito do soneto "Eu vi dos polos": sadismo, crueldade sanguinária, profanação. Faz cerca de trinta anos levantei a hipótese que "A orgia dos duendes" não é apenas um poema engraçado, como se dizia, mas uma composição na qual ressaltam esses elementos terríveis. Ele seria afloramento de camadas recalcadas da personalidade, irrupção do inconsciente traduzida em cenas, falas e situações de grave violência, disfarçadas pelo tom de brincadeira mas atuantes devido à ambiguidade. Sem falar na eficiência devida à fatura, regida por uma imaginação fulgurante. Como amostra, veja-se o começo da segunda parte:

Mil duendes dos antros saíram
Batucando e batendo matracas,
E mil bruxas uivando surgiram
Cavalgando compridas estacas.

Três diabos vestidos de roxo
Se assentaram aos pés da rainha,
E um deles que tinha um pé coxo
Começou a tocar campainha.

Campainha, que toca, é caveira
Com badalo de casco de burro,
Que no meio da selva agoureira
Vai fazendo medonho sussurro.

Capetinhas trepados nos galhos
Com o rabo enrolado no pau,
Uns agitam sonoros chocalhos,
Outros põem-se a tocar marimbau.

Crocodilo roncava no papo
Com ruído de grande fragor;
E na inchada barriga de um sapo
Esqueleto tocava tambor.

Da carcaça de um seco defunto
E das tripas de um velho barão,
De uma bruxa engenhosa o bestunto
Armou logo feroz rabecão.

Assentado nos pés da rainha
Lobisome batia a batuta
Co'a canela de um frade, que tinha
Inda um pouco de carne corruta.

Note-se a riqueza sonora, o baque das palavras secas reforçando o insólito dos instrumentos infernais: campainha feita de crânio, tendo por badalo um casco de burro; contrabaixo feito com a caixa torácica, tendo por cordas as tripas do barão. E tudo aumentado pelo ritmo invariável, obsessivo, do verso que no Romantismo brasileiro mais se prestou aos efeitos macabros, o novessílabo anapéstico, com acentos constantes na 3ª, 6ª e 9ª. Se analisarmos as falas dos figurantes, veremos, além do assassínio vulgar e da tortura, o amor sacrílego, o estupro, a antropofagia erótica, a prepotência maldosa, o incesto, que aparece de maneira horripilante nesta quadra da bruxa Taturana:

> Dos prazeres de amor as primícias,
> De meu pai entre os braços gozei;
> E de amor as extremas delícias
> Deu-me um filho, que dele gerei.

E o complemento sacrílego:

> Mas se minha fraqueza foi tanta,
> De um convento fui freira professa,
> Onde morte morri de uma santa;
> Vejam lá que tal foi esta peça.

Num poema assim, o nível cômico pode servir de ingrediente, e os traços de anfiguri servem para encaminhar o absurdo no rumo de algo mais fundo: um desmascaramento do ser, como desejava o Romantismo em seus aspectos convulsos, marcados, diria Mario Praz, por "carne, morte e diabo". "A orgia dos duendes" serve portanto de teste para justificar a atribuição de uma componente de crueldade ao soneto "Eu vi dos polos". A sua construção se faz por transições que vão efetuando o aprofundamento das camadas de significado, surgindo o anfiguri como caso extremo de associação que abre um universo oculto. Com efeito, quanto à natureza ele se caracteriza por uma comicidade que transita para o grotesco e deste para o sádico; quanto à escrita, caracteriza-se pela associação burlesca que desliza rumo ao contrassenso e desanda nos automatismos, que liberam o desrecalque do inconsciente. Penso que convém encarar também a poesia pantagruélica mais ou menos assim, para não ficar apenas no seu nível óbvio de discurso engraçado.

Pomo do mal

I

É interessante o caso dos poetas de um só poema, seja porque apenas ele é conhecido, seja porque os outros não prestam. Do misterioso Andrea del Basso, que viveu no fim do século XV, nada se conhece além dos versos *"alla Donna cruda"*, de um vigor que até hoje comove:

Ressurga de la tumba avara, et lorda,
La putrida toa salma, o Donna cruda...

Etienne Durand, executado em 1618, deixou um livro do qual emergem apenas as "Stances à l'Inconstance", cujo movimento é incrível, como se pode ver pela amostra:

Je te fais un présent d'un tableau fantastique,
Où l'amour et le jeu par la main se tiendront,
L'oubliance, l'espoir, le désir frénétique,
Les serments parjurés, l'ardeur mélancolique,
Les femmes et les vents ensemble s'y verront.

Talvez esses poetas destoassem do seu tempo, e por isso acabaram encontrando-se com o nosso. Há outros que também destilam apenas uma peça privilegiada, mas, ao contrário dos citados, tão vinculada ao que está sendo ou vai ser o tom geral, que de imediato parece radiosa e no entanto cai logo na banalidade. Seria o caso de "La Chute des feuilles", de Millevoye. Para Sainte-Beuve, este prenunciou Lamartine e o seu famoso poema estaria destinado a ficar. Mas acabou depressa, como acabariam em seguida Lamartine e a sua plangência.

Estou pensando nisso a propósito de um esquecido poeta brasileiro de terceira ordem, Antônio da Fontoura Xavier, que teve a sua voga miúda e logo sumiu, depois de ter passado por várias modalidades de poesia, desde a tuba canora e belicosa dos versos políticos contra a Monarquia até à frivolidade dos triolés, que imitou de Banville e pôs em circulação no Brasil. Na sua obra há meia dúzia de poemas apreciáveis e um realmente notável, "Pomo do mal", cuja ousadia e singularidade podem atrair o leitor de hoje.

Fontoura Xavier, nascido em 1856 na cidade de Cachoeira, Rio Grande do Sul, estudou engenharia e direito no Rio e em São Paulo, sem terminar nenhum dos cursos. Foi sobretudo jornalista, no Rio e na sua província, destacando-se pela energia das convicções republicanas. Mas mudou de rumo a partir de 1885, quando foi nomeado cônsul em Baltimore. Tornou-se então funcionário acomodado e convencional, limpando a segunda edição de seu livro dos versos mais virulentos. Passou a maior parte do tempo fora do país; até 1905 na carreira consular, depois, na diplomática (naquele tempo eram separadas), morrendo em 1922 como embaixador em Portugal. De permeio serviu nos Estados Unidos bastante tempo, na Argentina, na América Central, no México, em Cuba, na Inglaterra. Teve por isso pouco contato com a vida intelectual brasileira.

Em 1877 estreou com um poema-panfleto, "O régio saltimbanco", agredindo em versos péssimos, inspirados em

Guerra Junqueiro, o paciente Imperador, que anos depois o nomearia para o serviço consular. Em 1884 publicou o volume *Opalas*, editado em Pelotas-Porto Alegre. Esta primeira edição tem 42 títulos, que passaram a 97 na segunda (Lisboa, 1905). Depois houve uma póstuma (Rio, 1928), contendo 119 títulos, inclusive traduções. Ela traz a menção "quarta", mas na verdade é a terceira. Trata-se de impropriedade do organizador, que deve ter incluído erradamente na conta a tradução espanhola de Santos Chocano, *Ópalos*, editada no México em 1914. Há alguns anos (1984, centenário da primeira edição) publicou-se em Porto Alegre a que foi denominada quinta, sendo porém quarta.

No Brasil e em Portugal Fontoura Xavier teve certo reconhecimento, sobretudo por parte da crítica secundária, e não lhe faltou um artigo complacente e elogioso do colega diplomata Rubén Darío. Nas antologias aparecia de vez em quando, com o sentencioso e desencantado soneto "Estudo anatômico", que os ginasianos ainda recitavam no meu tempo de adolescente e descrevia o cadáver de uma cortesã no qual o escalpelo do anatomista não encontrava coração:

> Entrei no anfiteatro da ciência
> Atraído por mera fantasia...

A partir dos anos de 1920 só cuidaram dele os estudiosos da literatura sul-rio-grandense, como João Pinto da Silva e Guilhermino Cesar, ambos assinalando traços característicos da sua poesia: cosmopolitismo, versatilidade. De fato, Fontoura Xavier fez um pouco de tudo: poemas altissonantes (alguns manifestando reverência devota pelos Estados Unidos) sobre a cachoeira do Niágara, o condor dos Andes, Tiradentes; poemas satânicos e céticos, frequentemente à maneira de Baudelaire; poemas jogralescos, inclusive em inglês. À medida que ia vivendo, o último aspecto adquiria relevo e ele ficava cada vez mais um pequeno poeta de salão, ocasional e engenhoso. Exemplo de 1892:

UM BRINDE

I

Eu bebo à manhã de amores,
Manhã em que os meus sapatos
E os teus mignons sapatinhos
(Os teus cobertos de flores,
Os meus cobertos de lama,
Lama e flores dos caminhos)
Encontraram-se juntinhos
Pisando na mesma grama.

II

E bebo à noite de amores,
À noite em que os meus sapatos
E os teus mignons sapatinhos
(Os teus cobertos de flores,
Os meus cobertos de lama,
Lama e flores dos caminhos)
Encontraram-se juntinhos
Debaixo da mesma cama.

2

Da massa de maus poemas que compôs, entre ruim e pior do que ruim, sobrenadam alguns sonetos e algumas traduções, de Shakespeare, Poe e, mais que todos, Baudelaire. Sobrenada principalmente, como ficou sugerido, o referido "Pomo do mal", composto em 1876, quando ele tinha vinte anos:

1. Dimanam do teu corpo as grandes digitális,
2. Os filtros da lascívia e o sensualismo bruto!
3. Tudo que em ti revive é torpe e dissoluto,
4. Tu és a encarnação da síntese dos males.

5. No entanto, toda a vez que o seio te perscruto,
6. A transbordar de amor como o prazer de um calix,
7. Assalta-me um desejo, ó glória das Onfales!
8. — Morder-te o coração como se morde um fruto!

9. Então, se dentro dele um mal que à dor excite
10. Conténs de mais que o pomo estéril do Asfaltite,
11. Eu beberia a dor nos estos do delírio!...

12. E podias-me ouvir, excêntrico, medonho,
13. Como um canto de morte ao ritmo de um sonho,
14. O poema da carne a dobres de martírio!...

Apesar do tom meio grandiloquente, que pode parecer vazio à primeira vista, é inegável o impacto deste soneto, devido à violência do enunciado, à raridade do tema e à força de muitos versos, a começar pelo primeiro, que ilumina todos os outros como um "talismã" (para usar o conceito fora de moda de Henri Brémond):

Dimanam do teu corpo as grandes digitális.

Naquele tempo o alexandrino francês estava começando a ter importância na poesia de língua portuguesa. Este, com o seu boleio amplo, as tônicas bem situadas, o raro verbo inicial e a sonoridade preciosa da última palavra, parece feito para envolver de imediato a sensibilidade numa atmosfera de feitiço e premonição. Independente do que virá depois, ele capta o leitor e o instala na chave da poesia, graças ao mistério próprio e à força da sonoridade. Para sentir a sua eficácia, basta pensar numa alternativa corriqueira do enunciado: "do teu corpo fluem venenos fortes".

Como está, ele cria uma fecunda flutuação de sentido, porque "digitális" seria, em função do verbo "dimanar", o tóxico que se extrai das plantas daquele nome, a "digitalina" (tônico ou peçonha, conforme a dose). Mas o adjetivo "grande" traz de volta a ideia de um objeto com dimensões apreciáveis, que seria a planta. As duas acepções se misturam e parecem compor uma estranha realidade, segundo a qual o corpo da mulher se expande em folhagem e ao mesmo tempo em fluido inebriante. De fato, parece haver uma tensão entre metáfora (mulher-planta) e metonímia (nome da planta pelo nome do veneno extraído dela), que o verso seguinte resolve, fixando a conotação de veneno para "digitális".

Confirmando, o verso 2 qualifica e explica: o que está em jogo é uma substância venenosa, à qual se equiparam a lascívia e a sensualidade animal de uma mulher, podendo-se observar a abstração progressiva do discurso: primeiro, o concreto da planta, que contém oculto o veneno; depois, este, isolado como "filtro", como algo mágico destinado a suscitar as emoções do amor; que no caso (terceira etapa) é a sensualidade. Os versos 3 e 4 qualificam brutalmente a mulher em questão, que reúne em si de maneira torpe a soma dos males e cujo perigo estava contido desde logo na alquimia metafórica da "digitális" e do "filtro". Portanto, tudo nada mais é do que a ampliação lógica do verso inicial, que encerra virtualmente o que os três seguintes vão especificar. Aliás, o resto do poema se desenrola em tom explicativo, como se o impacto mágico do primeiro verso tivesse instaurado o toque poético necessário.

A segunda estrofe se organiza em função do verso 8 ("— Morder-te o coração como se morde um fruto!"), e por isso desperta uma dúvida, pois a primeira impressão é que, tratando-se de mulher tão baixa, o poeta quer maltratá-la (morder o coração) para efeito de castigo. Mas não é isso, como demonstra a locução inicial "no entanto", de caráter adversativo, quando, a ser correta a impressão, deveria ser conclusiva, do tipo de "por isso" ("já que é assim"). De fato, a locução "no entanto" desvenda uma disposição erótica especial: o poeta quer efetivamente amar essa mulher, não apenas depravada, mas brutalmente dominadora, pois é uma Ônfale, como a que reduziu Hércules à submissão e o pôs fiando a seus pés, com roupa feminina. Parece que esta relação desperta o desejo do poeta, que por isso quer amar de maneira adequada a este contexto, isto é, associando prazer e violência.[1] A virilização da mulher-Ônfale, associada à feminização do homem-Hércules, abre o caminho para uma subversão dos sentimentos; em consequência o verso 8 não corresponde a uma punição, mas à escolha do relacionamento adequado e aceito pelo poeta. Note-se que ele quer amar plenamente cônscio da natureza perversa da sua parceira, tanto assim que antes procede à análise dos seus sentimentos (perscrutar o "seio", metonímia de "coração" concebido como afetividade). E o faz de maneira apaixonada, pois o seu amor é tanto que transborda, como, segundo uma imagem frequente naquele tempo ("a taça dos prazeres"), o prazer transborda de um cálice.

"Perscrutar" é um verbo forte, cujo significado vai além da simples observação ou verificação, pois requer certa tensão indagatória, certo aprofundamento que acentua o caráter de atividade intelectual complexa. Isso parece mostrar que nesta estrofe há contradição entre o impulso cego do amor transbordante, excessivo, e a atitude reflexiva com que o amoroso

---

[1] Fontoura Xavier usa a pronúncia paroxítona "Onfále", mais frequente embora incorreta, que deve ser mantida por causa da métrica e da rima.

estuda a sua perigosa amada. Trata-se da associação muito baudelairiana entre lucidez e delírio, cuja expressão paradigmática está em versos como este do poema "L'Irréparable":

— *La conscience dans le Mal!*

De fato, o sadismo pode em parte consistir nisso, pois uma de suas características é a contradição entre o impulso que cega e a deliberação de manipulá-lo conscientemente. A consciência clara, interferindo no domínio do ímpeto obscuro, afasta um do outro os parceiros do ato carnal e cria a relação carrasco-vítima, familiar aos leitores d'*As flores do mal* e aparecendo aqui de maneira curiosamente contraditória, porque a crueldade e baixeza da mulher dariam em princípio a esta o papel de algoz, mas por uma espécie de contágio magnético é o poeta que o assume, criando um duelo entre figurantes animados do mesmo ímpeto de amar e fazer sofrer, simultaneamente "vítimas e carrascos", como em "L'Héautontimoroumenos". Tratando-se de uma mulher sádica (Ônfale), que exige a humilhação dos amantes, o poeta parece estimulado (e ao mesmo tempo justificado) a entrar no jogo perigoso (daí a locução como está), manifestando o intuito de "— Morder-te o coração como se morde um fruto!". Este belo verso feroz desvenda pois um certo tipo de conhecimento amoroso: a indagação ("perscrutar") termina no ato cruel de romper com os dentes o coração, para desvendar o seu conteúdo, como em "A Une Madone", de Baudelaire, o sujeito quer cravar sete facas no coração da amada.

A terceira estrofe justifica esta atitude e torna explícita a disposição ambígua de associar amor e sofrimento. O poeta diz que o coração da mulher é vazio, caracteriza-se pela ausência de afeto, metaforizada nas frutas que, segundo a tradição bíblica, cresceram à volta do mar Morto (lago Asfaltite), depois da destruição de Sodoma e Gomorra pelo fogo do céu. (*Deuteronômio*, 32,32-33; *Sabedoria* 10,6-7). Vistas de longe, elas são bonitas e alentam o viajante, mas "quando descascadas, se desfazem em fumaça e cinza".[2] O coração da mulher-Ônfale é igual a uma dessas frutas do lugar maldito e, portanto, corresponde ao desejo perverso do poeta, de encontrar nela uma maldade que ao mesmo tempo estimula e justifica a busca da dor (verso 9). Então ele aceita o jogo da perversidade, definindo a relação de sadismo, isto é, a relação carnal onde, no verso 10, o prazer ("os estos do delírio") se associa explicitamente ao padecimento ("eu beberia a dor").

Os versos 9 e 10 são bonitos e não muito claros: o coração da mulher fatal parece conter o pomo do Asfaltite e o poeta pressupõe que possa conter, além dele, "um mal". Mas o significado mais provável é que o coração da mulher seja o próprio "pomo" do título, a fruta sem vida das margens antes depravadas do mar Morto que metaforiza o nada afetivo, mas contém além disso ("a mais") "um mal", algo terrível capaz de levar o poeta a buscar e infligir a dor associada ao prazer (*"mêler l'amour avec la barbarie"*, como no citado "A Une Madone"). Entendemos então que o mal se instala como sucedâneo e ao mesmo tempo estímulo do afeto aberrante, e o sujeito do poema o aceita como ponto de referência para a relação amorosa peculiar, que se ajusta à dissoluta crueldade da mulher.

A quarta estrofe pode ter sentido próprio ou figurado, isto é, pode dizer que a partir dessa experiência, caracterizada pelo qualificativo "terrível", o poeta faria, ao contrário das normas ("excêntrico"), um poema alusivo, que pareceria delírio mortal marcado pela tortura. E pode, mais provavelmente,

---

[2] Flavius Josèphe, *La Guerre des juifs*. Traduit du grec par Pierre Savinel. Paris: Les Éditions de Minuit, 1977, p. 397.

metaforizar a experiência sádica, apresentada como se fosse um poema amoroso em contexto de tortura, com a sua carga de destruição associada à morte e seus dobres fúnebres.

(A título de curiosidade, lembro que há um soneto de Goulart de Andrade, recolhido nas suas *Poesias*, 1902, onde as frutas do mar Morto são tratadas de maneira diferente, como símbolo da realidade decepcionante do amor:

POMO DE SODOMA

Entre estéreis sarçais, urzes, cardos daninhos,
Por um chão de calhaus, avança o pegureiro:
Ponta de asa não vê nos ásperos caminhos!
Raríssimo, serpeia o curso de um ribeiro!

Nega-lhe o solo em brasa os pequenos carinhos
Da relva e dos moitais de viridente olmeiro...
E ele busca, através de saibros e de espinhos,
Em oásis risonho, um pouso hospitaleiro!

Tem fome, e, pomos vendo à mão, belos, rosados,
Vai colhê-los; porém, mal os alcança e os toca,
Eles em negro pó, prestes, são transformados...

— De dores, Poeta, o fado a tua estrada junca:
Celebra o teu Ideal! Exalta-o, vai, evoca
Sempre o teu grande amor, mas não n'o toques nunca!)

3

Se não for o único, "Pomo do mal" é dos raros poemas líricos da literatura brasileira que assumem posição declaradamente sádica. É indiscutível a influência de Baudelaire, marcante em Fontoura Xavier e outros jovens do Realismo poético (que ocorreu aqui nos anos de 1870), mediada pelos portugueses, como Gomes Leal e Guerra Junqueiro. N'*As flores do mal* o sadismo aparece não apenas em algumas das "peças condenadas", excluídas judicialmente do livro depois do processo de 1857, mas em várias outras. Uma das "peças condenadas", "Le Lethé", tem em comum com o nosso soneto a ideia de mulher cruel que destila veneno e não possui coração. Mas nela, quem enuncia está em posição masoquista, que é invertida na maior parte no poema brasileiro, onde é clara a disposição de infligir sofrimento como fogo de encontro à dureza da mulher Ônfale. A influência inicial de Baudelaire no Brasil deu lugar ao exagero de certas dimensões carnais, contra o qual Machado de Assis protestou no artigo "A nova geração", e que procurei analisar como deformação construtiva.[3]

No caso, Fontoura Xavier "exagerou", foi mais longe do que o modelo, na medida em que Baudelaire (a despeito de descrições terríveis, como "Une Martyre") nunca apresentou do amor sádico uma caracterização tão explícita quanto a que ocorre em "Pomo do mal".

O impacto deste não é devido só ao tema, mas sobretudo à maneira pela qual foi elaborado: a contraditória estrutura de tensões e diversos recursos particulares de fatura, inclusive efeitos sonoros que percorrem o soneto, gerando uma tensão fônica que endurece os significados e, assim, realça o tema (crueldade no amor).

O endurecimento a que me refiro se deve ao fato de caírem os acentos mais fortes em palavras frequentemente ásperas pela sonoridade ou o sentido. Na maioria dos casos, não são as que

---

[3] Antonio Candido, "Os primeiros baudelairianos", *A educação pela noite*. 5. ed. revista pelo autor. Rio de Janeiro: Ouro sobre Azul, 2006, pp. 27-46.

recebem a cesura principal da 6ª sílaba, mas aquelas cuja tonicidade mais notória se encontra na 8ª e na 12ª. Isto desloca o peso sonoro para o fim do verso, mais momentoso, reforçando o significado de palavras semanticamente pesadas. No verso 3, por exemplo, a cesura principal (6ª sílaba) incide em "reVIve", mas o impacto se deve aos acentos da 8ª e 12ª, associados a palavras mais contundentes que o verbo "reviver": "TORpe e dissoLUto". O último verso, 14, também é típico sob este aspecto, com a sequência tônica de intensidade crescente culminada na 8ª e na 12ª sílabas, pertencentes a palavras de significado forte no contexto do poema ("DObres", "marTírio"), que graças a este verso acaba por uma definição figurada do amor sádico.

No nível estrutural, já foram sugeridas tensões que alicerçam os significados e se organizam em torno da contradição maior, prazer-dor, tornada coerente pelo sadismo, que consiste justamente na sua combinação. Em torno deste eixo é construído o poema, com a sua sonoridade forte, o seu verso inicial que situa o leitor em pleno universo da poesia, com um poder que transcende o nível apenas lógico. Graças a ele o insólito se torna familiar e o poeta pode desenvolver um tema revolucionário para o acanhado ambiente da literatura brasileira dos anos de 1870.

"Pomo do mal" desvenda um pouco a dualidade que faz da vida do sexo, de um lado, fruição e alegria; de outro, bestialidade e tormento como preço eventual do prazer. Este lado turvo suscita com frequência na arte e na literatura o impulso sublimador, como se fosse necessário compensá-lo por meio de mundos inventados, ou por meio de "testemunhos" (fictícios) que aliviam como confissão. Isso ocorre, seja expondo os aspectos "excêntricos", "medonhos", seja lavando-os, filtrando-os até transformá-los em límpido cristal.

Na poesia brasileira (penso no que dizem os versos, não no comportamento dos poetas), é visível a vertente dos desvios da norma: sadismo em Bernardo Guimarães, masoquismo em Casimiro de Abreu, erotismo solitário em Álvares de Azevedo, voyeurismo em Bilac, necrofilia em Alberto de Oliveira, senso da decomposição em Augusto dos Anjos, angústia do impulso sexual irregular em Mário de Andrade, autocastração punitiva em Drummond. Mas enquanto em quase todos esses casos o traço é extraído pela análise do crítico, no soneto de Fontoura Xavier há um tratamento intencional e declarado por parte do poeta, que assume conscientemente a representação da crueldade sexual transgressiva.

O poeta itinerante

"Louvação da tarde", de Mário de Andrade, foi escrito em outubro de 1925 e publicado em 1930 como penúltimo poema da série denominada "Tempo da Maria", no livro *Remate de males*.[1] Ele ocupa na sua obra uma posição-chave, porque representa a passagem da poesia mais exterior dos primeiros tempos de luta modernista para a poesia mais interior da última fase.

Falando do poema numa carta a Manuel Bandeira, de 12 de dezembro de 1925, Mário de Andrade registra este caráter de transição (para melhor, segundo ele) e diz com humor que está fazendo poemas de leitura difícil, cacetes, ao gosto dos ingleses pela extensão, o cunho meditativo e a subordinação a um esquema de pensamento, tendo por finalidade manifestar um lirismo mais profundo, menos comprometido com a notação exterior e o pitoresco.

É oportuno lembrar que algum tempo antes havia escrito dois poemas também longos, mas diametralmente opostos a este, sendo ambos construídos em torno de algo exterior ao poeta: "Carnaval carioca" (1923) e "Noturno de Belo Horizonte" (1924). O primeiro descreve o movimento colorido dos grupos e da multidão; o segundo é uma espécie de rapsódia do Brasil através de Minas. A partir de "Louvação da

[1] O poema está na íntegra em apêndice.

tarde" a sua poesia se construirá cada vez mais em torno do próprio eu, numa linha meditativa e analítica acentuada.

I

O que deve ser assinalado em primeiro lugar neste poema é o tipo de verso, tão discrepante dos postulados modernistas e da conquista do verso livre. O decassílabo branco, usado aqui pela primeira e única vez na obra de Mário de Andrade, parece ter sido escolhido por mais de um motivo e significar mais de uma coisa.

Primeiro, mostra o desejo de empregar um metro cuja amplitude o torna equivalente ao pentâmero jâmbico usado em muitos poemas ingleses carregados de reflexão, que desejou imitar. Segundo, a escolha parece marcar paradoxalmente o triunfo do Modernismo, porque denota a confiança adquirida por quem é capaz de incorporar as conquistas expressionais e temáticas a um esquema do passado. Deste modo a presença do decassílabo assinala o momento de refluxo da libertinagem "de guerra", exterior e pitoresca, mostrando que a mensagem de vanguarda podia entroncar-se na tradição e, assim, encaixar-se na literatura brasileira. De fato, "Louvação da tarde" remonta não apenas aos poemas ingleses de tipo reflexivo, com referência à natureza, mas às meditações em verso branco da nossa literatura pré-romântica e romântica (Borges de Barros, Gonçalves Dias, Varela, Bernardo Guimarães). Caso interessante de poema moderno feito de maneira aparentemente antiga, ele é um momento-chave não apenas na obra de Mário de Andrade, mas na relação entre modernidade e tradição, marcando uma etapa importante no caminho do Modernismo. Eis o que diz um trecho da carta a Manuel Bandeira:

Agora meu desejo é esse: construir o poema pau, o poema que não tem nenhuma excitação exterior, nem de pândega, nem de efeitos nenhuns nem de sentimentos vivazes. Nada que flameje, que rutile, que espicace. Nada de condimentos nem de enfeites. O poema poesia construído com pensamento condicionando o lirismo que tem de ser enorme (sinão não transparece) o mais formidável que puder porém duma ardência como que escondida porque inteiramente interior. Enfim: o poema inglês. Shelley, Keats, Wordsworth, Swinburne, Yeats, essa gente. Pleiteio por Álvares de Azevedo contra Castro Alves, caso típico de poesia excitante, poesia condimento, poesia cocktail, poesia-coisas-assim. Quero construir o poema que não se pode ler no bonde, o poema que não carece ser recitado, ao contrário que perde quando recitado (o tempo dos rapsodos e dos menestréis já passou) o poema que carece ser lido e entendido e o amor verdadeiro há-de descobrir dentro dele o fogo e o foco ardentíssimos porém que não queimam, em vez elevam consolam e são fecundos.[2]

Estas indicações são valiosas, inclusive porque nem sempre temos a reflexão de um poeta sobre os seus poemas, e elas mostram de que modo Mário de Andrade procurava ligar o seu texto a uma genealogia.

A sua construção é rigorosa, adequada ao propósito expresso na carta a Manuel Bandeira: fazer uma reflexão organizada por meio de ideias encarnadas no lirismo. No entanto o discurso é aparentemente casual, dando a impressão de obedecer às associações, como se a palavra seguisse o movimento caprichoso de um passeio. Correspondendo a isso, a fórmula versificatória tradicional e estrita é manipulada de modo liberto, segundo uma dicção fluente de ritmo coloquial.

---

[2] *Cartas de Mário de Andrade a Manuel Bandeira.* Pref. e notas de Manuel Bandeira. Rio de Janeiro: Simões, 1958, p. 126.

A modernidade é evidente nesta maneira folgada de usar o decassílabo, em combinações que rompem o esquema métrico, ora picadas em unidades ínfimas, ora espraiadas em longas emissões que ultrapassam vinte sílabas. O ritmo e o vocabulário são os da prosa familiar, bem próximos do dia a dia, distantes da solenidade que o metro poderia sugerir. É um admirável monólogo em tom de conversa fiada, onde o tempo narrativo equivale ao tempo narrado, desdobrando-se enquanto o emissor do discurso vai indo de automóvel por uma estrada ao pôr do sol. O deslocamento no espaço e a contemplação da paisagem se associam para estimular a mente, que se põe a pensar e a devanear, repassando o próprio modo de ser, os projetos, as aspirações. Enquanto isso a tarde cai, o poeta chega de volta à casa da fazenda e a lua aparece. A análise minuciosa levaria longe, por isso farei apenas uma descrição crítica, começando por indicações que permitam estabelecer o laço entre "Louvação da tarde" e certas modalidades de poesia romântica.

2

O poema reflexivo dos românticos, chamado algumas vezes *meditação*, difere essencialmente dos poemas de cunho filosófico dos neoclássicos, denominados *epístola*, *ensaio* etc., verdadeiras dissertações em verso sobre um tema abstrato, um acontecimento, como o "Ensaio sobre o homem", de Pope, ou o "Poema sobre o desastre de Lisboa", de Voltaire, sem falar nos puramente didáticos.

O que os pré-românticos e os românticos fizeram foi algo ligado à experiência sensorial e afetiva, dissolvendo a dissertação num discurso que a transformava em *modo* da sensibilidade. Em vez de partirem de um conceito, juízo, afirmação, partiam de algum estímulo dos sentidos ou do sentimento, devido geralmente à contemplação da natureza, que dava corpo palpável à generalidade das abstrações. A natureza tornava-se correlativo do pensamento e do sentimento, permitindo a ligação íntima com a subjetividade.

No Pré-Romantismo, sobretudo inglês, isto começa pelo vínculo entre a reflexão e o lugar. Exemplo é a "Elegia escrita num cemitério campestre", de Thomas Gray, onde a presença física do cemitério, descrito com pungência e melancolia, instiga a refletir sobre a morte relacionada à condição humana (como faria de certo modo Paul Valéry n'"O cemitério marítimo"). Note-se que neste caso a relação entre o emissor do discurso e a natureza é estática. Mas "Louvação da tarde" pertence a outra chave, a da relação dinâmica, na qual o emissor do discurso se movimenta, configurando o que poderíamos chamar *poesia itinerante*. Trata-se da função poética da marcha, o corpo em movimento servindo para espertar a mente.

Um precursor disto, como de tantas coisas do Romantismo, foi Jean-Jacques Rousseau, ao vincular o sentimento da natureza, a meditação e o movimento do corpo nos *Devaneios do passeante solitário*, dez meditações (em prosa) sobre os mais variados temas, chamadas significativamente "passeios". Embora o autor não esteja o tempo todo no ato de andar, é básica a ideia de que a caminhada desperta a reflexão a partir das emoções, tendo como catalisador o espetáculo da natureza. O livro de Rousseau é um marco na formação do Romantismo e um exemplo que ajuda a entender a atmosfera espiritual que gerou a poesia itinerante.

Muito ilustrativo é o caso de Wordsworth, poeta ambulante por excelência, que logo no começo da atividade poética escreveu "Um passeio vesperal" ("An Evening Walk"), de corte meramente descritivo. A meditação reponta mais noutro poema de mocidade, "Esboços descritivos" ("Descriptive Sketches"), onde fala dos "prazeres do viajante a pé" num sumário que precede os versos. Este poema é uma longa descrição de viagem pelos Alpes, ligando a cada instante a reflexão ao deslocamento no espaço e ao espetáculo da natureza, processo frequente em Wordsworth e um dos apoios do seu enorme, cacetíssimo poema chamado significativamente "A excursão" ("The Excursion"), onde focaliza problemas do homem e da sociedade, inclusive os da Revolução Francesa, que primeiro o fascinou, depois o desiludiu.

Não apenas em Wordsworth, mas noutros românticos de diversos países a poesia itinerante foi renovadora, exprimindo a nova correlação entre homem e natureza, na medida em que aumentava a intimidade entre ambos e assim permitia a expansão mais direta da individualidade. A natureza, penetrada diretamente no percurso, tornava-se algo próximo do poeta, que se valia dela para abordar os temas mais variados, inclusive a concepção de poesia, como acontece em "Sub tegmine fagi", de Castro Alves, caminhada pelo campo e a floresta que serve de ocasião para refletir poeticamente.

À poesia itinerante devemos associar outra modalidade que pode ser qualificada como *poesia de perspectiva*, na qual a meditação, sucedendo a uma andança implícita, é feita a partir da altitude, como ocorre frequentemente no próprio Wordsworth. Lembremos certas composições de Lamartine, nas quais a meditação não deriva do deslocamento no espaço, mas do movimento da vista a partir de um lugar alto. É o caso de "L'Isolement", iniciado com o olhar percorrendo a paisagem:

> *Souvent sur la montagne, à l'ombre du vieux chêne,*
> *Au coucher du soleil, tristement je m'assieds;*
> *Je promène au hasard mes regards sur la plaine,*
> *Dont le tableau changeant se déroule à mes pieds.*

Lembremos ainda o curto e denso "L'Infinito", de Leopardi, construído a partir de uma idêntica visão da altura:

Sempre caro mi fu quest'ermo colle.

"Louvação da tarde" participa da primeira modalidade: é uma meditação ambulante, sendo o único poema de Mário de Andrade onde encontramos a combinação natureza-passeio--meditação. Ele escreveu numerosos outros poemas itinerantes, mas figurando caminhadas urbanas e se entroncando por aí numa tradição do Romantismo tardio. Vale a pena dizer uma palavra sobre esta tradição derivada, presa à intensa urbanização do mundo contemporâneo.

Sabemos que para muitos a modernidade começa na obra de Baudelaire, que instaurou a poesia da grande cidade, inclusive do ângulo do passeador, estudado por Walter Benjamin num tópico do ensaio "Paris, capital do século XIX" e, mais detalhadamente, nos "Temas baudelairianos", onde aborda sobretudo a multidão. Em Baudelaire a grande cidade foi transformada numa espécie de nova paisagem, que substitui a natural.

São muitos os poetas e prosadores que trabalharam sobre esta metamorfose, chegando alguns a uma poesia densa e cheia de fantasia, como foi o caso de Louis Aragon no Surrealismo. Seu livro *Le Paysan de Paris*, talvez inspirado pelos poemas em prosa de Baudelaire, cria uma espécie de nova naturalidade, de nova espontaneidade, no quadro artificial e mecanizado da metrópole, tratada como fonte de um fantástico que a imaginação descobre nas dobras do cotidiano. E lembremos que um dos poemas mais importantes do século XX, "A terra desolada", de T.S. Eliot, é uma espécie de transposição de buscas alegóricas para o quadro da cidade grande, já cantada por ele em poemas anteriores, como "A canção de amor de J. Alfred Prufrock", que começa ligando o itinerário à reflexão, num cenário onde a natureza foi substituída pelo ambiente urbano:

> Sigamos então, tu e eu,
> Enquanto o poente no céu se estende
> Como um paciente anestesiado sobre a mesa;
> Sigamos por certas ruas quase ermas,
> Através dos sussurrantes refúgios
> De noites indormidas em hotéis baratos,
> Ao lado de botequins onde a serragem
> Às conchas das ostras se entrelaça;
> Ruas que se alongam como um tedioso argumento
> Cujo insidioso intento
> É atrair-te a uma angustiante questão...
> (Tradução de Ivan Junqueira)

Na literatura brasileira anterior ao Modernismo há pelo menos um notável exemplo de meditação itinerante na moldura transfigurada das capitais: "As cismas do destino", de Augusto dos Anjos, fala desvairada e eletrizante no decurso de um passeio noturno rumo a certa casa funerária, que começa assim:

> Recife. Ponte Buarque de Macedo.
> Eu, indo em direção à casa do Agra,
> Assombrado com a minha sombra magra,
> Pensava no Destino e tinha medo!

Mário de Andrade praticou em toda a sua obra a poesia da rua e do poeta andarilho, frequentemente nas horas da noite, marcadas pela inquietação e mesmo a angústia. Mas em "Louvação da tarde" está noutra chave, próxima daquela serenidade contemplativa dos primeiros românticos, como alguém que procura sobretudo a paz pela meditação serena no quadro natural.

3

Meditação da mais completa modernidade, seja dito, a começar pelo fato de não ir o poeta a pé, como o viajante de Wordsworth, o flâneur de Baudelaire, o notâmbulo alucinado de Augusto dos Anjos ou os personagens tresmalhados de Eliot. Nem a cavalo (apesar de estar no campo), como Julian e Maddalo no poema onde Shelley figurou a si próprio e a Byron sob estes nomes. Em "Louvação da tarde" o poeta vai de automóvel, que designa por um diminutivo carinhoso e trata como ser vivo, pois em vez de dirigi-lo, abandona-se a ele, ao modo de montaria confiável cujas rédeas foram soltas:

E a maquininha me conduz, perdido
De mim, por entre cafezais coroados,
Enquanto meu olhar maquinalmente
Traduz a língua norte-americana
Dos rastos dos pneumáticos na poeira.

Trata-se portanto de uma meditação itinerante entrosada na era da mecanização, e tanto quanto sei é a primeira onde o deslocamento no espaço se faz por este meio. É claro que há poemas anteriores nos quais o automóvel aparece, mas não conheço outro onde esteja em contexto semelhante, isto é, o do poema-meditação. Creio que Mário de Andrade realmente *inventou*, ao aproveitá-lo como traço moderno inserido em texto de ressonância tradicional, gerando a modernidade através de uma atitude quase paródica. Lembro que é posterior, de 1928, o curto poema em versos livres no qual Fernando Pessoa (Álvaro de Campos) narra uma excursão noturna "ao volante do Chevrolet", durante a qual expõe as emoções do momento.

Enquanto objeto de poesia o automóvel já estava em diversos poemas de Marinetti. Por exemplo "Ao automóvel de corrida" ("All'automobile da corsa", publicado primeiro em francês), que glorifica a velocidade por meio da máquina, dentro do típico espírito futurista:

> *Veemente dio d'una razza d'acciaio,*
> *Automobile ebbrrra di spazio,*
> *che scalpiti e frrremi d'angoscia*
> *rodendo il morso con striduli denti...*
> *Formidabile mostro giapponese,*
> *dagli occhi di fucina,*
> *nutrito di fiamma*
> *e d'olî minerali,*
> *avido d'orizzonti e di prede siderali...*
> *io scateno il tuo cuore che tonfa diabolicamente,*
> *scateno i tuoi giganteschi pneumatici,*
> *per la danza che tu sai danzare*
> *via per le bianche strade di tutto il mondo!...*

Faço a citação sobretudo para mostrar a diferença, indicando um segundo nível da invenção de Mário de Andrade: nos modernismos europeus, sobretudo o Futurismo, o automóvel estava ligado à potência da velocidade, à vertiginosa conquista do espaço, como sinal da nova era. Marinetti escreveu em 1909 no "Manifesto futurista": "[...] o esplendor do mundo foi enriquecido por uma beleza nova: a beleza da velocidade". E elevou este conceito a verdadeira teoria noutro manifesto, de 1916, intitulado "A nova religião-moral da velocidade". Como agente desta é que o automóvel era geralmente celebrado. Mas neste poema de Mário de Andrade ele aparece despido dos sinais vanguardistas de identidade. Como verdadeiro figurante de poesia lírica romântica é doce, meigo, lento, assimilado a um animal integrado no ritmo da natureza. Talvez por isso o poeta crie um neologismo significativo para qualificá-lo, nesta apóstrofe à tarde pacificadora:

> Só no exílio
> De teu silêncio, os ritmos maquinares
> Sinto, metodizando, regulando
> O meu corpo. E talvez meu pensamento...

Observe-se que os ritmos não são "maquinais", isto é, automáticos, próprios de um mecanismo cujos movimentos são prescritos e invariáveis, mas "maquinares", como "cavalares", "muares", próprios de máquina animalizada, e por isso mesmo se comunicam ao corpo do homem, funcionando como pulsão reguladora. Há pois uma inversão do clichê futurista, a fim de que a máquina típica das vanguardas no começo deste século possa ser incorporada ao ritmo eterno da natureza. É uma segunda invenção, que descarta a filosofia da velocidade e insere os seus emblemas no contexto contemplativo da tradição, usada para sugerir a constância das obsessões poéticas.

Estamos portanto diante de um exemplo de fusão de perspectivas, épocas, processos, justificando o ponto de vista que este poema é um momento de viragem e maturação não apenas na obra de Mário de Andrade, mas do próprio Modernismo brasileiro, cuja fase de guerra estava começando a se estabilizar. No caso, pela transposição de práticas literárias cuja origem é em boa parte romântica.

Mas fique claro: não se trata de recuo ou apostasia, e sim de uma demonstração de validade do Modernismo por meio do seu entroncamento na tradição. De fato, este poema consolida a ruptura, ao provar que ela garante a perenidade dos valores, desde que estes se reincarnem nos requisitos da modernidade. Sob este aspecto, a espécie poética (*meditação*) e a fórmula métrica nunca usada por Mário de Andrade antes nem depois (decassílabo branco) assumem um ar de amena paródia, confirmada a cada passo pelo teor do discurso, cheio de humor e bonomia.

4

"Louvação da tarde" se relaciona com outros poemas do autor. Principalmente dois, que formam com ele os pilares de uma trajetória: "Louvação matinal", pouco posterior, e "A meditação sobre o Tietê", do fim de sua vida.

Comparando-os percebemos uma função diferente das horas do dia. Em "Louvação matinal" a manhã corresponde à vida consciente e à luta diária. É o momento da vontade e da razão. A noite d'"A meditação sobre o Tietê" sintetiza todas as noites da poesia de Mário de Andrade e corresponde entre outras coisas à vida recalcada, aos desejos irregulares, ao inconsciente que assusta e a tudo o que a sociedade oprime. É o momento das rebeldias e dos impulsos arriscados. Situada entre as duas, a tarde do nosso poema é o momento do sonho e do devaneio, quando a pessoa concede a si mesma o direito de imaginar qual seria a sua melhor forma, e a imaginação procura afeiçoar o mundo à veleidade. Momento de contemplação serena, pressupondo o esforço de paz interior.

Instalado no volante do automóvel, um pequeno Ford dos anos de 1920, o poeta mal pressiona o acelerador e vai devagar, ajustando o ritmo do pulso ao ritmo da máquina, parando de vez em quando. O deslocamento no espaço e a intensa contemplação da paisagem rural fazem dele um Wordsworth entre cafezais, com o passeio suscitando a meditação longa e elaborada. Nesse poema tranquilo, em paz com o destino, nascido nos momentos de intervalo da luta pela vida, ele repassa o seu modo de ser, os seus desejos, os seus projetos, misturando o devaneio à ação imaginada, numa construção regular em cinco movimentos e uma conclusão, sendo que o primeiro e o quinto parecem o mesmo, interrompido estrategicamente pela intercalação enriquecedora de exemplos que ilustram e encarnam a proposta central. Esta concerne à importância da imaginação e do sonho como arsenais da criação e do comportamento; as partes intercaladas aludem à necessidade da fantasia para construir uma plenitude fictícia, que compensa as frustrações da vida diária e é chamada a certa altura "a mentirada gentil do que me falta".

Dentro do espírito de referência à tradição, o começo do poema é uma curiosa encarnação antropomórfica, personificando a tarde como se fosse entidade mitológica:

Tarde incomensurável, tarde vasta,
Filha de sol já velho, filha doente
De quem despreza as normas da eugenia,
Tarde vazia, dum rosado pálido,
Tarde tardonha e sobretudo tarde
Imóvel...

O tom é de amena brincadeira: no fim do dia o Sol, já velho e cansado da tarefa diária, engendra uma filha, a Tarde, frágil, melancólica, insatisfatória ante os requisitos da Eugenia, que naquele tempo andava em grande voga no Brasil com o seu dogmatismo de pseudociência. Esta filha enfermiça de velho é lerda, "tardonha". Assim, logo no início o vínculo com a tradição é estabelecido não só por meio do decassílabo em pleno movimento de vanguarda, mas também por meio desta figura mitológica em chave humorística.

É visível que o poeta se situa com certa passividade em face da paisagem, como quem vai sofrer a sua influência. A tarde o separa do tumulto cotidiano e assim cria condições para ele se concentrar, superando a dispersão imposta pelas tarefas. É uma situação ideal de independência que permitirá a liberdade da mente, inclusive porque o poeta se ajusta ao ritmo libertador da natureza, que o desliga da condição de homem integrado nas obrigações da cidade. Isso começa pela homologia entre máquina (que respira) e pássaro (cujo canto é pontudo como um instrumento), pois o automóvel entra em uníssono com eles e deste modo se funde na natureza. Em consequência o ritmo mecânico é identificado ao ritmo natural e o corpo ganha intimidade com a paisagem, pela mediação paradoxal da máquina humanizada. A ansiedade desaparece e o poeta esposa as coisas naturais, física e mentalmente:

> O doce respirar do forde se une
> Aos gritos ponteagudos das graúnas,
> Aplacando meu sangue e meu ofego.

Ocorre então uma espécie de suspensão do tumulto da vida, o ser se reorganiza e ele adquire maior lucidez, compreendendo que a suspensão criada pela tarde deixa perceber uma linha de maior coerência no que realiza, fato que a dispersão do dia não permitira ver. Isto se traduz, encerrando o primeiro movimento, numa imagem rural: os elementos dispersos da atividade, aparentemente desconexos, ganham sentido e parecem unir-se pela meditação, do mesmo modo que o gado espalhado nos pastos é reunido à tarde nos currais:

> Só nessa vastidão dos teus espaços,
> Tudo o que gero e mando, e que parece
> Tão sem destino e sem razão, se ajunta

> Numa ordem verdadeira... Que nem gado,
> Pelo estendal do jaraguá disperso,
> Ressurge de tardinha e, enriquecido
> Ao aboio sonoro dos campeiros,
> Enriquece o criador com mil cabeças
> No circo da mangueira rescendente...

A tarde possui uma força pacificadora e unificadora, porque nela a imaginação se liberta e pode criar uma forma paralela de atividade: o exercício da fantasia. No caso, através do devaneio, que compensa as limitações da vida corrente e deixa entrever uma outra, mais satisfatória, que poderia cumular os desejos:

> Não te prefiro ao dia em que me agito,
> Porém contigo é que imagino e escrevo
> O rodapé do meu sonhar, romance
> Em que o Joaquim Bentinho dos desejos
> Mente, mente, remente impávido essa
> Mentirada gentil do que me falta.

Quando o poema foi escrito estes versos não precisavam de esclarecimento, porque os leitores estavam familiarizados com o personagem caipira de Cornélio Pires, o mentiroso monumental do livro *Estrambóticas aventuras de Joaquim Bentinho, o queima campo* (1925). A "mentirada gentil" é a imaginação solta, equivalente à que nutre os romances folhetinescos, cujos episódios apareciam em série no "rodapé" dos jornais, espaço antes denominado "folhetim". A "mentirada" procura compensar as limitações, e é possível por ser a tarde a hora em que o trabalho acabou e o protagonista está só, entregue a si mesmo. A tarde permite assim criar uma "outra vida", objeto dos três movimentos seguintes, nos quais ele imagina realizações no plano do afeto, no do conhecimento do Brasil e no do bem-estar econômico.

O segundo movimento, primeiro destes três intercalados, começa com versos eufóricos:

> ... Toda dor física azulou... Meu corpo,
> Sem artritismos, faringites e outras
> Específicas doenças paulistanas,
> Tem saúde de ferro.

No mundo do devaneio o poeta é forte, saudável, bonito, chegando a superar as frustrações amorosas. E aqui ocorre um jogo interessante entre o novo ser idealizado, íntegro, e a presença incômoda da realidade se infiltrando nele. Lembremos que "Louvação da tarde" faz parte do ciclo "Tempo da Maria", que descreve o amor impossível por uma mulher casada e virtuosa. Graças à libertação das contingências, permitida pela tarde, isto é, graças à fantasia do devaneio, o poeta se figura como alguém suficientemente forte para dominar a paixão, "arquivar Maria" (como diz noutro poema) e cultivar apenas amores fáceis, sem consequências. Mesmo porque (movimento de raposa ante as uvas inacessíveis) ela não era tão bonita assim ("Qual!... Nem por isso./ Não sonho sonhos vãos") e só traria problemas. Livre da obsessão de Maria, a vida dele seria um "livro de aventuras", jogo de palavras misturando "aventura = caso amoroso" e "aventura = ocorrências excitantes". Dentro de tal livro (a sua nova vida) Maria seria guardada ao modo de flor ou folha, entre as páginas onde secaria e ficaria apenas como lembrança sentimental. Mas aí ocorre um efeito poético todo síntese e alusão: a evocação da amada traz a sua presença para dentro do devaneio e a disposição fraqueja, o que se exprime pelo subentendido das reticências. Maria será uma simples folha seca... Folha seca?... Será?

Se a malva guarda o perfume, ela pode guardar a sua perturbadora realidade e parece emergir triunfante da metáfora:

> Desejemos só conquistas!
> Um poder de mulheres diferentes,
> Meninas-de-pensão, costureirinhas,
> Manicuras, artistas, datilógrafas,
> Brancaranas e loiras sem escândalo,
> Desperigadas... livro de aventuras
> Dentro do qual secasse a imagem da outra,
> Que nem folha de malva, que nem folha
> De malva... da mais pura malva perfumada!...

A euforia do devaneio tropeça portanto um momento, porque a malva parece teimosamente viva em vez de secar. Mas é só um momento. O poeta o contorna e vai à frente, na faina de construir a vida nova por meio do sonho, entrando no terceiro movimento do poema com a visão da sorte melhorada que imagina:

> Livre dos piuns das doenças amolantes,
> Com dinheiro sobrando, organizava
> As poucas viagens que desejo...

Este movimento define o tema do Brasil, quase obsessivo na poesia de Mário de Andrade sob diversos avatares. Sucedendo imediatamente à evocação dos amores, a referência à sua terra dá ideia de transferência, como se o apego à pátria fosse um outro modo de fixar a afetividade. Seja como for, aparece agora um elemento importante da sua vida e da sua obra: o gosto pelas viagens no país, que chegou a conhecer bastante, apesar das dificuldades de locomoção do seu tempo. Esse gosto aparece aqui como pena por não haver seguido a Coluna Prestes (referida indiretamente), cuja imensa peregrinação estava se desenvolvendo quando o poema foi escrito:

> ... se acaso
> Tivesse imaginado no que dava
> A Isidora, não vê que ficaria
> Na expectativa pança em que fiquei!

"Isidora" é a Revolução de 1924, chefiada pelo general Isidoro Dias Lopes, que "deu" na guerrilha da Coluna Prestes através do sertão brasileiro até fevereiro de 1927, quando os combatentes se internaram na Bolívia. 1927 foi o ano em que Mário de Andrade viajou pelo Amazonas até Iquitos, no Peru, sua única passagem fugaz e ocasional por terra estrangeira. No poema assinala que pagou a excursão com o dinheiro ganho nas tarefas literárias e artísticas, nutridas pela imaginação, prima do devaneio que a tarde encarna:

> Tarde, com os cobres feitos com teu ouro
> Paguei subir pelo Amazonas...

É engenhosa a combinação dos metais, derivando paradoxalmente o menos nobre, isto é, o "cobre" metonímico (dinheiro) do mais nobre, o "ouro" metafórico, nascido do devaneio = tarde. (Estes versos mostram que o poema foi retocado antes da publicação no ano de 1930, pois a viagem amazônica é de 1927, dois anos depois da redação inicial.)

O Amazonas tem papel importante na poesia de Mário de Andrade, correspondendo entre outras coisas aos impulsos primitivos do ser e da cultura. Correspondendo ao que há de dúbio na mente, como se o mistério da personalidade se exprimisse pela ambiguidade das paragens onde a terra se confunde com a água, o mato grosso esconde tudo e a criação parece inacabada. E a Amazônia faz o poeta pensar no Brasil inteiro, igualmente impreciso e ambíguo, pátria "despatriada", neologismo pelo qual caracteriza a nação inorgânica cujo significado procura, como procura o dele próprio:

>   Mundos
> Desbarrancando, chãos desbarrancados,
> Aonde no quiriri do mato brabo
> A terra em formação devora os homens...
> Este refrão dos meus sentidos... Nada
> Matutarei mais sem medida, ôh tarde,
> Do que esta pátria tão despatriada!

Este momento de aventura e perplexidade contrasta com os versos do movimento seguinte, que começa por uma exclamação:

> Vibro! Vibro. Mas constatar sossega
> A gente. Pronto, sosseguei. O forde
> Recomeça tosando a rodovia.

Assim entramos no segmento final do devaneio, quarto do poema, agora referido à prosperidade econômica expressa nos termos paulistas dos anos de 1920, com base na lavoura do café e na pecuária do civilizado gado caracu:

>   Um sítio,
> Colonizado, sem necessidade
> De japoneses nem de estefanóderis...
> Que desse umas quatorze mil arrobas...
> Já me bastava. Gordas invernadas
> Pra novecentos caracus bem...

Como está na hora de voltar à sede da fazenda, a imaginação solta um último voo e o poeta figura a casa que desejaria ter no sítio imaginário, onde receberia os amigos e teria confortos sensacionais para o tempo, como aparelho de rádio capaz de captar Buenos Aires e Nova York. Isto feito, retoma a meditação inicial, cujo nó está no verso.

De-dia eu faço, mas de-tarde eu sonho,

que sintetiza a filosofia do poema, explicando o significado da tarde: ela permite relacionar o sonho e a ação, a vida contemplativa e a vida ativa, ressalvando o poeta que esta última é a mais importante, porque nela traça as normas do próprio destino e as obedece com tenacidade. No entanto a vida contemplativa do sonho é um hiato indispensável que reequilibra o ser, porque permite compensar a frustração por meio do projeto, liberando a quota de fantasia que se transforma em combustível da atividade. O sonho distingue o plano ideal do plano real (isto é, o céu e a terra), abrindo espaço para a imaginação subir bem alto, ao modo do voo dos jaburus. Assim a tarde reabastece a energia consumida pelo dia e reequilibra a relação entre a realidade e a fantasia criadora, essencial para o trabalho do poeta, que sem o material sonhado não atinge o ato, isto é, a realização da obra. Por isso louva a tarde que o ajuda a se reequilibrar depois da faina do dia:

Tarde de meu sonhar, te quero bem![3]
Deixa que nesta louvação se lembre
Essa condescendência puxapuxa
De teu sossego, essa condescendência

[3] O título inicial do poema foi "Tarde te quero bem", como se vê na citada carta a Manuel Bandeira.

Tão afeiçoável ao desejo humano.
De-dia eu faço, mas de-tarde eu sonho.
Não és tu que me dás felicidade,
Que esta eu crio por mim, por mim somente,
Dirigindo sarado a concordância
Da vida que me dou com o meu destino.
Não marco passo não! Mas se não é
Com desejos sonhados que me faço
Feliz, o excesso de vitalidade
Do espírito é com eles que abre a válvula
Por onde escoa o inútil excessivo;
Pois afastando o céu de junto à Terra,
Tarde incomensurável, me permites,
Qual jaburus-moleques de passagem,
Lançar bem alto nos espaços essa
Mentirada gentil do que me falta.

A meditação feita durante o rodar do automóvel termina com duas alusões que resumem bem o movimento do poema entre os dois planos (sonhado e real; céu e terra). Chegando, o passeante vê a máquina de beneficiar café marca São Paulo ainda arfando do trabalho, como um animal. Mas contrastando com este traço da nossa era mecanizada, no alto do espigão é a velha lua romântica de sempre que sanciona o devaneio, porque favorece a transformação da realidade pela poesia. E para situar no Modernismo a sua aparição, ela é comparada a um gavião empoleirado na árvore seca:

Ciao, tarde. Estou chegando. É quase noite.
Todo o céu já cinzou. Dependurada
Na rampa do terreiro a gaiolinha
Branca da máquina "São Paulo" inda arfa,
As tulhas de café desentulhando.

Pelo ar um lusco-fusco brusco trila,
Serelepeando na baixada fria.
Bem no alto do espigão, sobre o pau seco,
Ver um carancho, se empoleira a lua,
— Condescendente amiga das metáforas...

5

Nesta descrição crítica tentei seguir a indicação do poeta na carta a Manuel Bandeira, quando diz que o seu intuito foi fazer um "poema poesia construído com pensamento condicionando o lirismo". Por isso foi preciso indicar o caminho da meditação, em torno da qual se organiza o significado.

"Louvação da tarde" mostra como o sonho-devaneio promove a fuga provisória do real e como nasce dele o sonho-construção, que é o processo de que resulta a obra literária. Esta é sonho, porque deriva da fantasia; mas é realidade, porque importa num ato positivo de fatura. A obra-feita liga o mundo da fantasia (tarde) ao mundo real, mostrando que são solidários e interdependentes. Por isso, "Louvação da tarde" é uma oscilação constante entre eles, e desse jogo vai surgindo o poema. Quando o poeta chega de volta à casa da fazenda, a tarde (isto é, o devaneio) acabou; mas o poema está pronto (ou seja, a ação criadora se realizou). Com efeito, ao mesmo tempo em que o poeta descreve este processo o poema se constrói. E nós lembramos o final de *Em busca do tempo perdido*, quando o Narrador, depois de tantos volumes, diz ter encontrado afinal a maneira de escrever o livro desejado. Ora, na verdade este já está pronto, porque foi se construindo durante a indagação, e a revelação da chave que permitirá o seu início correto é o seu ponto-final. Assim, em "Louvação da tarde", quando o poeta dá por encerrado o inútil do sonho, o necessário da obra está pronto.

Percebemos então que o poema assenta sobre uma base de paradoxos, porque a tarde é devaneio gratuito, mas reservatório de trabalho; é repouso e é construção. O movimento da fatura reúne os dois polos e extrai deles a unidade pela fusão dos contrários, que são complementares. Este paradoxo afina com o da forma e o do gênero: o poema de um modernista feito em decassílabos; a *meditação* romântica reinventada para exprimir uma situação atual.

Paradoxo talvez mais importante do ponto de vista de uma estética do Modernismo é o que contrapõe o automóvel, instrumento da velocidade, à quietude vesperal do devaneio. Mas aqui, em vez de destruí-la pela rapidez do percurso, ele ajuda a construí-la. Neste poema, tudo o que o Futurismo queria revogar (inclusive o *chiaro di luna* de Marinetti) está no cerne do discurso, e em lugar da velocidade domesticar o mundo é o mundo que domestica a velocidade, submetendo-a ao ritmo natural. O automóvel perde características de máquina e adquire um toque de vida, facilitando a *citação* quase paródica dos traços românticos. E os dois momentos históricos se enlaçam, porque o tema de "Louvação da tarde" parece transcender o tempo, na medida em que encarna também o andamento da produção literária, mostrando que Mário de Andrade era capaz de passar do *modernismo* propriamente dito à *modernidade*, que recupera a tradição ao superá-la.

Apêndices

I.
Carta

Antônio Pereira de Sousa Caldas

dirigida a meu amigo João de Deus
    Pires Ferreira,
em que lhe descrevo a minha Viagem
    por mar até Gênova.

Meu Pires,

Despontava o dia em que a meus olhos, não sem saudade,
havia por alguns meses desaparecer Lisboa,

   Que merece bem o nome
   De Bizâncio ocidental;
   Onde o saber pouco val,
   Têm valor só prata e oiro,
   Branco açúcar, rijo coiro;
   É melhor *ter* que virtude:
   Pelo menos assim pensa
   Gente douta, e povo rude.

Dir-me-á que de Londres, Amsterdã, Berlim, Viena, se pode dizer que *sicut et nos manquejam de um olho*; não duvido: de Paris por ora nada digo; espero as leis civis para ajuizar se fizeram nelas o que devem.

É então que a minha Musa,
De cantar mais ansiosa,
Ferirá de novo as cordas
De sua lira saudosa.

Entretanto vamos ao ponto, que é a descrição da minha viagem até Gênova. Por onde começarei?

    Cansada a mimosa Aurora,
Para o leito se acolhia,
Enquanto Apolo açoitava
Os messageiros do dia.[1]

    Em vão Pirois retorcia
As orelhas fumegantes,
E com rinchos dissonantes
Etonte o ar aturdia;

    Porque Apolo enfurecido
Mais e mais os fustigava,
Vibrando a torta manopla[2]
Com horroroso estampido:

    Vinte vezes foi ouvida,
Qual o vento, sibilar,
E nas ancas revoltosas
Dos ginetes estalar,
Por tal modo

---

[1] Segundo a mitologia grega, depois do carro da Aurora vem o de Hélios (isto é, surge o Sol), que parte da Índia e chega ao Oceano, onde se banham os seus cavalos cansados. Estes são quatro: Pirois, Etonte, Eoos e Flegonte, nomes que evocam a ideia de chama, fogo ou luz. Conforme Pierre Grimal, *Dictionnaire de la mythologie grecque et romaine*. Paris: Presses Universitaires de France, 1951.   [2] "Manopla": neste caso, chicote.

que amanheceu enfim de todo. Confesso que é uma das manhãs longas que se tem visto raiar sobre o Horizonte: mas enfim amanheceu. Era de esperar que, depois de tanto trabalho de Apolo, a manhã fosse clara e brilhante; não sucedeu assim;

> Porque densa escura névoa,
> Por entre o freio, escumavam
> Os cavalos furiosos,
> Dos açoites que aturavam.

E se lhe não agrada esta teoria, para explicar a origem das névoas; saiba que em Poesia ainda não se deu melhor; e se não é certa, ao menos é assaz inteligível para mostrar que a manhã foi nebulosa. Irra! que manhã! eu mesmo já não sei como hei de chegar ao meio-dia, a não ser de pulo. Saltemos pois:

> Zuniu nos ares
> O meio-dia;
> Batel ligeiro
> Já conduzia
> O Palinuro[3]
> De aspecto duro,
> Que prometera
> Ser nosso Guia.
> Corpo pequeno,
> Rosto tostado,
> Magro, escarnado,
> De frouxas rugas
> Entretecido;

---

3 "Palinuro" é o nome do piloto de Eneias, na *Eneida*, de Virgílio, significando por extensão "piloto". Aqui designa o prático, que, depois de ter levado até fora da Barra do Tejo o navio de bandeira dinamarquesa onde viajava o poeta, quase fica retido a bordo devido a um acidente com o seu barco.

De cãs ornado,
O mal burnido
Cabelo preto;
Eis o retrato
Deste bisneto
Do Gran Netuno.
Dizem que Juno
Já pretendera
Fazê-lo esposo
De uma Sereia,
Que mal o viu,
De medo cheia,
A cor perdeu,
E entre gemidos
Enfim morreu.
Jaz sepultada
No fundo mar
Perto do estreito
De Gilbraltar.

Mal garimpou[4] sobre o Navio, deu três passeios, mediu o Céu com os olhos, e de comum acordo,

As velas desfraldaram;
Dinamarquesa bandeira
Pelos ares ondeava,
Com aparência guerreira:
Mas, ó caso nunca visto!
Ó maravilha estupenda!

---

4 "Garimpou": a menos que seja pronúncia corrente daquele tempo, deve ser erro tipográfico por "grimpou", do verbo "grimpar" = subir, que aliás não está registrado nos dicionários contemporâneos de Sousa Caldas que pude consultar.

Não se assuste: é pouco mais que nada: o Iate do Piloto da Barra tinha protestado naquele dia desarvorar; e sem ondas, nem vento que tanto pudesse, desarvorou com efeito; e foi-se embora, deixando o bom Piloto

> Que passeia, a um lado e outro
> Volve os olhos pensativo;
> E ora frouxo, ora mais vivo,
> Tudo quer, tudo rejeita.
> A buzina pede e emboca,
> Gritos ásperos soltando,
> Às inóspitas moletas[5]
> Piedade suplicando.

Quis consolá-lo; mas debalde lhe dizia que ele ia ver as colunas de Hércules, a vitoriosa rocha donde, balas ardentes, disparadas a tempo, lançaram por terra projetos concebidos sobre numerosas esquadras, e desatinaram Generais esperançosos:[6] debalde lhe descrevia a alongada costa de Espanha, o nunca assaz temido Golfo de Lião, o prazer que teria de avistar-se com a Sereníssima República de Gênova, que sem dúvida lhe forneceria todos os socorros, que ele tivesse meios para pagar:

> Tudo em vão lhe pintaria;
> Pois naquele duro instante,
> Terno Esposo, Pai amante,
> Da Consorte só ouvia
> Os gemidos e a saudade
> Dos filhinhos que deixava,
> E tão mimosos criava.

---

[5] "Moletas", ou "muletas": pequenas embarcações usadas para pesca fora da Barra do Tejo.   [6] Ver a nota seguinte.

Disto conclui Vm.^cê muito bem, que o dito Piloto era casado, e tinha filhos. Apesar do que, seria obrigado a navegar té Gênova, se não fosse

>Barco atrevido
>Que ouve o clamor,
>E condoído
>Gira ao redor,
>Oferecendo
>No alagadiço,
>Salgado bojo,
>Doce hospedage.
>Então descendo,
>"Aqui me alojo"
>Disse, e entoando
>"Boa viagem",
>Clamaram todos,
>Dinamarqueses
>E Genoveses,
>"Boa viagem".
>Por largo tempo
>Os tons diversos
>No ar dispersos
>Se revezaram,
>E retumbaram,
>Amedrontando
>De vagos peixes
>Imenso bando.

Vendo-me só, e sem haver quem fizesse retinir aos meus ouvidos

>Da Lusitana língua o tom canoro,

resolvi-me restituir aos amigos, pelo modo possível, o tempo que lhes roubava da minha companhia, de que tantas vezes pareciam fazer caso. Vieram-me então à lembrança os nomes de Bachaumont, e Chapelle:

> Dois famosos bebedores
> Que, intentando tornar fixas
> Do rosto as vermelhas cores,
> Da *Champanha* belicosa,
> Do *Bordéus*, e da viçosa
> Sã *Borgonha* visitaram
> As adegas afamadas.
>   Ah! quantas vezes,
>   Sem se assustarem
>   De mil revezes
>   Que a história aponta,
>   Guerra empreenderam
>   Contra esquadrões,
>   Em alas postos,
>   De garrafões
>   A que arrancaram
>   Rolhas teimosas,
>   E despejaram
>   Nas sequiosas
>   Guelas vorazes;
>   Sem, um momento,
>   Ouvido a pazes
>   Quererem dar.
>   Depois, tocando
>   Na dócil lira,
>   E descantando
>   Suas vitórias,

Nos descreveram
Quanto beberam.
A viajar,
O Tejo e Nilo
Talvez bebessem,
Se em vinho os rios
Se convertessem:
Pois há quem diga
Que transportados
Em alegria,
E coroados
De verdes parras,
A Baco um dia
Quase estiveram
Para votar
Que o mesmo mar
Enxugariam;
Se as suas águas
Baco pudesse
Vinho tornar.

Isto me resolveu a imitá-los, não em beber, mas em referir a minha viagem. Bom será contudo dizer, para não denegrir a reputação destes Senhores, mais do que merecem, que eles não eram bêbados, mas amadores de bom vinho. Se não entende bem a diferença que há entre estas duas coisas, consulte a sociedade dos bebedores, que difundida por todo o Portugal, tem o Grã-Mestre em Coimbra.

Em espírito de vinho
Conserva os estatutos,
Que o licor, ó coisa rara!
Respeita e mantém enxutos.

Ensopando a branca pena
No Carcavelos brilhante,
E no Porto fumegante
O Grã-Mestre os escreveu.

Montesquieu e Plutarco
Longos anos revolveu,
Antes qu'esta obra findasse,
A maior que o mundo deu!

Das Bacantes toda a história
Em três regras decifrando,
Em outras três, mil diversas
Novas coisas desenhando.

Encerra em pequeno espaço,
Quanto, na paz e na guerra,
O magistrado, e o Soldado,
Necessita sobre a terra.

Muito tinha a dizer sobre esta obra admirável, se não fosse a vozeria da equipage, que me obriga a largar mão da pena para atender a um indivíduo, que nos põe a todos de mau humor, e a mim em susto.

Um Tritão todo coberto
De marisco e verde limo,
Traz somente descoberto
O nariz agudo, e frio.

Pelas ventas vem soprando
Vento *Leste* enregelado,
E dobra, de instante a instante,
Seu furor endiabrado.

Treme o mar encapelado,
O baixel torcido geme,
Mal segura o indócil leme
O mancebo debruçado.

Que há de ser de mim, meu Pires? Em que língua hei de falar a este Tritão para abrandar a sua cólera? Português, Italiano, Latim, Francês, Inglês, é de que eu sei alguma coisa: mas quem pode adivinhar a língua dos Tritões? Experimentemos: vou falar-lhes em todas elas, talvez que entenda alguma:

Basta já, Senhor Tritão,
    (*Não entende*).
Per pietà, Tritone amato,
    (*Menos*).
Triton, I can no more,
    (*Tempo perdido*).
Prudence, Seigneur Triton,
    (*Pior*).
Ó Triton, esto pacato
Corde, animo, naso e ore.

Com efeito a esta última língua fez um leve aceno; e é indubitável, que até os Tritões veneram a antiguidade; mas ou seja perrice, ou tenção antecipada, cada vez se acende mais em ira:

Eis que as bochechas engrossa;
Ai de mim, onde esconder-me!
Parece querer no abismo,
De um só sopro, soverter-me.

Boa vontade tinha de lhe pintar aqui uma tempestade; não faltará ocasião: entretanto imagine serras, montanhas, ondas, mares, Céus, abismos, Bóreas, Austro, Leste, Oeste, e toda a caterva dos ventos; ajunte-lhes quatro adjetivos, e três verbos para os unir, e terá uma tempestade completa. O pior é que não se aplaca a que me persegue: vou de novo suplicar o Tritão na língua que parece entender... Bravo! começa a adoçar-se; aplacou-se de todo; vai-se embora,

> Depois de roncar seis vezes
> Com medonho horrendo ronco,
> E de sorver outras tantas,
> Por ser um Tritão mui porco,
> O limoso verde monco;
>   Escorregando,
>   Contradançando
>   Ligeiramente,
>   No fundo mar
>   Em lisa gruta
>   Foi se abrigar.

Bravo! bravíssimo!

>   Baixa do Olimpo
>   Terna alegria,
>   Meigo sorriso:
>   De companhia
>   Às lindas Graças
>   De braços dados
>   Picantes ditos
>   Venham ligados.

Entretanto começa a aparecer o Estreito: delicioso espetáculo! encantadores momentos! o vento tempestuoso tornou-se em um zéfiro agitado: o mar embravecido apenas se move assaz para impelir o navio. Quanto é belo contemplar o Autor da natureza (se este nome pode repetir-se entre as frívolas pinturas da minha pena) dando leis ao Oceano para estreitar-se de repente, e correr ameaçando em vão as costas de Barbaria e Espanha, ao longo das quais lhe manda que se estenda lambendo-as, e deixando aos homens habitações, que cultivem e fecundem com fácil trabalho:

    Meu Senhor e meu Deus,
Como ao longe se estende sobre a terra
    Do vosso nome a glória!
Disseste, e logo rebentou, no seio
Do informe nada, criadora força.
    Onde estavas, ó homem!
Quando a luz entre as trevas ressurgia,
    E qual soberbo Esposo,
No leito nupcial erguendo a frente
    Banhada em mil prazeres,
Assim raiava, de esplendor cercado,
O sol, para empreender sua carreira?
    Com gigantesco passo
Desde um polo a outro polo se abalança
    Da terra que alumia
As geladas entranhas animando
Com celeste calor, prenhe de vida.
    Em que mata embrenhando
Orgulhoso gemias, quando tudo
    Ao aceno cedia
Do soberano ser, que tudo impera?
De lúcidas estrelas se adornava
    O firmamento altivo,
De verdes plantas se vestia a terra,
E sobre os eixos seus se equilibravam
    Os mundos que lançara,
Com mão onipotente, sobre os ares.

> Meu Senhor e meu Deus,
> Ah! cante a minha voz, antes que eu morra,
> Um hino de louvor ao vosso nome,
> Ao vosso nome santo!

Não cuide, porém, querido Amigo, que ficamos no Estreito, e que o Navio, nele grudado, finda de repente a sua derrota: vou já dar ordens para caminhar avante.

> Olá Piloto!
> Já, já soltar
> As velas todas;
> No mesmo instante
> De Gibraltar
> A dura rocha
> Quero avistar.

Obediente Piloto! eis Gibraltar, sítio de marcial fortaleza, e de poético furor:

> Salve soberbo rochedo,
> Troféu do valor Britano,
> Onde as forças se quebraram
> De todo o poder Hispano.
> Elliot, eu te saúdo;
> O teu nome não esquece,
> Não cuides que o homem desce
> Todo inteiro à sepultura.[7]

---

[7] Esta estrofe alude a um dos cercos mais notáveis da história militar, ocorrido de 1779 a 1783 durante a Guerra de Independência dos Estados Unidos: o de Gibraltar, atacada por espanhóis e franceses e defendida pelo seu governador, general Sir George Augustus Elliot (1717-90), mais tarde barão Heathfield de Gibraltar. Existe dele, na National Gallery, Londres, um admirável retrato pintado por Joshua Reynolds.

Defronte assoma sobranceiro ao Mar o célebre castelo de Ceuta, que me faz correr pelas veias entusiasmo patriótico; lembra-me João primeiro, e a sua família heroica.

Aqui, ó Musa! prepara
Novas cordas, novo canto;
Escutai cheios de espanto,
Mortais, meus sublimes versos.

Estava quase empreendendo uma Ode; mas quando me lembra que estas empresas militares dos Lusitanos tinham por origem, ou pretexto, persuadir os Moiros, com a espada na mão, para abraçar uma Religião adorável que ensinava a morrer pelos Moiros para os converter, não a matá-los; esfria-se-me todo o entusiasmo. Passemos pois adiante, se o consentir

Calma ociosa
Que, espreguiçando-se,
Vai estirando-se
Por entre as velas.

Triste figura tem o tal sujeito do sexo feminino chamado calma:

Quase sempre bocejando,
Se abre um olho, fecha o outro,
Pela boca respirando
Pestilente ingrato alento.

Tem por noivo o inerte sono,
Que a dormitar a acompanha,
Com trejeitos se arreganha,
Quando fino quer falar-lhe.

Vive roncando,
De noite e dia,
Adormentando
Tudo à porfia.

   Dos pés lhe sobem,
Quais trepadeiras,
Mil dormideiras
Em torno ao corpo.

   Sorve em uma hora,
Com grande asseio,
Quintal e meio
De ópio Indiano.

   Frouxo se estende
A dormitar,
Vinte e três horas,
Sem acordar.

Que esposo tão cômodo! Quantas mulheres da nossa terra desejariam um marido que dormisse vinte e três horas por dia; Deus me livre delas; temo-as mais que peste, fome, e guerra:

   Qual soldado em dura guerra,
De feridas retalhado,
Como morto abandonado
Sobre o chão de imiga terra.
Se depois no pobre albergue,
Chega em paz a agasalhar-se,
Sente o sangue congelar-se,
Ouvindo o som dos tambores:

Assim eu que em mil batalhas
De amor cego fui ferido;
Ai de mim! e das feridas
Vivo mal convalescido.

Tremo e perco a cor do rosto,
Ao lembrar-me do inimigo,
Que me fez por tantas vezes
Desprezar mortal perigo.

Disse pouco, inda a beleza
Mais feroz é do que Marte,
Apesar do ferro e fogo
Que o seguem por toda a parte.

Se o soldado graça implora,
E se rende prisioneiro,
Marte abranda o ardor primeiro,
Perde a raiva que o devora.

Não assim nesse combate
Que o homem chamou Amor,
Seduzido da doçura
De um veneno enganador.

Se curva os frouxos joelhos
O cativo miserável,
Cada vez mais se lhe torna
Seu destino insuportável.

Só se alegra a vencedora
Rasgando a torpe ferida,
Nela mais, e mais cravando
Da flecha a ponta embebida;

E triunfa quando em gritos,
Vê fugir espavorida
A melindrosa inocência
Que val mais que a mesma vida.

Mas ai de mim! quem me acode? Ah! que aparece de novo o diabólico Tritão; maldito! em tão pouco tempo vir desde o cabo de S. Vicente até ao golfo de Málaga; e para maior desventura não vem só, com ele vem um Exército de Tritões!

Uns a cavalo,
Outros nadando,
Vêm manejando
Armas que calo;

E calo com razão por serem de um uso raro, e difícil, e algum tanto sórdidas. Não me obrigue a dizer-lhe que são odres,

Onde cerrados,
Os ventos rugem,
E tudo estrugem
Assim liados;

Que será abrindo-se, e concedendo-se saída franca? Ah! que se abriram três de repente; para que lugar hei de fugir? vejo o Navio, os Céus, e as ondas;

Já de assustado
Todo estremeço,
E desfaleço
Quase sem tino.
Tritão mofino,
Vai-te em má hora;

Ah! não te encare
A meiga Aurora
Com brando rosto,
Quando mimosa
Ocupa o posto
Do loiro Febo.
Fervente sebo
Te abraze a gruta
Onde recolhes
A mal enxuta
Face musgosa.
Nunca te encontre
Doris formosa,
E perra um dia
De furor cega,
Na costa fria
Da Noruega,
Sem te escutar,
Te mande altiva
Que vás morar:
Onde não vejas
Nadante Ninfa,
Que as tuas lágrimas
Possa enxugar.

Já nenhum odre vejo por abrir; ai de mim! pobre de mim! coitado de mim! Eu bem queria ir por algum outro mar que não fosse este mar Mediterrâneo, infestado por tantos naufrágios; pelo qual há mais de mil anos, nenhum homem de juízo devia navegar; pois não há nele um só porto a que os habitantes da Europa possam ir por terra, se exceptuarmos algumas Ilhas, que podiam muito bem ficar desertas. Triste mania é esta de andar pelo mar!

Dos ventos toda a força unida bate
Na solitária vela que guarnece
O mísero baixel; duro combate,
Entanto, o mar bramando lhe oferece.

　　De instante a instante, as ondas agitadas,
Umas sobre as outras, com furor rebentam,
E quais medonhas bombas, remessadas
Por inimiga mão, tudo amedrentam[8]
Assim quebrando no Navio estalam,
E os nautas todos com furor se calam.

Chama-se isto o princípio de uma tempestade: se tiver outra para contar-lhe, receberá o meio; e na terceira o fim: inveje quem quiser o destino dos que vingam o Cabo da Boa Esperança, para ir trocar patacas por pagodes, e amontoar fortuna e bens; eu por mim, de boa vontade lhes deixo toda

　　A preciosa canela
Da mal segura Colombo;
De Bengala a rica, e bela
Musselina tão gabada.
É melhor viver sem nada,
Que abrir-se pérfido rombo

　　Na vistosa caravela
Que surca[9] as ondas ousada,
E que do mar a braveza,
Faz com fúria desumana,

---

[8] "Amedrentar" e "amedrontar" eram formas usadas indiferentemente no tempo de Sousa Caldas.　[9] No século XVIII ainda era usual a grafia "surcar", hoje unicamente "sulcar". Num poema famoso de Garção, a "Cantata de Dido", lemos: "De Flegetonte — a negra veia — surcando vai".

Ir dar com dono e riqueza
Lá no Reino de Pantana.[10]

Esta desgraça é o que eu tremo que nos aconteça com a tempestade horrível que sobrevém no golfo de Valença. É tanto mais lastimosa, quanto forma um duríssimo contraste com a ideia que eu faço do clima doce e ameno desta região, do caráter e ventura de seus habitadores, e dos férteis campos que eles cultivam. Apesar disto,

Quais montanhas escarpadas
Erguem-se os mares raivosos,
Sopram ventos às rajadas,
Sempre e sempre mais irosos.

Sobre as nuvens quase sobe
O navio mal seguro;
Desce logo de repente
Té do abismo ao centro escuro:

Balanceia a um lado e outro,
Por mil partes estalando;
Rouca voz, já mal se entende
O Piloto comandando.

Suor frio banha o rosto
Não somente ao passageiro;
Corre até pelo semblante
Do robusto marinheiro.

---

10 "Dar no reino de Pantana", ou "dar em Pantana", significa "perder-se", "arruinar-se". Hoje se diria "dar em nada", "dar em droga".

Cambaleia o corpo todo,
Falta o pé escorregando;
Já parece que nas veias
Vai-se o sangue congelando.

Agora é muito sério; a tormenta ameaça sossobrar-nos, e já se trata de fazer atos de contrição. Direi eu hoje um adeus eterno aos meus amigos? Será deveras

Que, sem piedade,
Intente a morte
Tragar-me agora?
Nenhuma idade
Contra ela é forte;
Fere e devora,
Em um momento,
O macilento
Velho teimoso,
E o corpulento
Mancebo airoso
Que em verdes anos
Se confiava,
E só de enganos
Se apascentava.

Paciência! morrerei, e ficarei sumido no abismo, sem haver mão que possa ir lavrar um epitáfio sobre a minha sepultura. Mas debalde eu vejo o susto pintado sobre o rosto de um amigo Piloto destes mares; debalde as trevas da noite acrescentam um horror de morte ao espetáculo temeroso que os ventos e as ondas apresentam; debalde tudo me faz estremecer; e ainda a esperança me não fugiu de todo, ainda me está dizendo,

Muito em segredo:
"Não tenha medo."
Inda verei
Os meus amigos,
Estes perigos
Lhes contarei,
E a catadura
Horrenda e dura
Da morte fera
Lhes pintarei.

Se eu ao menos soubesse nadar, por ventura me furtaria à morte que me está iminente. Como é louco e bárbaro o sistema de educação que os Europeus têm adotado! Tomaram dos Gregos e dos Romanos o que estes tinham de pior; aprenderam a fazer-se pedantes, e esqueceram-se de fazer-se homens. A adolescência, idade preciosa, gasta-se em granjear vícios, e decorar coisas muitas vezes inúteis. Depois de muita fadiga, um rapaz Europeu finda a sua educação nos Colégios e nas Universidades, quando tem adquirido um corpo efeminado, ou doente, e um espírito vaidoso, frívolo, recheado mais de nomes que de coisas, e tão extraviado do caminho das ciências, que ordinariamente nunca mais atina com ele. Como estou sério! como estão sisudas as minhas ideias! e que excelente coisa seria o estar para morrer, se se quisesse compor um bom tratado de política ou de moral! Até já não sei falar em verso, e se a tempestade não amaina, ficarei fazendo eternamente prosa. Que me diz ao tempo, meu Amigo? lá estalou, e fez-se em pedaços a verga do mastro grande.

Ah! se Homero navegasse,
E de Ulisses a jornada,

Pelos mares contrastada,
Curioso acompanhasse;
Se o navio ameaçasse
Nos rochedos sossobrar,
E toda a pobre equipagem
Entre as ondas sepultar:
Pode ser que não contasse
Do astuto Grego a viagem,
Ou que ao menos, ao cantá-la,
Muitas vezes gaguejasse.
As Musas pintam a Morte,
Mas tremem só de avistá-la;
    E lá no Pindo,
    Castelo forte
    Têm levantado,
    Onde subindo
    Nada receiam
    Do vento irado.

Já se ouve menos motim, e dizem que o vento quer serenar; boa notícia que aparece com o romper do dia. Serenou com efeito, e nunca mais a propósito se aplicariam aqueles majestosos versos de Camões:

"Depois da procelosa tempestade,
  Noturna sombra e sibilante vento,
Traz a manhã serena claridade,
  Esperança de porto e salvamento."

Que prazer! Que alegria brilha em todos os rostos! não conhece o prazer aquele que nunca esteve a pique de naufragar, ou que por algum outro modo não viu a morte acenar-lhe de perto. Contudo, variou em um momento!

Viva aquele que acrescenta
Novos riscos de morrer,
Porque também multiplica
Novas causas de prazer.
Já não quero maldizer
O mortal aventureiro
Que sobre as ondas primeiro
Arriscou tudo perder.

Para que maldizê-lo, pois lhe devo estes instantes de alegria? Quero antes largar a pena, e ir considerar os últimos enfadamentos do mar, quando começa a desagastar-se. Ainda faz bulha; mas a sua ira já não mete medo: parece mais bazófia do que ira, e faz-me lembrar uma bela passagem de Virgílio;

    Qual a lânguida seta,
    Da mão velha e cansada
De Príamo em furor arremessada,
    Nem levemente enceta
As armas do inimigo embravecido;
Antes, mal fere o ar, cai já sem força:[11]

Tal inda o mar se esforça,
E lança algum bramido;
Mas sem vigor e lento
As ondas ergue a abate
Em o mesmo momento,
E no Navio bate,
Já quase sem alento.

---

11 Alusão à *Eneida*, Canto II, v. 544-546; acuado com a mulher e as filhas na tomada de Troia, Príamo, já muito velho, lança frouxamente contra Pirro um dardo repelido pelo escudo deste, que o mata a seguir.

Desafio agora todos os Tritões, todos os ventos do Mundo; não os temo, porque depois de escapar desta tormenta, não há modo de conseguir que eu pereça naufragado.

    Invulnerável
    Sobre elemento
    Tão implacável,
    Que privilégio!
    Não concedido
    Nem ao Colégio
    Dos Eleitores
    Que em Ratisbona
    Imperadores
    Vão coroar.

Se D. Quixote pilhasse este privilégio, vê-lo-íamos talvez arremessar sobre as ondas o seu Rocinante, e com a lança em riste ir atacar tubarões e baleias, e pôr em convulsão todo o Reino de Anfitrite. Em Espanha nasceu a imaginação feliz que desenhou este homem extraordinário, e com ele a engraçada família dos Panças.

    Não conheço quem legasse
    Tal porção de Ático sal,
    E aos vindoiros preparasse
    Um prazer que tanto val.

Se, no afinamento alegre em que estou, pudesse haver à mão o Cervantes, e lê-lo:

    Soltas risadas,
    Com todo o peito
    As gargalhadas

Eu largaria,
E a gente toda
Convidaria
A pôr-se em roda
Para escutar.
Só de o pensar,
Já estou rindo
Sem descansar.
Mas onde estamos?
Qual é a Costa
Que navegamos?
Espere um pouco;
Vou perguntar:

Estamos defronte da Catalunha,

Província indômita,
Triste presságio,
Que algum *adagio*
Promete à Espanha![12]

Declaro, para que este quarteto seja entendido, que *adagio* aqui significa o contrário de *allegro*; e se assim mesmo não me entenderem,

---

[12] Sousa Caldas alude à forte tendência autonomista da Catalunha, que poderia trazer à Espanha algum contratempo ("*adagio*" = tristeza, esclarece), procurando separar-se de novo, como fizera em 1640, quando Filipe IV procurou suprimir as suas franquias. A Catalunha se uniu então à França, sendo reincorporada somente em 1659. Sobre este episódio há um livro espanhol de d. Francisco Manoel de Melo. Será que Sousa Caldas quer insinuar nesta estrofe de corte sibilino que a Catalunha poderia preferir a união com uma França liberalizada pelas "leis civis", desligando-se da monarquia espanhola absolutista?

Bem pouca importa.
Fico saltando,
Sempre brincando
Co'as loiras filhas
Do claro Apolo
Que desde o berço
No meigo colo
Já me afagavam,
E me ensinavam
Altos segredos
Com que, algum dia,
Troncos, rochedos
Abalaria.
   Como risonhas
Me vêm buscar!
Deixam o Pindo
Por me afagar.
   Eis Terpsicore![13]
Um beliscão
Pretendo dar-lhe
Na linda mão.
Foi muito forte;
Ficou queixosa,
E de mimosa
Se fez mais bela.
   Euterpe a lira
Traz sobraçada,
Pede que seja
Por mim tocada:

---

[13] A pronúncia correta é "Terpsícore", esdrúxula, mas Caldas desloca o acento ("Terpsicóre"), para manter o ritmo, que é tetrassilábico segundo a nossa contagem atual.

  Ah! vai-te Euterpe,
Não posso agora:
Sem alto estilo
E voz sonora,
O grande Píndaro
Quem imitasse,
Melhor seria
Que se lançasse
No fundo mar;
Onde um concerto
Co'os surdos peixes
Fosse entoar.
  Vem cá Talia:
De fina graça
Vem salpicar
Que lindos versos
Que vou cantar.
  Mas caprichoso,
Já não te quero:
Rosto severo
Pareces ter:
Queres discursos
Longos fazer?
De fel amargo
Meu peito encher?
Foge depressa,
Desaparece,
Engana a quem
Mal te conhece.
  E tu Calíope
Impertinente,
Mandas que intente
Uma Epopeia?

Galante ideia!
Que me faria
Perder de todo
Minha alegria.
    Como é possível,
Ó Melpomene,[14]
Que o mar serene,
E o vento abrande,
E nem assim
Teu rosto acene
Algum prazer?
Sempre a verter
Pranto de dor,
E de furor
Cenas traçando,
Punhais e mortes,
Vives, sonhando.
    Hoje à porfia
Todas danadas,
Para enfadar-me,
Vindes ligadas.
Deixai-me embora,
E do Parnasso
No monte escasso
Ide habitar.
    Sois nove doidas,
Ó nove Irmãs!
Envergonhai-vos;
Já tendes cãs.

---

[14] Também aqui a pronúncia correta foi alterada, de "Melpômene" para "Melpomêne", por causa da métrica e da rima.

Foram-se embora, deixaram-me todas, e muito a propósito; porque entramos no golfo de Lião que banha as costas da França; e em matéria de França, *chiton*. Estas Musas são faladoras, e se ficassem, podiam inspirar-me alguns versos *Catônicos*: o que seria coisa mui arriscada. É melhor pacificamente

    Entrar em Gênova,
Onde engolfado,
Vivo no Estado
Das *Senhorias*.[15]

    Daqui vagaram,
Por toda a Europa,
E vento em popa
Tudo inundaram.

    De Hispanos *Dons*
Giram cercadas,
Que lhes preparam
Ricas pousadas.

    Palácios, casas,
Hospícios têm,
Onde endoidecem
Gentes de bem.

    Té no Mondego,
Na vã Cidade,
Possuem grossa
Famosa herdade.

15 O governo oligárquico de Gênova, como o de Veneza, era chamado "Senhoria". Sousa Caldas usa o plural para designar os governantes que o compunham.

Feliz o dia
Em que a nobreza
Do *tu* Romano
Há de, outra vez,
Da *Senhoria*,
Do *Dom* Hispano,
A vã grandeza
Ver a seus pés.

Quem achar que repreender nestes últimos versos não tem razão; porque eu falo neste ponto, não como político, mas como Orador e Poeta, que se zanga muitas vezes de sacrificar enérgicos pensamentos à prolixa etiqueta dos tratamentos. Em todo caso, ainda quando por encurtar a língua e obsequiar os oradores, se tirassem os *Dons* às meninas de Lisboa; as *Senhorias* aos Cavalheiros de Província, e aos Juízes de fora; as *Excelências* às Morgadas do Minho e Tralosmontes, e às mulheres dos Negociantes do Porto; não vejo que disto se seguisse grande mal, nem que as Leis do Reino fossem por isso menos observadas. Agora é bem justo que eu leia o que tenho escrito. Li e confesso que não sei como é possível achar uma cabeça assaz disparatada para combinar, entre coisas sérias, tantas coisas frívolas. Descubro porém uma ideia que é de molde para a nossa terra, e que pode sugerir a alguns sábios que nela habitam um *in folio* semelhante a outros que compõem a nossa literatura. Falo do meu diálogo com o Tritão, que lembra tão naturalmente uma obra que tivesse por título: *De Antiquitate à Tritonibus venerata*, obra imortal só pelo título, e que aperfeiçoaria o edifício de nossa imensa, e quase sempre inútil Literatura Lusitana. Se algum Padre Caetano lhe ajuntar a genealogia dos Tritões, ficará uma obra completa, e digna ao depois de ser comentada por todos os que fazem prólogos em linguagem de *seiscentos*, ou mesmo de *quinhentos*, e nunca na que convém para o nosso século.[16] Estava quase traçando alguns capítulos para esta obra; mas começo a cansar, e é melhor guardá-los para outra carta na qual sei, meu querido Amigo, que há de ler, sempre com gosto particular, o protesto ardente e sincero com que sou

o seu Caldas.

---

16 "Algum Padre Caetano". Referência jocosa ao padre Antônio Caetano de Sousa (1674-1759), autor de uma obra enorme sobre a genealogia e feitos dos reis de Portugal, e outra sobre os grandes do reino. Portanto, adequado para estudar também a estirpe dos tritões que veneram a Antiguidade.

2.
Louvação da tarde

Mário de Andrade

Tarde incomensurável, tarde vasta,
Filha de sol já velho, filha doente
De quem despreza as normas da eugenia,
Tarde vazia, dum rosado pálido,
Tarde tardonha e sobretudo tarde
Imóvel... quase imóvel: é gostoso
Com o papagaio louro do ventinho
Pousado em minha mão, pelas ilhotas
Dos teus perfumes me perder, rolando
Sobre a desabitada rodovia.
Só tu me desagregas, tarde vasta,
Da minha trabalheira. Sigo livre,
Deslembrado da vida, lentamente,
Com o pé esquecido do acelerador.
E a maquininha me conduz, perdido
De mim, por entre cafezais coroados,
Enquanto meu olhar maquinalmente
Traduz a língua norte-americana
Dos rastos dos pneumáticos na poeira.
O doce respirar do forde se une
Aos gritos ponteagudos das graúnas,
Aplacando meu sangue e meu ofego.
São murmúrios severos, repetidos,
Que me organizam todo o ser vibrante
Num método sadio. Só no exílio

De teu silêncio, os ritmos maquinares
Sinto, metodizando, regulando
O meu corpo. E talvez meu pensamento...

Tarde, recreio de meu dia, é certo
Que só no teu parar se normaliza
A onda de todos os transbordamentos
Da minha vida inquieta e desregrada.
Só mesmo distanciado em ti, eu posso
Notar que tem razão-de-ser plausível
Nos trabalhos de ideal que vou semeando
Atabalhoadamente sobre a terra.
Só nessa vastidão dos teus espaços,
Tudo o que gero e mando, e que parece
Tão sem destino e sem razão, se ajunta
Numa ordem verdadeira... Que nem gado,
Pelo estendal do jaraguá disperso,
Ressurge de tardinha e, enriquecido
Ao aboio sonoro dos campeiros,
Enriquece o criador com mil cabeças
No circo da mangueira rescendente...

Tarde macia, pra falar verdade:
Não te amo mais do que a manhã, mas amo
Tuas formas incertas e estas cores
Que te maquilham o carão sereno.
Não te prefiro ao dia em que me agito,
Porém contigo é que imagino e escrevo
O rodapé do meu sonhar, romance
Em que o Joaquim Bentinho dos desejos
Mente, mente, remente impávido essa
Mentirada gentil do que me falta.
Um despropósito de perfeições

Me cerca e, em grata sucessão de casos,
Vou com elas vivendo uma outra vida:

... Toda dor física azulou... Meu corpo,
Sem artritismos, faringites e outras
Específicas doenças paulistanas,
Tem saúde de ferro. Às intempéries
Exponho as ondas rijas dos meus músculos,
Sem medo. Praquê medo!... Regulares,
Mais regulares do que os meus, os traços
Do meu rosto me fazem desejado
Mais facilmente que na realidade...
Já não falo por ela não, por essa
Em cujo perfil duro jaz perdida
A independência do meu reino de homem...
Que bonita que ela é!... Qual!... Nem por isso.
Não sonho sonhos vãos. A realidade,
Mais esportiva de vencer, me ensina
Esse jeito viril de ir afastando
Dos sonhos vesperais os impossíveis
Que fazem a quimera, e de que a vida
É nua, friorentamente nua.
Não a desejo não... Viva em sossego
Essa que sendo minha nos traria
Uma vida de blefe, arrebatada
Por mais estragos que deslumbramentos.
Isto, em bom português, é amor platônico...
Quá! quá! quá!... Desejemos só conquistas!
Um poder de mulheres diferentes,
Meninas-de-pensão, costureirinhas,
Manicuras, artistas, datilógrafas,
Brancaranas e loiras sem escândalo,
Desperigadas... livro de aventuras

Dentro do qual secasse a imagem da outra,
Que nem folha de malva, que nem folha
De malva... da mais pura malva perfumada!...

Livre dos piuns das doenças amolantes,
Com dinheiro sobrando, organizava
As poucas viagens que desejo... Iria
Viajar todo esse Mato Grosso grosso,
Danado guardador da indiada feia,
E o Paraná verdinho... Ara, se acaso
Tivesse imaginado no que dava
A Isidora, não vê que ficaria
Na expectativa pança em que fiquei!
Revoltoso banzando em viagens tontas,
Ao menos o meu sul conheceria,
Pampas forraginosos do Rio Grande
E praias ondejantes do Iguassu...
Tarde, com os cobres feitos com teu ouro,
Paguei subir pelo Amazonas... Mundos
Desbarrancando, chãos desbarrancados,
Aonde no quiriri do mato brabo
A terra em formação devora os homens...
Este refrão dos meus sentidos... Nada
Matutarei mais sem medida, ôh tarde,
Do que essa pátria tão despatriada!

Vibro! Vibro. Mas constatar sossega
A gente. Pronto, sosseguei. O forde
Recomeça tosando a rodovia.
"Nosso ranchinho assim tava bom"... Sonho...
Já sabe: desejando sempre... Um sítio,
Colonizado, sem necessidade
De japoneses nem de estefanóderis...

Que desse umas quatorze mil arrobas...
Já me bastava. Gordas invernadas
Pra novecentos caracus bem...

                Tarde,
Careço de ir voltando, estou com fome.
Ir pra um quarto-de-banho hidroterápico
Que fosse a peça de honra deste rancho,
Aonde também, faço questão, tivesse
Dois ou três quartos-de-hóspedes... Isto é,
De hóspedes não, de amigos... Esta casa
É sua... Entre... Se abanque... Mande tudo...
Não faça cerimônia... Olha, de-noite
Teremos Hindemith e Vila Lobos!
Que bom! possuir um aparelho de
Radiotelefonia tão perfeito
Que pegasse New York e Buenos Aires!...
Tarde de meu sonhar, te quero bem!
Deixa que nesta louvação, se lembre
Essa condescendência puxapuxa
De teu sossego, essa condescendência
Tão afeiçoável ao desejo humano.
De-dia eu faço, mas de-tarde eu sonho.
Não és tu que me dás felicidade,
Que esta eu crio por mim, por mim somente,
Dirigindo sarado a concordância
Da vida que me dou com o meu destino.
Não marco passo não! Mas se não é
Com desejos sonhados que me faço
Feliz, o excesso de vitalidade
Do espírito é com eles que abre a válvula
Por onde escoa o inútil excessivo;
Pois afastando o céu de junto à Terra,

Tarde incomensurável, me permites,
Qual jaburus-moleques de passagem,
Lançar bem alto nos espaços essa
Mentirada gentil do que me falta.

Ciao, tarde. Estou chegando. É quase noite.
Todo o céu já cinzou. Dependurada
Na rampa do terreiro a gaiolinha
Branca da máquina "São Paulo" inda arfa,
As tulhas de café desentulhando.
Pelo ar um lusco-fusco brusco trila,
Serelepeando na baixada fria.
Bem no alto do espigão, sobre o pau seco,
Ver um carancho, se empoleira a lua,
— Condescendente amiga das metáforas...

Nota sobre os ensaios

"Dialética da malandragem" [pp. 19-53]

Destinava-se a um livro de homenagem ao professor João Cruz Costa, que acabou não sendo publicado a pedido dele próprio. Saiu então pouco depois na *Revista do Instituto de Estudos Brasileiros* (Universidade de São Paulo), n. 8, 1970, com dedicatória ao referido professor e o seguinte subtítulo: "Caracterização das *Memórias de um sargento de milícias*". De lá para cá foi reproduzido uma meia dúzia de vezes em vários lugares.

"Degradação do espaço" [pp. 55-93]

Tendo como subtítulo "Estudo sobre a correlação funcional dos ambientes, das coisas e do comportamento em *L'Assommoir*" e dedicado à memória de William Mac Connell, foi publicado na *Revista de Letras* (Faculdade de Filosofia de Assis), v. 14, 1972.

"O mundo-provérbio" [pp. 95-122]

Com o subtítulo "Ensaio sobre *I Malavoglia*" e dedicatória a Betty Mindlin, saiu na revista *Língua e Literatura* (Faculdade de Filosofia da Universidade de São Paulo), n. 1, 1972.

"De cortiço a cortiço" [pp. 123-152]

Publicado em *Novos Estudos* (Cebrap), n. 30, 1991. É a redação original, terminada em 1973, mas boa parte foi aproveitada em dois outros escritos, o primeiro dos quais é "Literatura-Sociologia", *Prática de interpretação textual*, III Encontro Nacional de Professores de Literatura, Pontifícia Universidade Católica do Rio de Janeiro, 1976. O segundo é "A passagem do dois ao três" (Contribuição para o estudo das mediações na análise literária), *Revista de História* (Universidade de São Paulo), n. 100, 1974, publicada no mesmo ano que o anterior (a data corresponde à seriação em atraso).

"Quatro esperas" [pp. 153-200]

Publicado em *Novos Estudos* (Cebrap), n. 26, 1990.

"Carta marítima" [pp. 203-223]

Texto um pouco modificado da comunicação apresentada em abril de 1989 à mesa-redonda sobre Literatura satírica (século XVIII), IX Seminário de Estudos Mineiros, Universidade Federal de Minas Gerais, Belo Horizonte. Saiu sem a conclusão na revista *Nossa América*, mar.-abr. 1992.

"A poesia pantagruélica" [pp. 225-244]

Texto inédito de uma palestra feita em junho de 1989 no Instituto de Estudos da Linguagem da Universidade Estadual de Campinas, na Semana consagrada à memória de Alexandre Eulálio Pimenta da Cunha.

"Pomo do mal", inédito [pp. 245-257]

Foi escrito e entregue em 1986 para uma coletânea dedicada a Cleonice Berardinelli. Já que o livro não apareceu, publico-o aqui como afetuosa homenagem a essa cara colega e amiga.

"O poeta itinerante" [pp. 259-281]

Publicado na *Revista USP*, n. 4, 1990.

Bel Pedrosa

Antonio Candido de Mello e Souza nasceu no Rio de Janeiro, em 1918. Crítico literário, sociólogo, professor, mas sobretudo um intérprete do Brasil, foi um dos mais importantes intelectuais brasileiros. Candido partilhava com Gilberto Freyre, Caio Prado Jr., Celso Furtado e Sérgio Buarque de Holanda uma largueza de escopo que o pensamento social do país jamais voltaria a igualar, aliando anseio por justiça social, densidade teórica e qualidade estética. Com eles também tinha em comum o gosto pela forma do ensaio, incorporando o legado modernista numa escrita a um só tempo refinada e cristalina. É autor de clássicos como este *O discurso e a cidade* (1993), *Formação da literatura brasileira* (1959) e *Literatura e sociedade* (1965), entre diversos outros livros. Morreu em 2017, em São Paulo.

© Ana Luisa Escorel, 2023

Todos os direitos desta edição reservados à todavia.

Grafia atualizada segundo o Acordo Ortográfico da Língua Portuguesa de 1990, que entrou em vigor no Brasil em 2009.

Este volume tomou como base a quinta edição de *O discurso e a cidade* (Rio de Janeiro: Ouro sobre Azul, 2015), elaborada a partir da última versão revista por Antonio Candido. Em casos específicos, e a pedido dos representantes do autor, a Todavia também seguiu os critérios de estilo da referida edição. O texto de orelha, redigido originalmente pelo próprio Antonio Candido, foi mantido.

capa
Oga Mendonça
composição
Maria Lúcia Braga e Fernando Braga,
sob a supervisão da Ouro sobre Azul
preparação e revisão
Jane Pessoa
Huendel Viana

Dados Internacionais de Catalogação na Publicação (CIP)

Candido, Antonio (1918-2017)
  O discurso e a cidade / Antonio Candido. — 1. ed. — São Paulo : Todavia, 2023.

  Ano da primeira edição: 1993
  ISBN 978-65-5692-407-6

  1. Literatura brasileira. 2. Ensaio. 3. Teoria crítica. 4. Literatura – Crítica e estudo. I. Título.

CDD B869.4

Índice para catálogo sistemático:
1. Literatura brasileira : Ensaio B869.4

Bruna Heller — Bibliotecária — CRB 10/2348

todavia
Rua Luís Anhaia, 44
05433.020 São Paulo SP
T. 55 11. 3094 0500
www.todavialivros.com.br

Acesse e leia textos encomendados especialmente
para a Coleção Antonio Candido na Todavia.
www.todavialivros.com.br/antoniocandido

fonte Register*
papel Pólen natural 80 g/m²
impressão Geográfica